UNLOCKING AGILITY

AN INSIDER'S GUIDE TO
AGILE ENTERPRISE
TRANSFORMATION

正确敏捷

大公司如何实现全方位的业务敏捷

[挪]尤里根·赫斯伯格（Jorgen Hesselberg） 著

王 晶 译

清华大学出版社
北京

内 容 简 介

本书凝聚着作者十多年引领企业敏捷转型的精华，阐明了如何快速启动转变，如何在行进过程中保持良好的势头并持续改进以最后如期实现敏捷转型。透过本书，作者想要帮助读者"确认眼神"，找到对的顾问，优化组织结构，设置现实的期望，合理度量进展，等等。

本书适合打算导入敏捷以及打算长期保持业务敏捷的任何企业和机构使用。

北京市版权局著作权合同登记号　图字：01-2018-8808

Authorized translation from the English language edition, entitled UNLOCKING AGILITY：AN INSIDER'S GUIDE TO AGILE ENTERPRISE TRANSFORMATION, 1E, by Jorgen Hesselberg, published by Pearson Education, Inc., Copyright ©2019 Pearson Education, Inc.

All rights reserved. No part of this book may be reproduced or transmitted in any form or by any means, electronic or mechanical, including photocopying, recording or by any information storage retrieval system, without permission from Pearson Education, Inc.

CHINESE SIMPLIFIED language edition published by TSINGHUA UNIVERSITY PRESS CO., LTD. Copyright ©2020.

本书简体中文版由 Pearson Education 授予清华大学出版社在中国大陆地区（不包括香港、澳门特别行政区以及台湾地区）出版与发行。未经许可之出口，视为违反著作权法，将受法律之制裁。

本书封底贴有 Pearson Education 防伪标签，无标签者不得销售。

版权所有，侵权必究。侵权举报电话：010-62782989　13701121933

图书在版编目（CIP）数据

　　正确敏捷：大公司如何实现全方位的业务敏捷 /(挪)尤里根•赫斯伯格著；王晶译. —北京：清华大学出版社，2020.6

　　书名原文：Unlocking Agility

　　ISBN 978-7-302-53392-4

　　Ⅰ. ①正… Ⅱ. ①尤… ②王… Ⅲ. ①大型企业－企业管理－研究 Ⅳ. ①F276

中国版本图书馆 CIP 数据核字（2019）第 178637 号

责任编辑：文开琪
封面设计：常雪影
责任校对：周剑云
责任印制：杨　艳

出版发行：清华大学出版社
网　　址：http://www.tup.com.cn, http://www.wqbook.com
地　　址：北京清华大学学研大厦 A 座　　邮　编：100084
社 总 机：010-62770175　　邮　购：010-62786544
投稿与读者服务：010-62776969, c-service@tup.tsinghua.edu.cn
质量反馈：010-62772015, zhiliang@tup.tsinghua.edu.cn

印 装 者：三河市吉祥印务有限公司
经　　销：全国新华书店
开　　本：178mm×230mm　　印　张：21.25　　字　数：459 千字
版　　次：2020 年 8 月第 1 版　　印　次：2020 年 8 月第 1 次印刷
定　　价：69.90 元

产品编号：081502-01

中文版推荐序：潜意识敏捷

吴飞舟（思特奇董事长兼 CEO）

在技术和社会发展的驱动下，当今社会的形态已在发生根本变化。以易变、不确定、复杂、模糊为主要特征的新的竞争和服务形态已成为日常社会的常态，企业的生存与发展面临着前所未有的挑战。如何给客户提供更加满意的服务？如何使产品更富有竞争力？如何开拓更为广阔的市场空间，追求基业长青的企业发展？企业所面临的这三大灵魂拷问，瀑布式的软件工程过程、泰勒主义的管理方式、科学管理理论以及组织发展学，都已然无法给出有效的答案。

商业组织所面临的，是要变革，是要敏捷起来，是要从根本上重塑文化，借助于当前的技术和工具，重新建构一种柔韧的生产方式。

回顾过去的 1/4 世纪，我们思特奇从瀑布开发模式时代开始，持久地进行研发投入，到如今形成自有云计算 PaaS 产品和技术，我经常思考：要达成公司的目标——成为卓越企业、超越客户期望、战胜竞争对手的目标并成为对社会和客户有价值的贡献者，成为对员工和投资者有价值的回报者，最适合思特奇的生产方式与合理的利益共享机制到底应该是什么？为此，我身先士卒，躬身入局，不断地思考与探索，探寻适合各个阶段的最佳答案和路径。

Unlocking Agility（中译本为《正确敏捷：大公司如何实现全方位的业务敏捷》）最初吸引我的是，书中所提到的敏捷企业的最佳生产方式和高价值的贡献，这样的观点高屋建瓴，涉及到技术、组织、领导力、人和文化五大要素。一时间，犹如高山流水遇知音，竟有相见恨晚，豁然开朗的感觉。原来，面对风云变幻的商业环境，思特奇看似我行我素的路线和方针一直都是符合敏捷精神的，我们一直稳步行走在正确敏捷的路上，因为书当中讲到的观点和实践从另一个侧面有力佐证了我们一直以来的探索和实践在方向与路径上都是正确的，应当继续完善和坚持。

考虑到没有中文版会影响到我与同事和其他人进行充分的沟通交流并把它广泛推广给其他人以发挥更大的作用，所以，我们着手翻译了部分内容并联系到出版社，这个时候，才得以与中文版结缘，并欣然接受出版社的邀请，与广大读者朋友分享我个人的一些思考。

敏捷不仅是个技术问题，更是企业管理要素，是企业文化氛围，是企业生产方式。敏捷，是组织的最高境界；敏捷，是企业得以持续发展的 DNA。

书中对敏捷定义了三个要素：做正确的事、正确做事以及做事的速度。对比我们对敏捷企业的理解和实践：客户价值：关注客户本质的业务发展和真正痛点需求，关注客户的价值收益（而非自己的），就是在价值(做正确的事)、质量(正确地做事)和流程(以合适速度做)之间取得合理的平衡。这也是契合思特奇的价值评估体系中客户价值、员工价值和投资者价值三者关系的一个很好的理论基础。《正确敏捷》恰恰印证了我们的做法是迈向企业敏捷的一系列步履不停的重要改进。

《正确敏捷》不空谈理论，它还是可实操的，可以直接落地的，为读者提供了开启自身敏捷之旅所需要的知识、资源和工具，它可以帮助想做企业变革或正在做企业变革的领导者以适合其组织独特背景的方式全方位解锁敏捷。

回首过去，我们思特奇（股票代码：300608.SZ，网址：http://www.si-tech.com.cn/）成立于 1995 年，是中国 IT 行业发展和变化的积极参与和贡献者，国内领先的 ICT（信息通信技术）基础设施及软件产品、行业解决方案和服务提供商。十多年来，我们始终致力于自主研发、科技创新和场景应用的融合发展，打造开放、共赢的生态合作，助力行业客户与合作伙伴实现数字化转型、智慧运营和价值提升。

我们思特奇一如既往地扎根于行业，持续创新，掌握并充分应用 5G、云计算、大数据、物联网和 AI 等核心技术，为各行业客户提供包括电信运营商业务支撑、智慧城市中台和数字经济服务平台、中小企业云和智能服务、智能制造和工业互联网运营与支撑、AI-PaaS、云和大数据一体化 PaaS 运营平台等系列产品和解决方案，并广泛应用于政府、运营商、制造业、商业、金融和能源等行业信息化建设领域。

当前，我们思特奇稳步于时代的浪潮，以 5G+AI 为核心，围绕运营商、政府和企业等市场，精准提供 5G 及 5G+AI 的数字经济服务、运营平台，行业解决方案与运营服务，并联合生态合作伙伴，打造合作共赢的智慧运营服务模式。在数字经济、智慧城市、智慧园区、智慧旅游、智慧气象、智慧农业、智慧物联、智能制造和智能焊接等行业领域已拥有深厚的技术积淀和领先的市场份额。

未来，思特奇将持续构建新基建时代自主创新核心竞争力，携手合作伙伴，以技术、资本、场景、应用，助力广大客户实现美好科技未来。

潜意识敏捷，这是我们每一个思特奇人的使命和愿景，更是我们对广大合作伙伴和整个行业的期许。我们热忱地欢迎大家，每一个心怀远大理想、追求卓越并志在践行正确敏捷的伙伴，加入我们，与我们同行，一起正确敏捷，共同创造更大的价值，更美好的未来。

推荐序 1

比亚特·伯格斯尼思（Bjarte Bogsnes）
挪威国家石油公司高级绩效顾问，超越预算圆桌会议主席

大约 20 年前，有一群聪明人聚在一起，起草了《敏捷宣言》，发起了一场彻底改变软件开发方式的运动。但是，敏捷运动的发展并没有止步于软件开发。敏捷的思维方式现在正在深入到高层管理者，正在开始彻底改变组织的领导和管理方式。业务敏捷也因为有各种好处而成为一个热门的话题。

还有许多其他的运动和社区在挑战传统的管理方式。它们各自为阵，采用不同的框架和语言，遗憾的是彼此不太兼容。这样的情形总是让我想起电影《布莱恩的生活》，其中有一个很搞笑的场景，有人非常严肃而执着地对"犹太人民阵线""犹太人民联盟"和"犹太人民统一战线"进行了区分。

仔细思考一下，这些表相的背后其实有一些共同之处。它们都是在挑战僵化的、官僚的、命令控制型的和微观管理的传统管理观念。它们都认为，面对当前的实际业务和人员状况，组织必须具有更强的适应性，更加人性化，更注重为客户创造价值。它们都认为，探索管理创新可以带来堪比技术和产品创新的竞争优势。

我投身于其中的"超越预算"运动。它的萌发早于敏捷运动好几年，两者切入角度不同，但梦想和理念却惊人地相似。我相信，如果所有社区都能联合起来，我们会变得更加强大，能更快地实现目标。

我们的目标一定会达成。我并不关心运动采用了什么样的具体名称，但我知道，在将来的某个时候，我们都会微笑着想起现在被视为领先的领导和管理方式，正如今天我们对前互联网时代报以微笑一样。其实，它就发生在不久之前。

《正确敏捷》这本书对实现这些目标做出了重要的贡献。我认识作者尤里根已经有很多年了。他的激情、好奇心以及他对这些重要问题的见解，给我留下了深刻的印象。基于这样的印象，好几家组织都邀请他到企业内部去负责敏捷转型。这也使得他在相关主题上拥有更多一手资源和经验（相较于其他作者），并能做到理论和实践的完美结合。在《正确敏捷》这本可读性很高的书中，尤里根利用自己丰富的知识背景，识别和描述了一系列概念及其适用的场景，以及它们如何在敏捷转型中充分发挥作用。如果你对领导力、管理和组织转型感兴趣，一定不要错过这本书，你能从中找到更优的方案！

推荐序2

理查·谢立丹（Rich Sheridan）

门罗创新公司 CEO&联合创始人，首席故事官

美国东部时间，2011年9月27日晚10:30，鲍德斯书店的网上书店Borders.com停止运营。随着服务器的关闭，密歇根州安娜堡这家深受读者喜爱的本地书店成为历史。虽然世界各地都有人喜欢鲍德斯书店，但可能都比不上安娜堡的市民，书店刚开始起步的时候，只是一个很小的店面，就在州府大街上，和密歇根大学校园相隔一个街区。

鲍德斯书店究竟怎么了？说法很多。内部员工和旁观者可能会给出不同的版本。但有一点非常清楚，1971年鲍德斯创立之初到1992年被凯马特（K-Mart）收购后快速扩张，都是技术进步及其顺应这一趋势的后果。

对于鲍德斯的倒闭，有一个最简单的答案，是被贝索斯在1994年创建的亚马逊网站推倒的。但有一个问题很难解释："在接下来的17年中，鲍德斯为什么就无法适应呢？而且，值得注意的是，1971年，当时也还没有会导致鲍德斯破产的先进技术。"

亲爱的读者，鲍德斯的问题对你来说可能是一个更深层次的问题。还有什么还不见影儿的技术就已经在某个地方等着你，伺机威胁你正在忙于或处于领先地位的业务并使其陷入生死存亡的境地？是否可以采取什么行动来阻止自己被淘汰出局呢？

黑暗中的明灯

我和尤里根相遇时，他正在芝加哥的 NAVTEQ 工作。这家公司每年都来门罗创新参观，很多次，我们这家软件设计开发公司位于安娜堡的市中心。在来门罗创新之前，他对敏捷已经有了深刻的理解。但他还希望激发 NAVTEQ 的工作伙伴一起推进敏捷。事实证明，他成功了。后来，我在访问 NAVTEQ 的时候，亲眼看到一个正在焕然一新的组织，充满着变革的能量。尤里根是一名出色的领导者，也是一个着眼于组织层面的思考者。

在《正确敏捷》中，尤里根带着我们愉快地回顾软件行业的历史，探索敏捷运动背后的激情和逻辑。在我们这个行业，几乎每个人都知道，我们比其他任何人都更需要敏捷。我们对其他行业造成了颠覆性的影响，自己也经常被颠覆（被我们自己！）。我们行动太慢，造成了太多生死攸关的问题。面对我们所造就的环境，我们需要有更强的适应能力。

向基于恐惧的领导力说"不"

2007 年初，鲍德斯的 IT 领导团队为了探索我们的敏捷，来到门罗创新和我一起度过了一天。当时，他们刚刚宣布结束与亚马逊的市场伙伴关系，打算自己建网上书店。

当天晚些时候，我的妻子卡罗尔问我这一天过得如何。

"他们注定会失败。"我毫不犹豫地回答她，"很可能撑不到 5 年。"

她表示惊讶和怀疑。因为在当时，鲍德斯仍然有 1 000 多家门店和近 20 000 名员工，营业额超过 10 亿美元。卡罗尔问我为什么如此肯定？

"他们不是一般的害怕，因为他们完全不知所措。他们根本无法战胜恐惧。"

事实证明，我的估计还是太乐观了。从那一天算起，直到他们宣布倒闭，实际上只经历了四年零九个月。他们无法摆脱恐惧，无法解锁可以帮助他们摆脱困境的敏捷。正如尤里根在本书中指出的那样，对传统行业的颠覆正在加速。敏捷不再是简单的试验，更不是高不可攀的奢侈品，它的核心是让一个组织赖以生存的系统。解锁敏捷，相当于还有机会战斗。在走向敏捷的过程中将涉及变革，而且是非常大的变革。这不会在一夜之间发生，它将触及一切人、流程、领导力和技术。它还会涉及文化变革。

要想成功地攀登这一变革的珠峰，需要有夏尔巴人①的引领，而尤里根是最好的领路人，之一。

在这本书中，尤里根提供了一个鹰眼视角，让你可以俯视工作主线，一览变革之旅的全貌。作为专家和先行者，他给出了建议。他把这本书变得与众不同，因为全部来自于他在 NAVTEQ、英特尔和其他企业的一手经验。他把这本书变得富有实践意义，因为这不是基于使用敏捷的"标准配方"，而是在他指导下进行尝试和实验时所得到的结果。

尤里根是我的好朋友。我们俩有类似的旅程经历。当我描述自己的敏捷之旅时，我选择了"快乐"这个词。我相信，快乐是任何事业孜孜以求的核心，可以通过下面三个简单的问题来构建。

1. 您要是为谁服务？
2. 他们眼中的快乐是什么？
3. 我们是否可以在为充满活力的团队创造的成果而感到自豪的同时持续保持快乐？

我相信，这些问题是了解您或您的公司想要解锁敏捷的关键。我认识鲍德斯书店的很多员工，他们喜欢自己的公司。而且，像我一样，有很多人喜欢逛书店，喝着西雅图才有的上等咖啡，享受着阅读带来的快乐。

---

① 译注：夏尔巴人（Sherpa）藏语意为"来自东方的人"，散居在喜马拉雅山脉两侧，大多数人住在尼泊尔，少数散居于中国、印度和不丹。他们是全世界无氧登珠峰成功人数最多的民族，也是因山难而死亡人数最多的民族。绝大多数珠峰登顶者的背后，都有不止一位夏尔巴人的协助。从他们加入登山队开始，所有起居、装备运输、修路、做饭甚至搭建帐篷，都离不开夏尔巴人。夏尔巴人筑起了一条珠峰登顶的通路，让 8000 多米的绝命海拔更多了一重安全保障。

也许您的组织已经能够提供这种快乐，并且希望在未来几年内能够继续保持。也许您现在还没有，但您知道自己有团队，有改变的能量。也许你只是梦想实现个人的宏伟蓝图——在宇宙中留下个人的印记。如果确实是这样，就需要解锁敏捷，以便能够在瞬息万变的环境中茁壮成长。这本书尤其适合你！

手捧一杯香茗或咖啡，开始阅读吧！解锁敏捷的过程将帮助您获得您想要的快乐！

推荐语

"敏捷似乎正在成为一个没有什么意义的时髦用语。这是因为大多数组织都只是简单地用敏捷这个词来修饰他们当前的工作方式，借此来暂时疏解他们所面临的压力，静待奇迹的出现。但是，如果真正希望从敏捷中获得好处，组织必须有所转变。如果确实想换用一种更灵活的工作方式，你一定希望尤里根可以帮助你实现'正确敏捷'。"

——詹姆斯·格雷宁（James Grenning），《敏捷宣言》签署人及《测试驱动开发》作者

"读这本书真是一个愉快的过程！从精益实验到敏捷协作，从业务建模到组织设计，从趣闻与故事到规模化模型和转型路线图，尤里根在这本引人入胜的书中巧妙地将这些素材穿插在一起。如果想知道最好从哪里开始做敏捷转型，不妨从阅读《正确敏捷：大公司如何实现实现全方位的业务敏捷》这本书开始。"

——尤尔根·阿佩罗（Jurgen Appelo），《管理 3.0》和《幸福领导力》作者

"关于企业的敏捷性，市面上有一些书了。但本书的特别之处和关键 0 价值在于，不仅为刚入门的人提供了一个适当而实用的切入点，还为已经开始敏捷旅程并想采取下一步行动的人提供了一个指南、参考和创意助推器。本书结构合理，体现了尤里根作为一个富有经验的实践者，不仅了解这些知识，还尤其擅长于实际运用。读完此书，你将全面了解敏捷转型的相关模型及其使用，掌握一个兼顾战略性和实践性的敏捷转型策略，并获得大量可以深入学习的参考资料。"

——汉锥克·艾瑟（Hendrik Esser），爱立信企业转型计划副总裁

"……我们需要更多的人来关注全局，而不是推广某一项特定的实践，本书从这点来说非常有价值。"

——大卫·斯诺登（Dave Snowden），Cynefin 框架提出人，Cognitive Edge 公司 CEO

"非常出色的工作！尤里根不仅提供了有用的（验证过的）的概念、工具、方法和框架，同时还提出了杠杆点、首要原则以及背后的机理。本书中的精华来自一位富有想法的教练及敏捷变革推动者，在他的精心准备下，这些智慧通过了现实的锤炼，是行之有效的。每章末尾的问答、深入阅读和说明更是起到了锦上添花的作用。在推荐敏捷相关书籍时，我通常很难为初识敏捷的人和敏捷重度爱好者推荐相同的书。但是，《正确敏捷》是个例外。这本书务实且有用（用尤里根的话来说，他提供了一个'蓝图'），鼓励用敏捷的方法来实现企业敏捷性。我发现有关敏捷工作组的最后几章（变革策略/路线图以及组织级改进待办列表）特别有价值。毫无疑问，我会经常参考它们。简而言之，我会毫不犹豫地把这本书推荐给正在变革进程中的伙伴们（有激情去变革的，而非仅仅相关的）。"

——约翰·卡特勒（John Cutler），产品教练，作家

"一本书里面包含了如此多与敏捷相关的真知灼见！从现代管理的起源，到对未来组织的愿景，尤里根带来了我们能够想像到的所有模式、框架和模型，与此同时还介绍了年龄、性别和多样性等重要主题。他生动展现了自己的敏捷之旅，途中发生的故事和学到的经验教训描述得栩栩如生。每章结尾的问答和深入阅读，使得本书适合任何一个负责引领组织变革的人阅读，是指引他们走向业务敏捷的完美参考指南。"

——詹森·克兰（Jason Kline），敏捷实践主管&SolutionsIQ，埃森哲公司

"尤里根写了一本堪称精品的书。通过一种会话式的、易于阅读的风格，他带着我们游走于敏捷组织设计、敏捷团队和敏捷工作空间等复杂主题之间。如果你正在寻找如何进行组织敏捷转型的深层次论述，这本书将是你的不二之选。"

——鲁普·戴维斯（Noopur Davis），Comcast 公司高级副总裁，首席产品和信息安全官

前言

亘古不变的商业规则变了。商学院和高管研讨会上所学到的已经不再有效（如果说它们曾经有效的话）。所谓的最佳实践、详尽的客户分析报告以及专家观点都是很好的参考，但并不足以让我们在今天的商业环境中获商业上的成功。相反，我们发现原来那些门槛（入行壁垒）正在瓦解，企业不得不面对持续颠覆的威胁、不断在变的客户需求以及发展迅速的技术演变。企业应该如何持续完善现有的流程并利用现有的竞争优势，以便在这样的环境中保持增长和壮大呢？

答案是不可能，也不应当可能。在今天的商业环境中得以生存与成长，企业需要改变**工作方式**，以便学得更快，适应得更快，做到"拥抱变化，精准执行"。当下，对企业而言，与其从科学管理①中寻求答案，从行业革命中吸取教训，倒不如知识管理、混沌理论和敏捷开发相关的思考中学习。因为这些方法知道自己并不知道所有问题的答案，同时知道在当下这个复杂的环境中养成一个不断改变自己习惯之习惯最重要。

---

① 译注：科学管理通过重新设计工作流程、对员工与工作任务之间的关系进行系统性研究以及透过标准化与客观分析等方式来最大化效率与产能。科学管理是19世纪末泰勒所提出的管理理论，因此又被称为"泰勒制"。

但这到底意味着什么呢？对几十年如一日已经以某种方式成功运作的组织来说，如何才能从根本上改变工作方式，让企业变得更加敏捷？对今天的变革领导者而言，可用的相关指南乏善可陈，而且主要分为两类：高度概念化的或者非常规范的。一方面，组织可以只是遵循敏捷价值观及原则，但在此基础上定义出来的落地战略和方针却大相径庭。换而言之，敏捷价值观及原则本身很少就能够让人做到、读过然后自然而然地实现蜕变。另一方面，思想领袖和咨询公司也提供了一些框架和规模化应用的方法。尽管它们也具体，但往往还包括角色、流程和节奏什么的，因而最终也制约着它们想要实现的"业务敏捷"这个根本目标。

这就是本书的写作动机。英文版原书名的字面意义是"解锁敏捷或者说释放敏捷"，目的就是想给大家提供一些有意义的指导，在高层次概念带来的抽象与可操作的规范带来的约束之间，找到一个恰到好处的着力点[①]，适当地帮助组织成功实现敏捷转型。我可以给大家提供这些指导，因为我相信实践出真知，这是其他任何方法都做不到的。这样的工作我做过很多次，包括在大型组织中，而且，我知道有些方法有效，有些方法无效。我体验过有些模式可以使人更接近于敏捷工作方式，我也观察到一些有害的行为确实阻碍了敏捷转型的进展。我从成功、失败以及我信任的同事和敏捷社区，学到了很多东西。

更重要的是，我认识到敏捷是可能的，企业的敏捷转型不只是炒作，它是非常真实的，它可以为企业和员工带来很大的好处。当您听到团队讨论时低沉的嗡嗡声，当您看到人们为共同目标而同心协力，当您感到甚至空气中都弥漫着敏捷的能量时，您就可以切实感受到业务敏捷本来的样子，这是我希望每个人都能拥有的美好体验。

目标与方法

本书的目标是提供一个框架来帮助对齐组织的运营战略与业务战略。这意味着您将理解为什么敏捷工作方式可以在某些环境下对业务有帮助，但同时也认识到有时并不适合进行敏捷优化。您还将理解敏捷的五个维度以及在组织内进行持续而有意义的变革时如何从整体上考虑它们。您将能够识别一些敏捷成功落地的模式，勾勒出

[①] 译注：原文为 sweet spot，即球棒上一个特殊的点。在球棒击中球之前，如果两者的速度一定，且正好落到这个点上，球将以最快的速度弹出。

敏捷企业的运作模式和策略。但是，本书并不是介绍具体做法的指南，也不是附有详细步骤的敏捷操作规范。那样做不只是不可能，而且简直是不负责任的。因为组织转型非常复杂，不可能事先就计划好一切细节。

打个比喻，本书的目的是让您成为一名大厨，而不是厨师。一名厨师能够按照现成的菜谱来做一道以前就做过很多次的菜。当结果已知并且过程（在这里用烹饪来做类比）比较简单时，这很管用。但是，大厨不仅可以用专业的方式来遵循程序和过程（在适当的时候往往也是这样做的），还完全理解程序和过程背后的基本原理，并在环境发生变化时通过调整过程来独创自己的食谱。最终，大厨最终都会自己动手写一本烹饪书。

哪些人需要阅读本书？

本书的目标读者是推动变革的人。他们认识到企业现有运营模式在当今商业环境中做不到可持续发展，他们想要推动工作方式的改进，想要做产品和提供服务，为客户创造价值。更具体地说，本书适用于高管、项目经理和变革实施人员。他们要定义转型战略并负责消除整个敏捷转型过程中的障碍。

非 IT 部门的领导者也会觉得本书很有用。人力资源、市场营销和财务都与业务息息相关，虽然传统理解认为他们在敏捷转型中不会承担很重要的角色，但本书会告诉您，这些人也是很重要的组成部分。

本书是如何组织的？

本书包含三个部分，分别聚焦于转型过程的不同方面：为什么（Why）、做什么（What）以及怎么做（How）。

第 I 部分"敏捷案例"主要阐述敏捷的工作方式为什么是当今商业环境的大势所趋。这部分还介绍了敏捷的历史背景，VUCA（乌卡）、Cynefin（库尼芬）框架和价值流优化（而非资源优化）的意义。

第 II 部分"敏捷的五个维度"详细介绍每个维度，并帮助读者理解技术、组织设计、人员、领导和文化如何相互作用与相互影响，进而全面提升业务敏捷。

第 III 部分"解锁敏捷"重点介绍我们如何应用前面章节所介绍的知识并将这些知识转化为具体的转型策略。这部分将介绍敏捷工作组（AWG），定义一个敏捷运营模型，同时还要提供一个组织级障碍待办列表作为转型路线图一部分的示例。

每章都包含一些与该章讨论主题相关的资源。此外，我还设计了一个问答环节（Q&A）。这些问题是我在担任咨询顾问和变革推动过程中遇到的，我相信您会发现其中一些内容有趣、有用。

第 1 章到第 10 章涵盖以下主题。

- 第 1 章"敏捷的必然性"描述一个以敏捷作为其业务基石的案例，阐明敏捷工作方式比以往任何时候更重要的原因。同时还介绍了《敏捷宣言》创立之初的历史背景及其对软件开发以外的影响。

- 第 2 章"企业敏捷"对业务敏捷下定义，阐明业务敏捷需要在"做正确的东西""以正确方式做""用正确的速度做"三者之间做平衡，需要对流动进行优化并理解其背后的意义。

- 第 3 章"技术"介绍作为转型策略中重要组成部分的工具、技术和方法。尽管没有打算（也无法做到）详尽无遗，但我们还是会介绍一些工具和方法及其最适用的场景。

- 第 4 章"组织设计"不仅涵盖设计支持更敏捷工作方式的物理工作区，还包括设计敏捷组织结构的注意事项。我们将谈及传统的组织结构和自然涌现的组织结构，并讨论各自的优缺点。

- 第 5 章"人员"讨论敏捷环境对人员的技能、知识和能力要求以及这些因素的含义。我们还将讨论敏捷转型对 HR 的影响以及 HR 在推动企业敏捷转型过程中的作用。

- 第 6 章"领导力"聚焦于领导力在敏捷环境中的重要影响。我们将介绍 5 级领导力和青色领导力，另外还有一个支持业务敏捷的领导力和管理模式"超越预算"。

- 第 7 章"文化"敏捷五个维度中最重要的一个。本章涵盖文化对成功转型的深刻影响。我们将介绍一些基础的文化模型并提供一种方法，用于以度量来改变行为进而实际改变文化。

- 第 8 章"建立组织级别的敏捷工作组"探索建立敏捷工作组（Agile Work Group，AWG）作为企业敏捷转型引擎的必要性。我将介绍敏捷工作组的特点、它在组织结构图中的位置以及 AWG 成员的中长期职业发展路线。

- 第 9 章"业务敏捷的运营模型"诠释我们所提出的"拥抱变化，有的放矢"。仅仅适应不断变化的市场是不够的，成功的公司还需要兑现对客户、合作伙伴和同事的承诺。

- 第 10 章"解锁敏捷：战略路线图"作为本书的最后一章，将要介绍如何创建一个组织级别障碍待办列表并沿着战略路线不断演进。读者可以从中了解并发现敏捷的五个维度如何从整体上影响战略。我们还要讲述应该避免的一些关键行为并识别出 7 个标志来表明我们前进的方向是正确的，正在成为一个更敏捷的企业。

致谢

我职业发展道路上,如果没有他们一直帮助我,这本书不会面世。首先,特别感谢我的朋友及商业伙伴阿尔米尔(Almir Drugovic)。能够和他一起工作是上天赐予我的礼物,他帮助我在专业上持续学习和成长。NAVTEQ(以及后来诺基亚)有一些才华出众的人,他们对我成为一名转型变革引领者起到了重要的作用。感谢艾伦(Allen Rutzen)、莫琳(Maureen Saltzman)、特里(Terri Spratt)、史蒂夫(Steve Young)、弗兰克(Frank Rios)、苏珊(Susan DiFabio)和大卫(David Douglas)。非常感谢 NAVTEQ 当时的 CEO 拉里(Larry Kaplan),他对我引领整个公司的变革给予了充分的信任。在我需要完成信仰之跃时,德鲁(Drew Jemilo)激励了我。我由衷地感激他的建议。我曾经和许多了不起的教练一起工作,因而有机会持续向他们取经,比如玛丽亚(Maria Mattarelli)、里克(Rick Waters)、马努基(Manoj Vadakkan)、阿历克斯(Alex Deborin)、杰森(Jason Kline)、玛丽琳(Marylin Pride)、斯里(Sri Sudana)、维贾伊(Vijay Reddy)、科里(Kelly Currier)、理查德(Richard Kasperowski)、德拉克(Derek Wade)、托比亚斯(Tobias Mayer)、克努特(Knut Kvarme)、比利(Billy Åsjord)和大卫(David Koontz)。另外还要感谢罗伯(Rob Albrecht-Mallinger)、托腾(Totten Horgen)以及丹尼斯(Dennis Grube)。在我需要的时候,他们总是在指导我,支持我。

我有幸得到过一些行业领袖的指导。和迈克（Mike Cohn）、肯尼（Kenny Rubin）、迪恩（Dean Leffingwell）、大卫（Dave Snowden）、比亚特（Bjarte Bogsnes）、瑞查（Rich Sheridan）、波彭迪克夫妇（Tom and Mary Poppendieck）和乔安娜（Johanna Rothman）一起工作，我深感荣幸。特别感谢迈克和肯尼（Mike 和 Kenny），在 Comparative Agility 的成长和发展过程中，他们俩对商业顾问提出了出色的建议。感谢为本书写推荐序的比亚特和瑞查（Bjarte 和 Rich）。

支持敏捷转型和导入的同事是本书灵感和素材的重要来源，他们是雷（Ray Arell）、伊恩斯（Jens Coldewey）、伊莎雷尔（Israel Gatt）、戴安娜（Diana Larsen）、伊瑟尔（Esther Derby）、尤塔（Jutta Eckstein）、比尔（Bill Joiner）、凯蒂（Kati Viliki）、詹姆斯（James Shore）、迈克尔（Michael Hamman）、海蒂（Heidi Musser）、乔治（George Schlitz）、亨里克（Hendrik Esser）、埃里克（Eric Abelen）、安德斯（Anders Ivarsson）、亚娜（Jaana Nyfjord）、波利斯（Boris Kneisel）和肯（Ken Powers）。

在 McAfee 和英特尔的时候，同事教会我许多东西，他们是米切尔（Michelle Salvado）、拉赞（Rajan Seriampalayam）、梅根（Megan Alnico）、纳格（Nag Kumar）、西恩（Sean Coffey）、安-玛丽（Ann-Marie Kong）、马克（Mark Bittner）、瑞亚（Rhea Stadick）、达利乌斯（Dariusz Grudzien）、马修（Mattew Plavcan）、厄普耳（April Mills）、提姆（Tim Gallagher）和丹尼尔（Daniel Walsh）。努普尔（Noopur Davis）和克里斯（Kris Bugbee）堪称服务型领导的典范。感谢丹妮尔（Danielle Love）提供宝贵而关键的建议。

谢谢本书策划编辑克里斯（Chris Cleveland）的指导和对细节的特别关注。感谢克里斯汀（Kristen Havens）以编辑的身份对本书的制作过程进行把关。还有花宝贵时间对部分或者整本书进行评审的各位伙伴：伊恩（Ian Savage）、鲍伯（Bob Bogetti）、阿里斯泰尔（Alistair Cockburn）、詹姆斯（James Grenning）、安德森（Anders Ivarsson）、比亚特（Bjarte Bogsnes）、大卫（Dave Snowden）、汤姆（Tom Fox）和埃里克（Eric Abelen）。再次向大家表示感谢！

关于作者、译者和审校者

尤里根·赫斯伯格（Jorgen Hesselberg）

Comparative Agility 联合创始人，该公司是一个领先的敏捷评估和持续发展平台。自 2009 年以来，尤里根作为思想领袖，曾经帮助很多企业成功实施了敏捷转型。他提供战略指导和行政咨询，并以内部变革推动者和外部顾问的身份指导过一些国际知名的公司。他作为培训师帮助很多人学习敏捷和 Scrum，帮助他们了解颠覆性创新和企业转型战略。

让世界变得更美好，是尤里根的信条。他是 Supporting Agile Adoption 计划的前任总监兼积极分子。该计划是敏捷联盟（Agile Alliance）发起的，致力于为应用敏捷原则和敏捷转型实践的组织提供支持。尤里根是很多国际行业大会的演讲嘉宾。

他在密苏里大学获得新闻学士学位，在爱荷华州立大学获得 MBA，在西北大学获得信息技术硕士学位。此外，他还在哈佛大学商学院完成了金融和颠覆性创新研究生课程。

尤里根和家人（妻子及两个儿子）居住在挪威奥斯陆北边的尼特达尔（Nittedal）。

译者

王晶，Odd-e 敏捷教练。一直工作在软件研发第一线，拥有 26 年的 IT 经验。熟悉敏捷产品开发的各种实践，如 CI/CD、自动化测试、用户故事地图和实例化需求等。热衷于敏捷，活跃在敏捷社区，是 Scrum 和 XP 的践行者。

审校者简介

思特奇未来信息科技研究院

思特奇与电子科技大学联合成立的基于科技共享、共研、共进的创新孵化实体。通过创新的运行模式，为科技人才提供一个公共的、开放性平台，通过大数据、人工智能、物联网、5G、智慧运营、智慧城市、云计算、区块链和安全等产业相关技术的研发创新与消化吸收提高，积极推进技术和科研成果产业化，服务于前述领域的产业发展。

简明目录

第 I 部分　敏捷的业务场景

第 1 章　敏捷的必然性 3

第 2 章　企业敏捷 31

第 II 部分　敏捷的五个维度

第 3 章　技术 61

第 4 章　组织设计 95

第 5 章　人员 125

第 6 章　领导力 147

第 7 章　文化 169

第 III 部分 解锁敏捷

第 8 章 建立组织级别的敏捷工作组 205

第 9 章 业务敏捷的运营模型 225

第 10 章 解锁敏捷:战略路线图 267

目录

第 I 部分　敏捷的业务场景

第 1 章　敏捷的必然性 ... 3
- 1.1 雅典战胜微软 ... 4
- 1.2 现代管理的起源 ... 7
  - 1.2.1 科学管理：打造更多的效率机器 ... 7
  - 1.2.2 知识工作者的崛起：释放创造力潜能 ... 9
  - 1.2.3 软件吞噬世界：拥抱不确定性并变得敏捷 ... 10
  - 1.2.4 VUCA 与 Cynefin：在美丽新世界中找到业务方向 ... 16
  - 1.2.5 Cynefin 框架 ... 18
- 1.3 复杂世界中的领导力 ... 21
- 小结 ... 24
- 问答环节 ... 25
- 更多资源 ... 26
- 注释 ... 28

第 2 章　企业敏捷 31

2.1　定义企业敏捷 32
2.2　设计业务敏捷：平衡三大关键杠杆 34
　　2.2.1　做正确的事情（价值） 35
　　2.2.2　正确做事（质量） 42
　　2.2.3　以正确的速度做事情（优化流动） 45
2.3　在企业中解锁敏捷 52
2.4　绩效因子：敏捷的五个关键维度 52
小结 54
问答环节 54
更多资源 57
注释 58

第 II 部分　敏捷的五个维度

第 3 章　技术 61

3.1　做正确的事情：创造客户喜爱的产品 62
　　3.1.1　商业模式画布：一个可即时对齐的交互式工具 62
　　3.1.2　精益创业：验证正在做的产品是否值得做 65
　　3.1.3　延期成本：理解时间如何影响产品在生命周期中的利润 ... 68
3.2　以正确的方式做事情 73
　　3.2.1　Scrum：增量并迭代地交付价值 73
　　3.2.2　Kanban：通过可视化来驯服混沌 78
3.3　以正确的速度做事情（优化流动） 81
　　3.3.1　XP 81
　　3.3.2　价值流图 85
小结 88
问答环节 89
更多资源 91
注释 93

第 4 章　组织设计 95

4.1　物理工作环境的设计 96
4.1.1　为卓越团队而设计 96
4.1.2　高绩效团队背后的科学原理 97
4.1.3　案例分析：NAVTEQ 更有效的协作空间 98

4.2　组织结构 105
4.2.1　职能型组织 105
4.2.2　事业部型组织 107
4.2.3　矩阵型组织 109
4.2.4　正在兴起的组织结构：社会民主制和合弄制 110
4.2.5　敏捷组织的架构 114

4.3　对敏捷组织结构设计的探索 117

小结 119
问答环节 119
更多资源 121
注释 123

第 5 章　人员 125

5.1　永远不要低估人员的重要性 128
5.2　敏捷组织中人员的特征 130
5.2.1　培养成长思维 130
5.2.2　发展企业的成长思维 132
5.2.3　拥抱多样性 132
5.3　构建支持敏捷人员的环境策略 135
5.4　敏捷组织对 HR 的影响 136
5.4.1　与团队合作来改善招聘 136
5.4.2　设计有意义的薪酬、奖励及评价机制 138
5.4.3　创建更多的相关角色，定义更灵活的职业发展计划 139
5.4.4　逐步授权团队，赋能于人 140
5.4.5　HR：从控制型转变为解锁组织敏捷的关键 141
小结 141

问答环节 142
　　　更多资源 144
　　　注释 145

第 6 章　领导力 147

　6.1　领导力的影响 149
　　　6.1.1　第 5 级领导力 150
　　　6.1.2　第 5 级领导力=敏捷领导力？ 151
　6.2　青色领导力 152
　　　6.2.1　红色：通过武力来领导 154
　　　6.2.2　琥珀色：通过命令来领导 154
　　　6.2.3　橙色：通过效率来领导 154
　　　6.2.4　绿色：通过职责来领导 155
　　　6.2.5　组织：由相互关联部分组成的有机生态环境 155
　　　6.2.6　青色：作为一个有生命的实体 156
　　　6.2.7　青色组织：未来组织的蓝图？ 157
　6.3　超越预算：一个敏捷管理模型 158
　　　6.3.1　超越预算的起源 159
　　　6.3.2　超越预算：少一些自上而下的控制，多一些信任和赋能 159
　6.4　传统 CEO 的末路？ 162
　6.5　敏捷领导力的三个基石 163
　　　小结 164
　　　问答环节 165
　　　更多资源 166
　　　注释 167

第 7 章　文化 169

　7.1　文化的深远影响 171
　7.2　我们如何体验文化 172
　7.3　施耐德文化模型 174
　　　7.3.1　合作文化："我们因一起工作而成功" 174
　　　7.3.2　控制文化："我们因控制并一直保持而成功" 176

- 7.3.3 能力文化："我们因最出色而获得成功" 177
- 7.3.4 培养文化："我们因培养为实现共同愿景而努力的人而成功" 178
- 7.4 文化对持续变革的影响 179
- 7.5 业务敏捷相关度量的特征 186
  - 7.5.1 可执行 186
  - 7.5.2 可使用 187
  - 7.5.3 可审计 187
  - 7.5.4 额外的启发 188
- 7.6 有意义的业务敏捷度量示例 189
  - 7.6.1 度量指标，有助于支持做正确的事情 190
  - 7.6.2 度量指标，用于支持以正确的方式做事情 192
  - 7.6.3 度量指标，用于支持以正确的速度做事情（流动） 194
- 7.7 绩效系统的转变→行为转变→文化转变 196
- 小结 197
- 问答环节 198
- 更多资源 200
- 注释 201

第 III 部分　解锁敏捷

第 8 章　建立组织级别的敏捷工作组 205

- 8.1 敏捷工作组的使命与意义 205
- 8.2 敏捷工作组的特征 209
  - 8.2.1 技能互补 209
  - 8.2.2 敬业 210
  - 8.2.3 博闻，见多识广 211
  - 8.2.4 值得信赖 212
  - 8.2.5 谦逊 212
  - 8.2.6 热情拥护 213
- 8.3 外部咨询师的角色 214
- 8.4 组织结构与敏捷工作组 215
  - 8.4.1 系统整体视角 215

　　　　8.4.2　寿命短暂 216
　　　　8.4.3　双启动模式 217
　　8.5　为敏捷工作组招贤纳士 218
　　　　8.5.1　来自管理层的阻力 218
　　　　8.5.2　潜在候选人的犹豫不决 219
　　8.6　AWG 到底意味着什么？ 220
　　小结 221
　　问答环节 221
　　更多资源 222
　　注释 223

第 9 章　业务敏捷的运营模型 225

　　9.1　解锁敏捷：拥抱变化，精准执行 227
　　9.2　探索：拥抱变化的引擎 229
　　9.3　创收：精准执行经过验证的战略方针 239
　　　　9.3.1　传达之迷失：产品战略从愿景转为幻想 240
　　　　9.3.2　通过渐进细化，精准执行 241
　　　　9.3.3　通过快速闭环来精准执行 255
　　9.4　适度平衡："拥抱变化"与"精准执行" 257
　　9.5　关于规模化框架 258
　　　　9.5.1　规模化敏捷框架（SAFe）... 258
　　　　9.5.2　大规模 Scrum（LeSS）... 258
　　　　9.5.3　规范化敏捷框架 258
　　　　9.5.4　使用规模化框架的好处 259
　　　　9.5.5　使用规模化框架的缺点 259
　　小结 261
　　问答环节 261
　　更多资源 263
　　注释 264

第 10 章　解锁敏捷：战略路线图 267

　　10.1　解锁企业敏捷：一个高层次的战略路线图 269

- 10.1.1 合作转型（第一波） ... 269
- 10.1.2 自我导向（第二波） ... 271
- 10.1.3 根深蒂固（第三波） ... 272

10.2 您的行动有多敏捷？组织敏捷五个维度的应用 ... 273
- 10.2.1 技术 ... 274
- 10.2.2 组织设计 ... 275
- 10.2.3 人员 ... 275
- 10.2.4 领导力 ... 277
- 10.2.5 文化 ... 278

10.3 通过组织级改进待办列表来识别和驱动变革 ... 279
- 10.3.1 用敏捷的方式解锁敏捷 ... 279
- 10.3.2 步骤1：清晰定义并沟通企业转型的意义 ... 280
- 10.3.3 步骤2：识别阻碍我们达成目标的主要障碍 ... 281
- 10.3.4 步骤3：建立企业转型待办列表并落实具体工作 ... 284
- 10.3.5 步骤4：保持前进的势头，持续监控进度，沟通结果，寻求反馈，庆祝失败 ... 289
- 10.3.6 企业转型失败的十大原因 ... 293
- 10.3.7 走上敏捷正途的七个标志 ... 297

10.4 路就在前方，你准备好了吗？ ... 299

小结 ... 300

问答环节 ... 301

更多资源 ... 302

注释 ... 303

第 I 部分
敏捷的业务场景

第 I 部分重点讨论敏捷工作方式为何更适合今天的业务环境。此外还要介绍敏捷的历史背景、VUCA（乌卡）、Cynefin（库尼芬）框架以及做价值流优化而非资源优化的意义。

第 1 章　敏捷的必然性
第 2 章　企业敏捷

第 1 章

敏捷的必然性

现在，在软件产品开发领域中，敏捷已经迅速占据主导地位。这种聚焦于持续学习和尽早交付业务价值的迭代增量工作方式正在逐渐替代过去以计划驱动和确定性思维为主导的工作方式。

但是，为何越来越多的公司，从传统公共事业机构到创新技术公司，都在寻求方法，以求在敏捷产品开发的同时进一步将敏捷扩展到组织中的每一个 DNA？为什么以往自上向下的工作方式不再适合今天的业务环境了呢？

本章将探讨为什么管理人员如今将业务敏捷视为头等大事之一。[1] 首先，我们来看一看现代管理思想的渊源，认识一下它可以用在哪里以及为什么它可以用。接下来我会解释为什么说易变性、不确定性、复杂性和模糊性（VUCA）是对当今商业环境最贴切的描述。然后，我要讨论组织如何从混乱中获益以及如何优化业务系统去拥抱（而不是避开业务环境固有的）变化。

最后，我将谈谈《敏捷软件开发宣言》。该宣言有时也简称为《敏捷宣言》，它是2001年由17位技术大牛创建的联合声明，旨在解决软件开发的相关挑战。我将分享《敏捷宣言》的产生背景；为何在软件领域有用；它的价值观和原则如何与大型组织处理当今业务环境特有的复杂性、快速性和易变性需求对齐。

在这一章的最后，您还将了解业务敏捷如何以及为何会成为现代公司战略的重要组成部分。您还能够认识到敏捷最适用于哪些环境以及在哪些环境中却可能"水土不服"。阅读本章将为您深入理解业务敏捷做好准备，并为阅读本书的其余部分打下基础。

1.1 雅典战胜微软

韦斯特（Geoffrey West）[①]，著名的圣达菲研究所理论物理学和生物学的杰出教授，他研究非线性系统，比如星系、大脑和太阳系等。他发现，城市和公司是非常有趣的两个系统。尽管它们都是人类的产物，并具有不少共同的特征，但有一个很重要的方面却大相径庭：**为什么城市可以长寿无终，而相比之下公司却往往天不假年呢？毕竟，两者的基本元素非常类似**。城市和公司都是有共同约束的非线性系统，并由领导者管理。两个系统的最终目标都是实现同样的目标：最大化利益相关者的价值，无论他们是城市居民还是公司股东。[2]

然而，即便是世界上最长寿的公司，已经成立超过1400年的日本金刚组株式会社，跟城市（比如至今已经超过5200年的埃及卢克索）相比，仍然是个婴儿。

与公司相比，城市似乎坚不可摧：它们可能面临严重的经济动荡、自然灾害甚至核战争，但它们最后都能峰回路转，甚至更加繁荣。

[①] 中文版编注：代表作有《规模：复杂世界的简单法则》，书中从数学模型、分形几何和幂次法则等视角探讨了如何运用规模法则来解读世界运作机制。

世界上最古老的企业和城市

世界上最古老的前十大企业 [3]

大概成立时间	名称	行业
公元 578 年	日本金刚组株式会社	建筑
公元 705 年	日本西山温泉庆云馆	酒店
公元 803 年	奥地利圣彼得酒窖餐厅① (St. Peter's Stiftskeller)	餐馆
公元 900 年	爱尔兰肖恩酒吧 (Sean's Bar)	酒馆
公元 1000 年	法国古拉尼酒庄 (Château de Goulaine)	葡萄酒厂
公元 1040 年	意大利马里内利铸钟厂 (Pontificia Fonderia Marinelli)	铸造
公元 1488 年	爱尔兰 Rathbornes	蜡烛制造商
公元 1526 年	美国伯莱塔 (Beretta)	枪械
公元 1613 年	美国种植园 The Shirley Plantation	农业
公元 1645 年	瑞典《英里克斯邮报》(Post och Inrikes Tidningar)②	报纸

世界上最古老的持续有人居住的前十大城市 [4]

大概形成时间	名称
公元前 8000～公元前 10 000 年	大马士革
公元前 7000～公元前 9000 年	耶利哥
公元前 6000～公元前 7000 年	阿勒颇
公元前 4000～公元前 5000 年	雅典
公元前 4000～公元前 5000 年	洛阳
公元前 4000～公元前 5000 年	普罗夫迪夫
公元前 4000～公元前 5000 年	比布鲁斯
公元前 3000～公元前 4000 年	西顿
公元前 3000～公元前 4000 年	雷伊
公元前 2000～公元前 3000 年	耶路撒冷

* 这些城市的确切年代来源不相同

---

① 中文版编注：位于萨尔茨堡，以前是修道院的地窖，这里的萨尔茨堡蛋奶酥最为著名。另外还有奥地利特色的水煮牛肉、维也纳大猪排和薏米饭以及黑虎虾等。这里每周有一次莫扎特音乐之夜晚餐，安排有还原 18 世纪奥地利的宴会礼仪和传统烹饪。据传，查理曼大帝、海顿和拿破仑都曾经在这里用餐。这里还举办过卡拉扬的婚礼。

② 中文版编注：这家由瑞典女王克里斯蒂娜创办的报纸属于瑞典学院（颁发诺贝尔文学奖的机构），于 2007 年 1 月 1 日正式停刊，全面转为网络版。

韦斯特博士的观察结果很简单。企业变得越来越脆弱。财富500强企业的平均年龄从1958年的60年飞速下降到现在的18年，而且这个数字还在不断下降。现在的并不只是平均寿命降低，实际上它们也更容易快速地倒闭。正如2015年波士顿咨询集团有一项研究指出的那样，每年几乎都有十分之一的上市公司倒闭，这一数据与1965年相比，增长了四倍。⁵

城市则继续繁荣。在2006年，世界人口的50%以上是城市化的；预计到2050年，世界上将有75%以上的人口生活在城市。事实上，从现在起到2050年，每周都有一百万人口新增到城市中来。⁶

这两个看似类似的实体在成长率和成功率上有这么大的区别，这怎么可能呢？

韦斯特博士认为关键区别就是治理方式，即它们管理自己的方式。尽管城市和企业都有领袖（分别是市长和CEO）与群众（公民和雇员），但它们达成目标的方式非常不一样。企业通常是通过自顶向下的控制型结构进行管理，管理者下达命令该做什么以及应该怎么做。作为对照，城市是通过一个松散的影响范围来治理的。管理者通过政策、激励以及边界约束对公民给予影响而非控制公民。

结果上的差异是惊人的。随着城市的发展，他们的生产率以超线性的方式增长。也就是说，随着更多的人加入到这个等式中，城市变得更有生产力，更有创造性，更有价值。随着规模的增长，城市变得更强大，更有弹性。作为例子，柏林的人口增长达到预期的两倍，其经济发展自2006年以来持续超过整个德国的经济增长。

相比之下，企业随着规模的增长，生产率却在急剧下降。企业的生产率曲线其实是**次线形**①的，随着规模的增长生产率在下列领域**下降**的，比如创新（按每名雇员的专利数量来度量）、盈利能力（按雇员的平均利润来度量）以及生产率（以每名员工的产出来度量）。数据令人惊叹，除了很少的例外，在每一个有意义的度量中，随着时间的推移，同样的现象也会重演：企业变得越来越弱，生产效率越来越低，竞争力也越来越小。

---

① 译注：典型特性是因变量的变化速率会随着自变量的增大而减小。

为什么会这样？规模增加了复杂度，而且让快速实施变得很困难。例如，员工规模超过 5000 人的企业就可能发现很难改变方向或快速重置优先级。然而，城市向我们展示它确实能够在规模增长的同时提高生产率水平（速度越来越快）。是什么让城市几乎坚不可摧，而且随着规模成长的同时获得**更高的**生产率？为什么企业似乎无法复制这一特征，规模增长的同时却逐渐失去优势并慢慢失去活力？

我们将在本章的后面来看一看韦斯特博士的研究结果以及对今天组织的一些可能的影响，但首先让我们仔细看一下为什么大多数企业使用自上而下、计划驱动的方法进行管理，调查一下传统管理思想的起源。管理作为一门相对较新的学科，其历史可以往前追溯，不超过 100 年。

1.2 现代管理的起源

公司本身并没有产生一种单一的、最优的管理方式。虽然自第一次工业革命以来，管理及其对应的市场一直在发展，但是对工作进行组织和增加利润的理论和实践仍然是相对较新的领域。今天在学校里教的大部分管理知识对应的仍然是 20 世纪早期的管理思想。为了更好地理解今天的组织为什么正在转向更敏捷的工作方式，我们首先来看现代管理思想的历史，它从哪里开始以及这个理论根基源于制造业和工厂工作的管理思想为什么不再适合当下的很多组织。

下面，我们来看看科学管理法、知识工作者的崛起以及软件开发人员是如何学会接受不确定性并努力变得更敏捷的。我们将研究敏捷宣言的起源和创建，讨论 VUCA，并介绍 Cynefin，这是领导者在快速变化的商业环境中进行决策的一个框架。

1.2.1 科学管理：打造更多的效率机器

与其他研究领域相比，管理作为一门学科尚处于起步阶段。哲学的历史可以追溯到古希腊，数学和物理学也如此。即使是相对现代的学科，如心理学和社会学，与管理学相比也算是有些历史了。世界上第一个 MBA 课程 1908 年在哈佛商学院设立，与哈佛大学建校的 1636 年相比，晚了大约 270 年。[7]

在早期，管理相关的学科也相当有限，只涵盖会计、公司治理和行政管理等基本管理功能。直到泰勒将工程思维引入工厂,从而开启了效率增进运动并扩展了业务观察方式。在他 1911 年写就的具有开创性意义的著作《科学管理原理》中,展示了如何量化生产力、过程以及资源控制,以帮助降低单位成本和提高运营效率。[8]

泰勒这一著作的一个核心观点是组织基本上与机器类似。一台机器由许多相关的部件组成。为了确保机器能够高效运行,管理者的工作是尽量充分运用现有的资源:进行资源优化以最大限度地提高产量;降低单位成本;最终实现利润最大化。例如,泰勒认为,通过仔细研究工作流程,人们可以确定执行任务的"最佳"方式。然后,按照"最佳"方式精确分解执行此类任务所需要的动作,就可以精确定义工作过程;通过遵循定义的过程,员工就可以重复此类任务,从而优化效率。通过识别和枚举组织中固有的成百上千的这些过程,员工(或"资源",他对员工的称呼)将谨慎地遵循指示并且不偏离计划。不偏离计划为上。这意味着独立思考和员工的创造力不会受到鼓励,否则工作有可能不会遵循"最佳"方式完成,并且资源效率也有可能降低。

按照今天的标准,泰勒的见解似乎很怪,但我们要考虑这一著作的发表时间。1911 年,第二次工业革命对西方世界产生了连锁效应。组织的生产力提高到前所未有的高度,工厂主积累了巨大的财富。然而,负面影响也是巨大的:自动化使技工丢了工作,造成了大量失业,工资大幅下降。业务的节奏由机器设定,人的存在只是为了支持机器更快地完成工作。将组织视为需要优化资源的机器是有意义的,它被认为是经营企业的明智方式。

您可能想知道为什么我会在一本关于业务敏捷的书中描述 100 多年前的想法。原因很简单:直到今天,泰勒的幽灵及其传统对待管理的方式仍然在商业教育领域根深蒂固。大多数大型组织建立的系统都可以直接追溯到泰勒的科学管理理论。您看看,下面这些是不是很熟悉?

- 基于利用率的个性化优化方案。
- 项目计划和承诺来自于不参与实际工作的管理人员给出的估算。
- 通过严格的控制机制固定年度预算。

这些只是泰勒思想(基于对 1911 年商业环境的观察而形成的理论思想)的部分残留。

公平地说,在很长一段时间内,引入科学管理法都是有意义的。在第二次工业革命期间，效率（尽可能从每种可能的资源中挤出产出的能力）是至关重要的。事实上，效率是这一时期唯一而是真正的竞争关注点。由于缺乏资金，信息的获取渠道以及及时参与竞争的基础架构，这个时期的组织相对来说比较孤立于竞争。能够迅速建立并从一开始就占据主导地位的公司具有巨大的竞争优势，并难以被对手超越。

在这种商业环境中，公司在成长中如果发现方向性错误，就有更多的时间来调整策略。如果需要，他们可以在竞争对手成为真正的威胁之前有效地加以压制。从 20 世纪初到 20 世纪 50 年代，成功的关键显然是资源优化：基于深入分析和制定行动计划，然后按计划执行。

1.2.2　知识工作者的崛起：释放创造力潜能

西方从工业经济发展为以 20 世纪 50 年代和 60 年代（有时称为"第三次工业革命"或"数字革命"）的产品差异化为特征的、知识性特征更显著的经济，使得当前的管理方法变得难以提供有效的支持。20 世纪 20 年代，亨利·福特声称"任何客户都可以将汽车涂成他想要的任何颜色，只要它是黑色的"，然而到现在，经济上的成功越来越多倚重于知识、技能和创新潜力等无形资产。这些也是形成竞争优势的关键资源。[9]

越来越多受过高等教育的员工发现自己深陷于控制型公司，根本无法简单通过控制就能做好工作。当然，您可以精确测量拧紧蝶形螺母需要多长时间，您还可以计算与预定义值相比的方差来衡量质量，但这类定量思维如何用来评估医生或投资分析师的复杂认知工作？对于新闻工作者来说，当有人写了一篇新闻报道时，如何衡量他的生产力？统计每页字数来计算对应的客户价值吗？

一些思想领袖认识到这些发展，并提出了适应新经济和知识型工作方式所必须进行的根本性变革。日常任务、交易处理或简单的接单已不再足够。越来越多的工作人员需要分析数据以建立关联，识别趋势并了解因果关系。

奥地利管理大师德鲁克（Peter Drucker）通过自己管理顾问的工作考察了公司运作机制并意识到一点：要在信息和知识占主导地位的市场取得成功，公司必须超越效率和短期利益指标，专注于激发组织内部人员的潜力。他指出，员工所知道的往往比他们的管理者还要多，因而，管理的主要目的是让员工做好执行准备并放手让他们自由执行。

1959 年，德鲁克出版了《已经发生的未来》（*The Landmarks of Tomorrow*），他在书里创造了"知识工作者"一词，并提出今天员工的工作是用头脑而非双手来完成的，管理思想需要做相应的演变，通过创造成长、发展和学习的环境来支持员工的工作。[10]

基于德鲁克"知识工作者"的概念，1990 年，麻省理工学院资深教授兼国际组织学习协会联合创始人彼得·圣吉发表了他的著作《第五项修炼》，这本书引入"学习型组织"的概念。他认为，学习型组织是一个"促进其成员学习并不断改造自己的组织。"企业需要转变以支持更加相互关联的思维方式。为了充分发挥其员工的潜力，企业应该更像是支持共同承诺的社区。（还记得我们对城市的了解吗？）

1.2.3 软件吞噬世界：拥抱不确定性并变得敏捷

德鲁克和圣吉关于社区和学习型组织的理论问世之后，产生了深远的影响，但它们在 20 世纪 80 年代后期和 90 年代迅速崛起的新知识工作者群体（软件开发人员）中引起了更强烈的共鸣。虽然软件开发作为一个职业处于相对初级的阶段，但个人电脑（PC）的兴起和互联网的出现对软件开发人员产生了巨大的需求，并且越来越多的产品，从大型计算机到袖珍计算器和咖啡机，在一开始设计时就将软件自然包含在内。软件开发的工作开始激增，这意味着一种新型的工人（及工作）正在兴起，迫切需要一套新的规则。

软件开发人员拥有早期知识工作者（比如建筑师、律师和学者）的许多特征，但创建软件更加强调团队合作、持续学习和有效沟通。作为一门学科，软件开发既是一门艺术，又是一门科学。它的核心是通过创建可以利用机器计算能力的算法来解决复杂问题。

通过实验和团队成员之间的协作来达成对问题更好的理解，不只适用于软件开发领域，还适用于整个产品开发。1986 年，竹内弘高（Hirotaka Takeuchi）和野中郁次郎（Ikujiro Nonaka）在《哈佛商业评论》中发表了文章"新新产品开发游戏"，描述了一种用橄榄球做比喻的新的工作方式，团队成员经常像传球一样在团队内分享信息和知识。

类似于运动团队，软件开发团队是一群为了实现共同目标而在一起的、具有互补技能的人。

文章指出，为了创建令客户信服的解决方案，促进学习以便验证我们对客户需求的假设是产品开发过程中不可缺少的至关重要的部分。竹内和野中警告说，目前的工作方式是不可持续的，其中对客户的所有假设都是预先设定的：

> 跨国公司在开发产品时必须同时具有速度和灵活性。这一点在很大程度上依赖于反复试验和边做边学，这是一个动态过程。我们今天需要的是在不断变化的世界中不断创新。[11]

这一洞察吸引了前海军精英苏瑟兰（Jeff Sutherland），他参与了 Easel 公司的 IT 系统开发。他与 Easel 的同事一起开始定义一种更灵活的软件开发方法，该方法考虑了从实践中学习、紧密的团队协作以及频繁的反馈环。1995 年，苏瑟兰与软件开发人员兼行业顾问施瓦伯（Ken Schwaber）一起在 OOPSLA（面向对象编程、系统、语言和应用，Object Oriented Programming Systems Languages and Applications）行业会议上正式确定了他们称之为 Scrum 框架的工作方式。Scrum 把竹内和野中的研究结果具体化，形成一种非常简单但不容易精通的产品开发方法（第 3 章有更多关于 Scrum 的叙述）。

Scrum 解决了产品开发在管理方面的问题，但并没有提及开发软件时可能需要的特定技术实践。著名软件工程师贝克（Kent Beck）在 20 世纪 90 年代末提出极限编程（XP）及其著作《解析极端编程》（*Extreme Programming Explained*）来解决这一需求。XP 的核心目标是降低变化成本。也就是说，进行渐进式和迭代式适应性变化的反馈环速度越快，我们越有可能构建出能够完成既定目标的软件。贝克敦促管理者认识到变化是软件开发的一个自然并可取的方面。不要试图定义不变的需求，我们应该计划和预期变化，这是产品开发过程的一部分。参见图 1.1。[13]

贝克的工作引起了鲍勃大叔（Robert Martin，Uncle Bob）的注意。马丁是芝加哥一位成功的 C++及面向对象设计的顾问。经常有客户希望他可以提供一个过程将他用的实践打包流程化。由于自己无法在流程设计上取得很大的进展，马丁对贝克的工作产生了浓厚的兴趣,在慕尼黑举行的两次软件会议后,他俩成为工作搭档。马丁知道贝克正在做他感兴趣的事情,所以他前往波特兰拜访贝克并了解测试驱动开发以及如何结对编程。马丁了解得越多,越确信他和贝克的工作越来越接近于客户的要求。

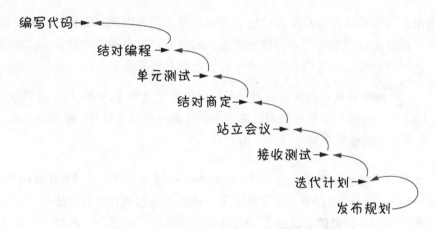

图1.1 极限编程实践通过反馈环中的多个层次来创建快速学习机会

差不多在同一时期,1991年,犹他州的方法论家科伯恩(Alistair Cockburn)服务于IBM刚刚起步的咨询部门,他的目标是深入了解项目团队取得成功的原因。科伯恩发现,从Smalltalk和C++项目开始,使项目团队取得成功的因素在当时的文献中并没有记录下来。在采访了数十个项目团队之后,他将成功团队的关键要素提炼成他所称的Crystal Family方法,这是一系列适合特定类型项目的轻量级流程。关键是每个项目都需要适合自己的方法。方法随着形势的变化而变化。[14]

当这些思想领袖正在或多或少地彼此独立地探索更好的软件开发方式的时候,软件行业本身正处于一个糟糕的状态。在20世纪70年代、80年代和90年代,有几起案例因成本严重超支、长期质量问题以及令人尴尬的延期而成为头条新闻。1994年,Standish集团发布了一份高引的"混乱研究报告"(Chaos Report),该报告发现软件项目的平均成本超支率高达189%。[15] 其他调查显示,有一半的项目尽管还在做但基本不会被认为是成功的项目。还有更糟糕的,交付给客户的所有大型软件产品中有四分之三不符合客户的要求。

工作者(程序员)并没有因为事情的发展状况而无法继续工作。在整个20世纪90

年代，软件行业的专业人士经常定期会面并分享想法。这些新兴的思想有哪些共同点呢？我们可以通过哪些方式来改进软件开发？人们认识到了需要改变，但这些想法并没有以有意义的方式结合在一起。

这种情况即将改变。极限编程开始在社区中占据一席之地。有一天，鲍勃大叔（Robert Martin）在芝加哥与福勒（Martin Fowler）共进午餐，他 2000 年秋在贝克组织的极限编程峰会上见过这位极限编程专家。他们觉得有必要通过某种峰会让志同道合的人聚集在一起并创建一个"轻量级流程宣言"。然后，两人开始确定应该参加会议的人，以确保能代表许多不同的观点。后来，鲍勃大叔（Robert Martion）通过电子邮件发出了"轻量级流程峰会"的邀请，其中一位受邀者就是科伯恩（Alistair Cockburn）。

科伯恩，他本人出于同样的原因正在安排类似的活动，于是热情地接受了邀请。并且，科伯恩建议在他家附近的犹他州组织进行，方便负责后勤相关事宜。[16]

就这样，在几个月之后，2001 年 2 月，贝克、科伯恩、马丁、福勒、施瓦伯、苏瑟兰及其他 11 位经验丰富的思想领袖齐聚犹他州的雪鸟城，寻求一种正确的软件开发方法。他们一起思考如何运用他们的集体经验来改进软件开发。作为软件开发人员，他们为自己的技艺感到非常自豪。然而，他们对软件工程的总体状态以及软件开发（作为一种职业）被消极看待并不满意。他们希望开发出能让客户很开心的软件，他们希望能够影响组织创建合适的环境以构建出色的软件。[17, 18]

经过几天的探讨和辩论，还包括相当数量的滑雪、少量的泡酒吧以及热水澡的贡献，这些程序员写下了由 4 个价值观和 12 个原则组成的《敏捷软件开发宣言》，也称为《敏捷宣言》。[19]

敏捷宣言的价值观和原则受到这些领袖在会前几年中创造和形成的方法之启发：Scrum、Crystal、极限编程（XP）、动态系统开发方法（DSDM）和特性驱动编程（FDD）。第 3 章有更多关于其中一些方法的信息。所有这些方法和潜在的理念都是为了开发更好的软件。然而，在拟定"宣言"时，这些软件专业人员意识到他们创造了一些更为深刻的东西。

敏捷软件开发宣言

我们一直在实践中探寻更好的软件开发方法,在身体力行的同时也帮助他人。由此我们建立了如下价值观:

- **个体和互动** 优先于 流程和工具
- **工作的软件** 优先于 详尽的文档
- **客户合作** 优先于 合同谈判
- **响应变化** 优先于 遵循计划

也就是说,尽管右项有其价值,我们更重视左项的价值。
价值观之后的 12 条原则,最终定稿于雪鸟会议的几周之后。

1. 我们最重要的目标,是通过持续不断地及早交付有价值的软件使客户满意。
2. 欣然面对需求变化,即使在开发后期也一样。敏捷过程利用变化来实现客户的竞争优势。
3. 经常交付可工作的软件,相隔几星期或一两个月,倾向于采取较短的周期。
4. 业务人员和开发人员必须在项目的每一天都相互合作。
5. 激发个体的斗志,以他们为核心搭建项目。提供他们所需要的环境和支持,辅以信任,从而达成目标。
6. 不论团队内外,传递信息效果最好效率也最高的方式是面对面的交谈。
7. 可工作的软件是进度的首要度量标准。
8. 敏捷过程倡导可持续开发。责任人、开发人员和用户要能够无限期地共同维持稳定的步伐。
9. 坚持不懈地追求技术卓越和良好设计,敏捷能力由此增强。
10. 以简洁为本,它是最大化不必要工作量的艺术。
11. 最好的架构、需求和设计出自自组织团队。
12. 团队定期反思如何能提高成效,并依此调整自身的行为。

Kent Beck	James Grenning	Robert C. Martin
Mike Beedle	Jim Highsmith	Steve Mellor
Arie van Bennekum	Andrew Hunt	Ken Schwaber
Alistair Cockburn	Ron Jeffries	Jeff Sutherland
Ward Cunningham	Jon Kern	Dave Thomas
Martin Fowler	Brian Marick	

签署人之一海史密斯（Jim Highsmith）指出：

> "我相信敏捷方法学家确实要玩这些'虚的'东西。为了交付好的产品给客户，他们会切实采取行动，而不只是限于在口头上说'人是我们最重要的资产'，还会从实际中体现出人本身就是最重要的，并去掉'资产'这样的说法。"[20]

《敏捷宣言》的另一位签署人格雷宁（James Grenning）对此表示赞同：

> "敏捷宣言诞生于过程被认为比人更有价值的时候。签署宣言的人本身天天都在写代码，我们可以看到传统过程对我们的工作和我们创建的产品所造成的损害。比其他任何事情都重要的是，敏捷宣言的初心是为程序员创造一个安全的环境。"[21]

在软件开发职业处于危急关头的时候，宣言签署人想要找到办法来创造一个理想的环境，让他们写出更好的软件。将他们认为是《敏捷软件开发宣言》联名签署人并不是没有道理的。[22]

与此同时，由于无处不在的软件，移动性增强和宽带互联网接入的普及，整个市场、行业和经济都受到干扰。云技术大大降低了处理成本，对信息的访问变得几乎无处不在。信息访问的容易获得和低门槛破坏了传统的商业周期。

尽管大公司在过去与较小的竞争对手相比具有明显的竞争优势，但这种好处很快就会逐渐消失，反而成为一个显著的劣势。随着竞争的关键资产从实体转变为信息，更小、更灵活的组织可以快速获得与大型竞争对手竞争所必需的技术栈。

就像软件改变了我们在20世纪70年代和80年代处理信息的方式一样，它现在正在深刻影响着整个市场和行业以及大大小小的公司。

2011年，互联网浏览器网景（Netscape）的著名投资者兼联合创始人安德森（Marc Andreessen）宣称："软件正在吞噬世界。"《华尔街日报》社外评论版中，安德森指出，几乎每个行业，金融、房地产、广告、医疗保健和电信等都在经历深刻的变革，在职人员正在遭受巨大的冲击。安德森惊呼：[23]

"计算机革命60年，微处理器发明40年，现代互联网兴起20年，通过软件来改造行业所需要的所有有效技术终于上市，并可在全球范围内广泛传播。"

1.2.4　VUCA与Cynefin：在美丽新世界中找到业务方向

传统的"运营法则"发生了巨大的变化，与行动更快、适应性更强的竞争对手相比，老的势力实际上处于劣势。这一想法被美军军校恰当地封装起来。

正如传统的商业计划会因为新的业务变化而受到干扰一样，军事将领指出，他们经过精心分析制定的计划在冷战后的战场上越来越无效。2001年9·11事件以及随后发生的恐怖主义活动让军事将领用 VUCA 这个首字母缩略词来描述他们所处的新环境：易变性、不确定性、复杂性和模糊性，如图1.2所示。

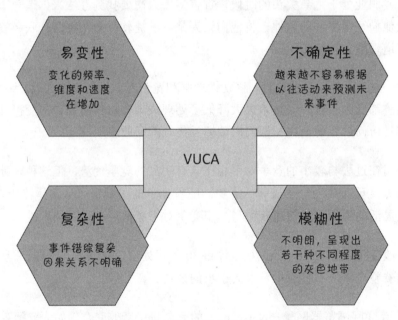

图1.2　VUCA（易变性，不确定性，复杂性，模糊性）

VUCA可以如下定义。

- **易变性**　在这种不稳定的环境中，不再存在永久的东西。变化的性质，速度和程度都不会以可预测的模式发生。易变性就像是湍流，发生的频率比过去更快。[24]
- **不确定性** 我们认为，无可争辩的事实不复存在。在问题和事件中缺乏可预测性。[25] 这些易变性使领导者难以将过去的问题和事件作为对未来的预测因素，预测变得极为困难并且决策变得非常有挑战性。
- **复杂性** 事件是相互关联的。显而易见的因果关系非常少见，几乎无法确定事件之间的长期影响。在问题中经常涉及众多且难以理解的原因及缓和因素（同时来自于组织的内部和外部）。
- **模糊性** 情况很少有明朗的时候，我们总是发现自己处于灰色地带。"在威胁和机会变得致命之前，他们无法准确认识这些威胁和机会。"[26]

军校用 VUCA 来描述现代军事场景中的基本事实，但战略商业领袖随后采用这一军事术语来描述已经成为新常态下的混乱、动荡和快速变化的商业环境。

企业过去常常视为可持续的竞争优势不复存在。信息获取的便捷性、丰富的云计算资源和无处不在的宽带，使得以惊人的速度开发产品以挑战甚至超越强大竞争对手有了前所未有的可能性。全球化与国际市场的相互关联，不可预测的事件会造成有广泛而显著的结果。

例如，2008 到 2009 年的金融危机让全球各地的组织都陷入了（类似于军方所面临的）动荡环境，许多商业模式也因此而被淘汰。与此同时，随着社交媒体等技术的爆发，在各个方面，包括世界人口持续同步增长和老龄化，全球性的灾难，经济和业务，频繁变化着快速向前推进。

因此，自上而下的固定策略执行得再好，也无法再像以前那样可预测地产生我们预期的结果。

从现有习惯于在更可预测的世界中开展业务的角度来看，这种商业环境可能看起来很混乱。只有通过比同行更好、更快、更经济地不断调整和学习，公司才能获得"敏捷优势"。

为了开始采用一种新的运营方式，我们有必要考虑在早期管理学家（如泰勒）定义下可预测性更强的上下文中做一些有用的简化。随着世界变得越来越复杂，我们处理业务战略的方式需要有更强的适应性。

1.2.5 Cynefin 框架

斯诺登（David Snowden），这名 IBM 前员工创立了一个自己的名为"认知边缘"研究机构，认识到当前领导力模式的差距后开发了 Cynefin（库尼芬，发音为[kənɛvɪn]，威尔士语中的意思为"栖息地"）框架（图 1.3），这使得"高管能够从新的角度看问题，吸收复杂的概念，解决现实世界的问题并抓住机遇。"[27] Cynefin 框架描述了不断动态变化的商业环境。通过感知他们所处的环境，领导者"不仅可以做出更好的决策，还可以避免由于其偏爱的管理风格而导致的问题。"

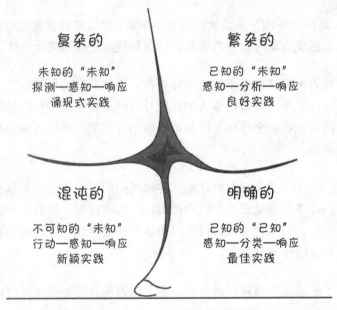

图 1.3　Cynefin（库尼芬）框架描述了商业背景以及如何以适合每个人的方式行事

以下概述了 Cynefin（库尼芬）框架的五个情境（当然，"失序情境"并没有出现在图中）并解释为什么理解每个情境的特征可以帮助决策并开发出适应性更强的业务策略。

简单情境

简单情境是"我们知道我们已知道的"，因果关系对每个人都是显而易见的。在简单情境里，适当的行为是**感知、分类和响应**。换句话说，一旦意识到自己正在处理什么类型的情况（感知和分类），只有一种明显的方法可以采取。因果关系很容易确定，可以采取行动（响应）。

简单情境的一个例子是重新开发一个小部件。这个小部件的规格已经有明确的定义，您也知道如何创建小部件。现在，您只要去做，问题就可以迎刃而解。在此情境下，很容易通过自动化来解决问题。

繁杂情境

在繁杂情境中，"我们知道我们不知道的"。其中的因果关系并不太清楚。但是，通过专业知识，您可以从多个选项中选择一种最佳的解决方案。此情境下最合适的行为是**感知、分析和响应**。通常，拥有丰富知识和经验的专家非常适合解决这些问题，因为他们可以节省我们的时间并帮助我们更快地指出更好的解决方案。

繁杂情境下的一个例子是建造房屋。当然，有许多不同的方案可以解决这一挑战（感知），但一种方法通常比另一种方法更好，具体取决于您尝试实现的目标。例如，如果您的目标是建造一个具有特定环境要求的房屋，LEED 认证建筑师的专家意见有助于将未知因素变为已知（分析）。一旦确定了方法，就可以着手建造（响应）。拥有专业知识（例如来自外部顾问）在复杂的环境中非常有用，因为他们可以帮助我们处理各种信息，通过他们的技能、知识和能力来权衡利弊，并最终帮助我们做出更好的决策。

复杂情境

在复杂情境中，什么是"正确"的答案并不清楚，这是"我们不知道我们不知道的"领域。事实上，除非事毕，否则您无法知道引起这种情况的原因。因而，不能强制性推进行动方案，您需要让前行的路自然显现。最合适的方法是探索、感知和响应：通过运行实验来测试假设，找出实验运行后发生的事情，然后做出相应的响应。

复杂情境的例子可以是一个有机体或者雨林这样的生态系统。斯诺登的解释是，雨林"是不断变化的，整体的变化远远超过其各部分变化的总和，不管这个部分的变化是一个物种灭绝，天气模式发生变化，或是一个农业项目改变了水源。"[28]

在当今以知识工作为特征的商业世界中，我们发现自己处于复杂情境中的程度远远超过我们可能已经认识到的。根据定义，所有类型的创造性的尝试和创新活动都属于这一领域。在我们进行实验并发现之前，我们根本不知道接下来会发生什么。任何尚未解决的复杂问题也属于此领域。

对于我们当中许多人来说，这是一个令人难以相信的并且不是很舒适的区域。世界变得越来越复杂，我们如何才能进行精确的五年财务预测？我们如何制定长期的详细产品路线图？

事实是，我们不能也不应该有任何强大的信心来做这件事。那些不认识复杂情境下需要更多实验性管理模式的领导者。如果他们的目标没有实现，就会变得不耐烦。他们也可能发现他们难以容忍失败，但这是实验的一个重要方面。如果他们过度控制组织，会试图抢先获取涌现的新信息。

正如斯诺登所指出的那样："试图在复杂情境下强加秩序的领导者将会失败，但那些设定阶段性目标，然后自己退后一步，允许模式自然涌现并做出抉择的人，会获得成功。"[29]

混沌情境

混沌情境通常是需要立即响应的危急场景。在混沌情境下，正确的响应是行动、感知和响应：做出决定，认清情况，然后采取适当行动。这种情况下，我们处理的是"不知道不知道的"，并不存在因果关系。

这里有一个例子。剧院里着火了，我们需要赶紧出去（行动）！我们是否会花时间定义项目计划，执行分析，甚至考虑优先处理待办列表事项？不会。一旦发现危险（感知），我们就要马上离开这里！只有在摆脱危险之后，我们才能反思刚刚发生的事情（响应）。不需要计划。

失序情境

可能遇到的最糟糕的情境是失序。您不知道自己处于哪个状态，并且也会因而无法理解这种情况而可能选择错误的工具和采取错误的行动。

一旦进入此情境，可以采取的最佳行动是简单认识到自己不知道该怎么做。然后可能打破这种情况，开始做一些适当的分类。

这是斯诺登的关键观点之一：识别当前所处的情境，然后知道该采取什么相应的行动。这一点至关重要。如果认不清自己所处的情境（无序），最终做出的决定很可能会适得其反甚至有害。[30]

1.3 复杂世界中的领导力

按照斯诺登的框架，基于工业革命大背景下的当前管理理论假设商业世界主要分类归入"简单"和"繁杂"领域。但正如我在本章中所说明的那样，我们今天的工作环境与几年前的情况存在着根本不同。由于信息、技术和通信的交叉，业务模型、客户期望和全球竞争的变化速度正在加快，事件的相关性越来越多地落在复杂领域，而不是繁杂领域或简单领域。

VUCA 正在成为常态，而不是例外。当下参与竞争的公司，必须以一种拥抱现实的方式运作，而不是试图控制或遏制它。现在，大多数企业遇到的一个根本问题是，通过昨天的线性思维和因果方法来解决眼前复杂的非线性问题。

真正的领导者不仅知道如何识别任何特定时间下的工作情境，还知道如何根据具体情况来改变行为和决策。他们还帮助他们的组织了解不同的情境和并为在不同情境间的转换制造条件。

那些希望在不确定性日益增强的时候还能取得成功的领导者，需要深刻理解不同情境，具备接受复杂性和悖论的能力以及拥有灵活改变领导风格的意愿。

这让我们回到韦斯特博士最初的观察：与公司相比，城市是如何使其如此强大且几乎坚不可摧的？ 韦斯特博士认为，城市管理的方式有助于他们以一种允许他们从意外事件中受益而不是受难的方式接受不确定性。通过建立让人们可以共同努力以实现共同目标的界线，城市领导者可以影响而不是控制结果，同时允许创造力、协作和意外自然而然地发生。

当公司希望有更多创新时，我们通常会听到首席创新官用特殊的方法鼓励员工提交点子并投票选出有趣的想法。如果点子或者想法被选中了，提出人就会获得奖励并在公司的内刊中进行报道。这听起来不错。唯一的问题就是它不起作用。内部创新计划无效。这是众所周知的。麻省理工学院有一项研究发现，80%的创新是巧合和偶然的结果。基本上做不到"强行"创新。

1871 联合办公空间[①]在芝加哥建立了。面对来自西海岸和东海岸大城市的激烈竞争，芝加哥商界的主要参与者以及当时的州长奎因（Pat Quinn）和市长埃马纽尔（Rahm Emanuel）意识到创新的巨大需求将为芝加哥创造工作机会。2012 年，他们在商品市场（Merchandise Mart）大楼内建立了一个联合空间。在那里，学者、投资者、专利律师、学生和企业家在同一个空间内工作。当然，创始人不能"强行"创新，但是通过创建一个共享共同目标的"部落"和创造一个可以经常相互碰撞的环境，他们增加了某些事情发生的"偶然性密度"。

结果令人惊讶。经过短短 18 个月的运营，1871 通过 20 多家创业公司创造了 300 个就业机会和 1000 万美元的收入。

1871 是一个充满活力的有机空间，与在建筑物里工作的人一起不断发展和变化。可以说它更像是一个生命有机体而不是机器。事实上，韦斯特将城市比作生态系统而不是一个固定的结构。一个生态系统通过偶然的机会从混乱中受益，而不是通过执行明确定义的计划。

柏林通过战争、政治体制改革和经济复兴而来的演变是多元化社区的一个例子。不同社区里的人虽然经历多重挑战和失败，但随着时间的推移得以持续学习、适应和增长。1989 年，当东部城市再次统一时，东柏林最初比较贫穷，受教育程度较低，而且明显不如西部兄弟那么有吸引力。不到 30 年，东柏林成为创新、艺术表达和创

[①] 中文版编注：1871 年芝加哥大火之后，全球优秀的建筑师来到芝加哥，建成了这个占地 14 000 平米并由家族基金支持的孵化器。2017 年，约有 500 个团队入驻。孵化器分为三部分：（1）开放式共享办公间（初创团队，一个工位 350 美元/月）；六个加速器（500 美元/月）；（2）入驻加速器的团队，获资 11.7 万美元，孵化器获得 7%～10% 的股份；（3）封闭式办公区，每年举办上千场演讲和会议；有 500 名导师。

造力的温床。现在许多人称柏林为欧洲的硅谷中心,因为它体现了技术创新的水平和源自本地的商业模式的丰富性。当柏林面临战争所带来的许多挑战的时候,如果试图避免挑战,试图压制由于东西方之间文化的各种不一致而产生的冲突,柏林将不是今天这个样子。

业务敏捷:加速组织学习

将这些概念应用于商界,亚马逊一开始就采用了这种运营方式。鼓励冲突的观点和激烈的智力辩论是公司文化的一部分。每个人都被期望对某一特定情况发表意见,并通过数据来支持观点。公司理解失败是不可避免的,只要产品的决策当时是合理的。做 Fire 项目(众所周知的亚马逊的失败项目之一)的员工不必担心他们的工作。他们被简单转到其他更可行的项目中去了,因为该项目的商业条件显示 Fire 手机并不会引起人们的注意。

失败是不可避免的。这是经营企业的一个自然组成部分。因此,敏捷组织也不会被设计成"避免失败"的。这不可能,而且很危险。相反,它的目标是找出失败的因素并放大,以免这些因素持续产生负面结果,并从中不断学习经验。这方面做得好的敏捷组织具有高度的容错性,有频繁的"安全失败"的实验,而不是为了形成一个完美的环境而进行优化。即实践出真知,而不是相反。

在确定的、计划驱动的业务预期下遭遇开发复杂软件的相关挑战时,软件程序员是最先意识到的。

在这个变化日益加速的世界里,我们正在日益复杂的领域中处理复杂问题,可持续的竞争优势也不复存在。唯一的竞争优势就是组织可以进行相应学习和适应的能力及速度。[31]

颠覆无处不在,大公司正在努力追赶。明显的证据是几乎所有行业的业务都受到了影响。大企业在一个充满不确定和不断变化的世界中苦苦挣扎,因此报纸上频繁出现公司巨头"翻车"的头条新闻:2014 年 IBM 宣布裁员 6 万人;微软裁员 1.8 万人;惠普 2015 年裁员 2.4 万人;2017 年,英特尔宣布裁员超过 1.2 万人。

茁壮成长的企业是从一开始就适应新商业环境的颠覆者：亚马逊现在是全球最大的零售商；谷歌是世界上最具有主导地位的上市公司；脸书（Facebook）推翻了通讯行业的垄断；爱彼迎（Airbnb）在 4 年内就超过了希尔顿酒店的市场份额；在不到两年的时间里，优步（Uber）就成功搅局出租车行业。没有一个行业是安全的。敏捷就是一切。[32]

对于身处 VUCA 世界中的公司领导人来说，这个新时代令人觉得困惑、混乱和恐怖。但是，尽管这可能不熟悉，但有一些方法确实可以帮助公司拥抱而不是试图避免不确定性和不断的变化。

敏捷不是忘记我们来自哪里或忽视使我们公司成功的事情，是为了升级我们的思维和工具，以适应当今小型创业公司可以在几个月内推翻工业巨头的商业世界。今天的商业世界充满着巨大的风险、复杂性和混乱，但也包括思想、美好和机会的多样性。

在接下来的章节中，我们将更详细地探讨业务敏捷需要什么，并描述组织对技术、组织设计、人员、领导力和文化的影响。我们将概述组织敏捷性的战略蓝图，并详细说明组织变革的核心引擎"敏捷工作组（AWG）"。

我们将给出企业障碍待办列表的具体示例，并突出介绍在组织层面"推广敏捷"时最容易犯的错。

在本书的最后，我们将提出问题并确定陈述，以测试组织是否是敏捷组织，帮助衡量您在转型过程中所处的位置。

解锁业务敏捷并不是要实施一套方法学或部署一套外部顾问推荐的工具。只有改变工作方式、思考方式以及公司创造价值的方式，才能实现敏捷。

让我们开始吧。

小结

本章探讨现代管理思想的起源并介绍了 2001 年创建《敏捷宣言》背后的推动力。我认为，尽管敏捷宣言的创建目的是改进软件的开发方式，使程序员这个职业更加人性化，但其描述的价值观和原则本身已经证明它可以超越软件开发而进入更深层次的组织的文化和人的领域。我将软件开发领域中涉及的复杂环境与当今世界中复杂的并通过技术、通信和处理能力的增强而不断加速的业务运营环境联系起来。最后，我介绍了斯诺登的 Cynefin（库尼芬）模型并将其与当今的竞争性环境联系起来，突出介绍敏捷思维之于运营（更像城市而非传统公司的）组织的重要性。

问答环节

1. 所有组织都必须敏捷吗？这是不是宣传过度了？

   所有组织在刚"出生"的时候都是敏捷的。随着公司的发展，流程逐步建立，结构逐步形成，官僚主义也逐步出现。其中大部分是好的趋势，是实现规模经济和改善效率的必要条件。然而在某些时候，随着重点逐渐转向在已验证的商业模式和不断增长的利润，组织应对变化和适应的能力呈现出下降的趋势。在几年前，这并不是什么大问题。因为市场进入壁垒相对较大且变化速度还在可管理的范围内。即使公司无法很快适应外界变化，也仍然有可能随着时间的推移而迎头赶上并且不会产生什么灾难性的后果。在今天的 VUCA 世界中，这种情况已经不复存在。业务正在加速，颠覆到处可见。因此，对所有大型企业来说，唤醒曾经存在于组织中的敏捷性是维持增长、创新和市场份额的关键。

2. 是否所有行业都需要敏捷？快速适应变化的需求对一些行业是否不太强烈？

   即使是政府资助的公司，虽然不注重创新和变革速度，但也要认识到一点：从长远来看，墨守陈规地做业务往往不可持续。当然，变化速率取决于每个行业固有的竞争水平和技术成熟度，但我找不到一个不受影响的行业。即使是公共事业，也是最古老、最传统的行业之一，也不能免疫。Equinor（前 Statoil[①]）是一家挪威国有能源公司，也是世界上最大的石油和天然气供应商之一，但它正在逐渐将自己重新定义为"软件"公司。其原因是它认识到今天运营的方式

[①] 中文版编注：E 代表"能源"，Equi 是"均衡"的意思，代表公司在开发油气和可再生能源发展过程中对安全、健康不和环境的尊重。Nor 意为公司起源于挪威。该公司有 46 年的历史，其名称的演变体现出对能源的终极追求，不再像以往那样只依赖于 Oil（石油）。

以及它销售的产品，在未来极有可能发生巨大的变化。

3. **如果我的领导对业务敏捷不感兴趣怎么办？**

   我喜欢这句老话："领导变或变领导。"其含义是，如果领导希望继续当领导，就要证明他们有能力领导组织适应当下不断变化的商业环境。如果不愿意或不能接受这种思维方式，他们很可能会被解雇，换其他领导取而代之。

   在本书后面，我会针对领导如何支持组织转型工作提出指导性意见。这项工作需要围绕敏捷性的五个关键维度（技术、组织设计、人员、领导力和文化）进行调整。

4. **《敏捷宣言》想要改进的难道不是我们写软件的方式吗？这与整个企业有什么关系？**

   虽然敏捷运动起源于软件行业，但由于它的独特性，允许程序员通过廉价而快速的实验来快速学习，比如破坏一次"构建"并不像破坏一座桥梁那样后果严重，但实际上，所有行业都会在某种程度上受到影响。事实上，本书几乎不涉及软件开发，它谈的是企业如何在继续已验证商业模式的同时进行更快的学习和更快的响应。

5. **业务不敏捷会有哪些风险？**

   我想我们可以从本章前面提到的数据看出一些风险。《财富》500 强企业的平均年龄正在下降。公司倒闭的频率在增加，每年约有十分之一的上市公司会倒闭。这个数字自 1965 年以来增长了四倍。如果一家公司选择不变，倒闭的风险会大大增加。换句话说，以更敏捷的方式运营不是什么追循技术成熟度曲线的问题，这是生存还是毁灭的关键性问题。

更多资源

我建议进一步探索以下资源，更深入地了解本章中讨论的主题。

- 《敏捷宣言》，网址为 http://agilemanifesto.org/
  2001 年雪鸟会议之后推出，此后，网站几乎没有变化。除了列出《宣言》的 4 个价值观和 12 个原则之外，该网站还包括《宣言》的简要历史（由吉姆·海史密斯撰写）、签署者的简历（很久没有更新）以及《宣言》的几十个语言译本。值得一提的是，用户甚至可以通过"签名"的方式来支持"宣言"。但此项功能已经在 2016 年关闭。

- Agile Uprising，《敏捷宣言》作者的评论播客，网址为 http://podcast.agileuprising.com/manifesto-author-review/

  引用网站的描述，这是一个"专注于敏捷思想推进和联系敏捷领袖的全球性专业网络。"它是免费的，包含许多富有洞察力的内容。这也是我强烈推荐的资源。具体来说，我建议听一下敏捷宣言作者的评论播客。这个系列为听众提供了一个特别的机会，可以听听 17 位宣言签署者中的 14 位谈论"宣言"，听听他们当时的想法以及他们如何看待敏捷宣言 2001 年之后的发展。这是一个宝库！

- Cynefin（库尼芬）框架

  领导者决策框架，网址为 https://hbr.org/2007/11/a-leaders-framework-for-decision-making，《哈佛商业评论》的一篇文章。Cynefin 框架因此而出名，还提供了一个平台，让大家讨论如何对抗商业环境的复杂性。作为一位多产的博主，斯诺登一直在持续发展 Cynefin 框架。现在，库尼芬已经超越 2007 年最初的状态，可以在这个网站找到更多信息：http://cognitive-edge.com/。

- 泰勒《科学管理法原理》

  泰勒经常受到诋毁，认为他应该为自其"科学管理法"问世后一百多年来这种自上而下、呆板的传统管理流程仍然大行其道而负责。从某种程度上说，这是公平的。规模庞大，有组织的官僚机构，纯粹关注效率，这基本上归功于泰勒的思想。然而，他的贡献绝不只是对效能和效率的关注。例如，他还是最早一批提倡工人与管理层之间应该相互尊重的先驱。他认为，没有互利的结果，任何改进方法（科学的或其他方法）都是不可能的。也就是说，管理层和工人都应该从一个更好的工作流程中获益。泰勒的书引人入胜，可能不是适用于当下的企业经营指南，但对我们了解今天的历史背景非常重要。可以在大多数书店以不到 10 美元的价格买到他这部经典著作的平装本。这笔投资很值得。

注释

[1] https://www2.deloitte.com/insights/us/en/focus/human-capital-trends/2017/organization-of-the-future.html

[2] http://bigthink.com/think-tank/jonah-lehrer-on-cities

[3] https://www.oddee.com/item_99566.aspx(Collection of companies)

[4] https://www.explorra.com/travel-guides/top-10-oldest-cities-in-the-world_24545(Collection of cities)

[5] https://www.bcgperspectives.com/content/articles/strategic-planning-growth-die-another-day/

[6] http://www.who.int/gho/urban_health/situation_trends/urban_population_growth_text/en/

[7] https://www.mbacentral.org/history-of-the-mba/

[8] Winslow Taylor, Frederick. *Principles of Scientific Management*. Harper & Brothers. 1911. 中文版《科学管理原理》

[9] Ford, Henry, and Samuel Crowther. *My Life and Work*. Doubleday, 1922.

[10] Drucker, Peter. *The Landmarks of Tomorrow*. Heineman. 1959.

[11] https://hbr.org/1986/01/the-new-new-product-development-game

[12] http://www.jeffsutherland.org/oopsla/schwapub.pdf

[13] Beck, Kent. *Extreme Programming Explained*. Addison-Wesley, 2000.

[14] http://agileuprising.libsyn.com/manifesto-co-author-interview-alistair-cockburn

[15] https://www.standishgroup.com/sample_research_files/chaos_report_1994.pdf

[16] 2018 年 1 月与科伯恩（Alistair Cockburn）的网聊

[17] http://podcast.agileuprising.com/manifesto-co-author-interview-robert-martin/

[18] http://podcast.agileuprising.com/manifesto-co-author-review-brian-marick/

[19] www.agilemanifesto.org

[20] http://agilemanifesto.org/history.html

[21] 2017 年 8 月与格雷宁（James Grenning）的对话

[22] http://agilemanifesto.org/history.html

[23] https://a16z.com/2016/08/20/why-software-is-eating-the-world/

[24] Sullivan, J.(2012 January 16). "VUCA: The New Normal for Talent Management and Workforce Planning." Ere.net. https://www.ere.net/vuca-the-new-normal-for-talent-management-and-workforce-planning/

[25] Kingsinger, P. & Walch, K.(2012 July 9). "Living and Leading in a VUCA World." Thunderbird University. Retrieved from http://knowledgenetwork.thunderbird.edu/research/2012/07/09/kinsinger-walch-vuca/.

[26] Kail, E. (2011 January 6). "Leading Effectively in a VUCA Environment: A Is for Ambiguity." HBR Blog Network. 检索自 http://blogs.hbr.org/frontline-leadership/2011/01/leading-effectively-in-a-vuca-1.html

[27] "A Leader's Framework for Decision Making." David Snowden, David J. and Boone, Mary E. Harvard Business Review, 2007 年 11 月. https://hbr.org/2007/11/a-leaders-framework-for-decision-making

[28] 同前.

[29] 同前.

[30] 2013 年 12 月和 2018 年 1 月与斯诺登(Dave Snowden)的对话

[31] Toffler, Alvin. *Future Shock*. 1970. 中文版《未来的冲击》

[32] http://www.nytimes.com/2016/02/14/technology/gearing-up-for-the-cloud-att-tells-its-workers-adapt-or-else.html

第 2 章

企业敏捷

在上一章中,我们了解了软件开发和知识型工作为何不同于传统行业(如建筑和制造)的工作。因为处于不确定领域并且面临着不断加速的变化,所以作为一种工作方式,软件开发更像是生态系统和有机体,而非机器。

早期的商业先驱发明了一些理论,通过遵循精心设计的计划来帮助组织优化资源并降低单位成本。敏捷宣言表达了一种在工作中优化**涌现性**和**内在不确定性**的不同思维方式。虽然最初是为了改进软件开发的方式,但敏捷宣言背后的思想已经扩展到技术领域以外的其他领域,影响着不同组织如何在一个以脆弱性、不确定性、复杂性和模糊性(VUCA)为特征的世界中运作。

本章以第 1 章"敏捷的必然性"为基础,定义并揭秘"企业敏捷"。我们先分析敏捷组织的一些特征，然后描述敏捷组织如何从根本上区别于传统的企业运营方式。

接着，我们将介绍组织需要关注的五个关键维度，以便发展出更灵活的运营方式。在后续章节中，我们还会详细介绍这五个维度，以创建上下文来帮助您制定企业战略，从而在组织中实现业务敏捷。

2.1　定义企业敏捷

从本质上说，敏捷组织是能拥抱不确定性并实施其目标的企业。虽然他们是在不断寻求和探索新的技术及商业模式，但他们同时也工作在他们充满信心的、可预测的和高质量的成熟产品线上。最重要的是，敏捷组织明白速度至关重要。执行速度直接影响着他们学习和适应变化的能力。

这是我们从外部视角定义的敏捷组织，我们如何换个视角，从帮助企业采用这种相对较新的工作方式来定义企业敏捷呢？

许多人都尝试过为敏捷组织做一个准确的定义。这是我的定义：

> "敏捷组织是指由一群敬业的人组成的一个企业，他们不懈地专注于客户价值，不断地改进其运作方式，并可持续地基于'经验主义'迅速适应变化。"

在更具体地说明对整个组织的含义之前，让我们深入研究一下这个定义。

- **……一群敬业的人**　敏捷组织赞赏那些每天都关心自己工作并与同事进行有意义互动胜于遵循任何流程、工具或工序的个体。尽管工具和方法非常有用，但也只是人们在一起合作创造价值的补充，而不是替代。
  门罗创新（Menlo Innovations）[①]位于密歇根州安娜堡，是一家创新软件开发公司，公司拥有让员工偶遇和开放沟通的环境。在这里，连 CEO 都没有

[①] 中文版编注：连续十几年赢得斯隆管理学院工作场所灵活性商业卓越奖。2017 年福布斯美国最佳小型公司，当年收入 400 万美元，雇员 43 人。

专属办公室。谢里丹（Richard Sheridan）解释说："虽然我的工作场所根据需要而变，但我发现自己经常坐在主要开发空间的 C 位。我发现，与在做具体工作的人坐在一起会产生很大的不同，不坐在一起，我怎么理解正在发生的事情并为他们提供服务呢？"[1]

- ……**不懈地专注于客户价值**　在敏捷企业工作的人理解其业务背后的"逻辑"。他们了解客户的需求及其动机。他们知道客户的痛点在哪里以及如何为他们减轻痛苦。他们还知道如何帮助他们的客户获益，他们热衷于关注对客户真正重要的事情，而非自己。

  在财捷（Intuit），作为其产品开发流程的一部分，开发人员需要选择"扮演"客户的角色进行产品的互动设计。开发人员只是观察客户如何不受干扰地使用软件，而不是向客户询问一堆问题。不管是挫败感、顿悟时刻还是纯粹的喜悦，只要是客户自然的表达，就能比任何焦点小组、需求文档或用户故事更深入地揭示软件为财捷的客户提供多少价值。[2]

- ……**不断改进其运作方式**　对于敏捷企业而言，不断挑战和改进其工作方式已经习以为常。每天在组织的各个层面都会进行小规模的渐进式改进，最终，形成一个永动式改进引擎。进步永无止境。

  敏捷联盟和 Scrum 联盟的创始人之一以及敏捷社区公认的思想领袖迈克·科恩（Mike Cohn）在 Agile 2010 的主题演讲中明确指出："我们的目标不是**变得**敏捷，而是了解如何**更**敏捷。"科恩的观点很明确：敏捷是一种思维方式的产物，而非一个过程。企业"变敏捷"的过程永远不会结束，因为总能发现可以改善运营的方法。

- ……**基于"经验主义"**　您可能还记得第 1 章中《敏捷宣言》认为"工作的软件比详尽的文档"更有价值。因为工作的软件是看得见、摸得着的，不是虚的。它展示了真正的目标进展情况。另一方面，文档、PPT 或其他状态报告可以有多种理解（包括误解）。基于"经验主义"意味着我们依赖于我们可以看到并立即验证的信息，而不只是理论或假设。实践出真知，而不是相反。数据指导决策将在本书后面再做介绍。提出一个想法是好的，但除非我们能够通过实验的方式检查其结果来做概念验证，否则这个想法实际上就只是一个假设：一个有待验证的东西，来自高管、初级开发人员或业务负责人。

  谷歌以其基于数据的决策过程而闻名。在论证一个想法或产品增强功能时，最好准备好一批良好的数据来支持您的假设。基于经验的证据胜过头衔或资历。初级谷歌员工通过基于经验的数据证明想法的有效性而获得了支持的例子有许多。"数据赢得争论"在谷歌山景城总部人人皆知。

- **……迅速适应变化** 敏捷企业明白，自己并不知道未来会发生什么，但会坦然接收这一现实。实际上，它们并不试图预测不可预测的东西，而是假设"未知的变数"一定存在，因而要设计一个能够适应意外事件的组织，能够快速从意外事件中恢复，而不是试图阻止意外事件发生。
- **……可持续** 业务敏捷不是节食运动，而是一种生活方式。它不是像"超越驼峰"或经历艰难的变革之年一样的短期行为，而是一种永久的经营方式。敏捷是一种文化和思维方式，可以持续为公司提供动力，这是一个持续的旅程。因此，确保组织找到长期可持续的变化速率至关重要。
HERE 科技①，一家主要由梅赛德斯奔驰、大众和宝马共同拥有的数字测绘公司，非常了解这一点。当它首次开始努力转变为一个更敏捷的组织时，HERE 的高层制定了一项战略，其中特别强调公司准备通过多年的努力引领其企业文化发生质的变化。"我们不是特别清楚将来会变成什么样，但我们知道到时候我们不会像开始时这样，"敏捷规划高级经理鲁赞（Allen Rutzen）认为，"这才是重点。"

2.2 设计业务敏捷：平衡三大关键杠杆

了解定义有帮助。但从实操性的角度来看，我们还需要提供实现敏捷的上下文以及需要考虑哪些杠杆点。

图 2.1 描述了企业敏捷在组织环境中的概要视图。

在设计敏捷策略时，需要在这三者之间取得平衡：价值（做正确的事情）、质量（以正确的方式做事情）以及流动（以正确的速度做事情）。让我们详细研究一下这幅图背后的概念。

---

① 中文版编注：2015 年 8 月，宝马联合奥迪和奔驰以 25 亿欧元收购了诺基亚旗下的这个数字地图业务。2019 年 2 月，这家地图测绘和定位服务商估价 31 亿欧元与腾讯四维图新合作，在华提供地图显示导航和定位服务。2021 年到 2024 年量产上市的宝马汽车将配备三级以上的自动驾驶地图产品及相关服务。

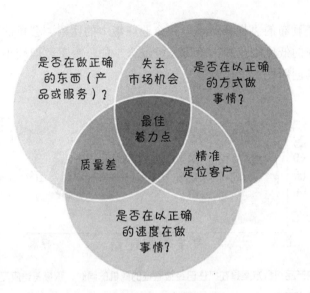

图 2.1 组织环境中的业务敏捷

2.2.1 做正确的事情（价值）

在敏捷的工作环境中创造价值包含两个方面：**执行**和**探索**。敏捷组织需要打造受客户喜爱的产品，以组织经济上可行的方式为客户提供价值。这就是**执行**。与此同时，敏捷组织需要始终通过产品或商业模式的差异化和创新来寻找新方法为客户提供价值。这是**探索**。

从战略上讲，我们需要利用塔勒布[①]所提出的"杠杆策略"：我们的产品组合中分配一部分专注于"已知的知识"（传统的产品管理，在图 2.2 中标记为"创收"），产品组合的另一部分专注于"未知的未知"（"探索"），这一部分需要不断尝试，验证和探索新的产品设计和商业模式。[3]

制定组织战略时只有同时兼顾创收和探索，才可以做到一手抓住成熟市场中固有的机会，一手又能积极寻找新的颠覆性技术、产品和商业模式。

---

① 译注：Nassim Taleb,《黑天鹅》的作者，同时他自己也是一个成功的期权交易者

图 2.2 说明了塔勒布的"杠杆策略"在企业环境中的比率。公司的大部分资源都投给经过商业验证的低风险业务，总体投资组合中的一个重要但较小的部分则分配给风险更高、更具创新性的工作。[4]

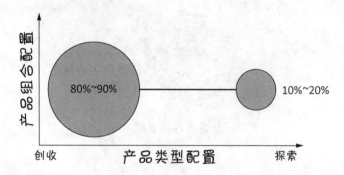

图 2.2　敏捷组织的产品组合方案是在抓住已经被验证的商机的同时，积极将适应变化和不确定性作为优化 VUCA 战略的一部分

创收："产品开发"

让我们首先深入探讨这一部分，因为这是我们大多数人都熟悉的。组织的主要目的之一是将令人信服的价值主张与愿意为产品或服务付费的客户群体相匹配。传统的产品开发过程从一个想法或概念开始，通过焦点小组或其他方式来验证概念是否能够吸引目标群体，然后对产品进行测试以确保产品是按需求来的，最后将产品推向市场。图 2.3 说明传统意义上产品是如何从"概念到变现"的。下面将有进一步的描述。

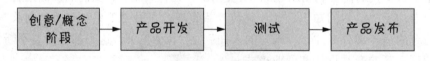

图 2.3　传统的产品发布阶段

1. **概念阶段**　在此阶段，定义商业机会并且形成商业计划书的初稿。通过 SWOT（优势，劣势，机会，威胁）分析，做出大致预算及预计的投资回报。产品想法与财务模型一起呈现给高层管理人员，以辅助"做或者不做"的决策。如果高层亮绿灯并且分配了预算，我们就准备参加竞赛。
2. **产品开发**　在这个阶段，每个人都开始工作。每个部门（工程、市场营销和财务等）都会按照各自的计划开始执行。开发产品，制定详细的营销计划，并通过财务模型进行定价、竞争和分销等方面的影响分析。
3. **测试** 在此阶段，产品的早期版本将交付给小型目标群体，帮助识别潜在的问题并收集早期反馈。营销人员制定了上市计划并最终确定了沟通策略。销售完成相关支持材料并开始促销活动。
4. **产品发布** 这就是我们一直在等待的：产品正式推出；营销计划执行；销售人员准备开始销售，促销活动开足马力，董事会开始查看销售预测，看看它们是否跟一年前在概念阶段的计划相符。

商学院通常教这样的产品开发模型，这也是当今被普遍接受的产品开发方式。知名企业会对这一模式做一些变化，有些收到了很好的效果。然而，尽管该模型很受欢迎，但更多的产品在第一年中的发布却会遭遇失败而非成功。据一家市场领先的研究公司称，大约75%的新产品发布在第一年甚至卖不到750万美元。[5]

到底是哪儿错了？受人尊敬的硅谷风险投资家布兰克（Steve Blank）在他的重要著作《四步创业法》中，仔细研究了产品开发模型，并指出一些关键缺陷。
1. **没有考虑到客户** 在传统模型中，直到测试阶段才会考虑真实客户。焦点小组和营销研究活动在预测实际客户对产品的自然看法方面做得很差劲儿，更不用说他们是否真的会购买产品这样的信息了。
2. **聚焦于最初定下的上市日期** 传统产品开发的主要目标是"赶上市日期"。奖金、激励计划和其他奖励因素严重偏向于最初为了获得高层批准而做出的日期承诺。其他一切都是次要的。
3. **只注重执行，而非学习和发现** 在此产品开发模式下强调的是"按计划执行"：一年前制定的内容才是至关重要的。过程中获得的新信息很可能被视为噪音，会分散执行的注意力。
4. **过早规模化** 在产品取得真正的成功之前，传统的开发模式鼓励企业花大笔资金以产品为中心建立一个组织。营销人员、销售人员和项目主管，这些都是支持成熟产品的大型部门的特征，而不是为了构建尚未证明其可行性的产品。
5. **产品发布失败的成本很高** 由于需要时间进入市场、围绕产品建立大型组织以及过程中缺乏学习，所以新产品发布失败的成本很高。

基于这些限制，如果在产品开发期间发生任何变化，或者我们对客户做的任何假设不正确，那么产品极有可能不能让客户满意，从失败中恢复的可能性也会非常小。

因此，传统产品开发模式只适用于这样的场景：我们的初始假设是正确的，同时市场从我们刚开始开发到产品准备上市的期间一直保持不变，并且，我们已经考虑到并能有效对抗未知的风险。

但实现所有这一切几乎是不可能的，这也是许多新产品发布无法达到预期的部分原因。我这里有一个例子，拥有近乎完美的产品开发但没有考虑到"我们不知道我们不知道的"，业务跟您可能从未听说过的创新音乐服务相关。

案例研究：因乐而来

21世纪初，早在Pandora，Spotify和苹果音乐统治世界之前，诺基亚就提出过一个绝妙的主意：为每个新的诺基亚手机提供免费的音乐订阅服务。这项名为"因乐而来"（Comes with Music）的服务确实超前于时代，并受到目标受众的好评，与诺基亚手机的特别版本捆绑在一起，可以让消费者享受全年免费的音乐。[6]

刚开始，最早的销售信号令人鼓舞。尽管这项音乐服务没有面向某些地区开放，并且几家大的唱片公司没有签约，但早期焦点小组的反馈普遍是正向的，而且人们正在抢购这项服务，总体上是正向的。

然而，逐步发生了一些意料之外的事情。尽管花大量时间和精力来制作来自世界各地的音乐目录，"因乐而来"服务也受到消费者的热烈欢迎，但销售数字从未超过服务的早期采用者，人们甚至主动避免使用"因乐而来"服务，这与之前焦点小组的反馈形成了鲜明的对比。

什么地方出错了？为什么世界上最大的市场对焦点小组反馈中非常看好的服务持有如此负面的态度？

答案与人们对"免费音乐"的定义以及拥有服务的辅助成本有关，特别是在发展中市场。事实上，"因乐而来"提供的是技术意义上的免费，而非真正的免费。为了取悦唱片公司并快速建立一个有吸引力的音乐库，诺基亚同意用所谓的DRM（数字版权管理）技术将每首歌曲锁定到设备，确保歌曲不会被传输到其他设备。这意味着如果想通过手机之外的其他方式听音乐，必须经历一系列复杂的步骤来规避版权保护措施。这一切只是为了听名义上属于您的歌曲！

此外，由于使用此服务需要大量下载，因此必须购买额外增加的数据计划。印度这样的新兴市场数据计划非常昂贵，所以"因乐而来"服务基本上是在要求消费者购买成本高达手机成本数倍的计划。人们很快就识破了这一切，并开始像逃离瘟疫一样远离这项服务。谁会想要一部不停烧钱的手机呢？

"因乐而来"是一个在价值主张和目标受众方面达到顶峰的典型产品。不幸的是，诺基亚忽视了产品背后潜在的消费者偏好和经济因素。该服务只能在单个设备上使用，并且需要使用大量的数据计划，因此对世界上最大市场中的许多人而言，它基本上没有吸引力。果然，"因乐而来"服务推出后，不到一年的时间就关闭了。[7]

探索：客户发展

如前面的案例研究所示，鉴于产品上市涉及巨大的不确定性，正确"执行"是很难做到的。探索与创收的结合变得至关重要。尽早获得相关客户的信息变得越来越重要。相对于聚焦于产品本身来说，将焦点转移到客户身上，在投入大量资金构建产品之前先找到他们想要的东西。

布兰克（Steve Blank）称这个过程为"客户开发"并总结了四个关键步骤，如图2.4所示。[8]

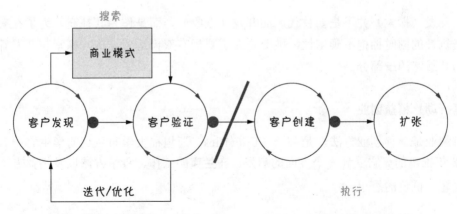

图2.4　布兰克的客户开发方法着重于首先确定潜在客户的迫切需求，然后在扩大投资规模之前，先验证对方正在构建的产品或服务是否满足此需求

1. **客户发现** 倾听潜在客户,了解她的问题所在。她的痛点是什么?您的产品或服务可以做些什么来缓解客户的痛苦并使她满意?
2. **客户验证** 验证假设。您提出的解决方案是否解决了潜在客户的问题?首先,确实需要这个解决方案吗?在多次迭代中不断思考这些问题,同时在这些迭代中,了解更多有关客户面对的问题以及问题重要程度的信息。发现自己的假设错误的时候(这很正常),需要"转身"并改变方向以确保您满足客户的需求。一旦确认客户问题确实存在并且您的解决方案准确无误,您就已经有了所谓的"解决问题的钥匙"。这时需要开始构建产品。可以继续执行接下来的跟传统产品开发模式中非常类似的两个步骤。
3. **客户创建** 根据市场(现有的、全新的和细分的)的类别,这个解决方案有哪些机会?现在将进行相对来说传统的产品开发活动,例如产品定位、营销和产品上市目标。
4. **扩张** 鉴于已经确定客户,我们的解决方案也确实解决了一个值得解决的问题,并且市场也支持我们的产品或服务,那就顺理成章,开始执行解决方案。这就是所谓的"产品-市场匹配"。此时,我们已经准备好规模化,因为几个基本假设已经得到了验证。

这个客户开发方法的主要思想是让我们认识到,在客户认知方面我们的表现是多么的天真。为了解决这个问题,我们需要通过一系列迭代获得有价值的学习。

客户开发(探索)并不是要替代产品开发(创收),而是作为其补充。为了在有的放矢执行的同时拥抱不确定性,敏捷企业需要拥有双模运营结构,探索和开发都被视为其战略的一部分。

付诸行动:精益创业

精益创业是一种创业方法,是莱斯(Eric Ries,斯坦福大学布兰克的学生之一)在2008年推出的。它受到三个方面的启发:**布兰克**的工作、科学方法以及精益专注于优化客户价值的思想。[9]

精益创业彻底转变了传统的产品开发模式:不是先基于传统的市场研究和焦点小组结果来预先定义产品,然后再假设产品上市后就是光彩夺目大受欢迎,精益创业引入了一个开发模式——在整个产品开发周期中整合"经验证的认知"。

这意味着我们并非假想我们知道自己正在做什么以及我们为谁而做,而是通过先建立一个业务假设,然后通过发布最小可行产品(MVP)来测试我们的假设,验证我们的假设是否正确,然后根据验证数据而非泛泛(和基于假设的)的商业计划来开发我们的产品。换句话说,这是基于经验主义及经过验证的数据进行驱动的理论。[10]

莱斯将这一模式概括为"开发-测量-认知"循环,指的是在整个产品开发周期中许多假设会被提出,而持续学习就是根据客户的反馈不断调整产品设计,如图 2.5 所示。这样的循环鼓励通过快速实验来做经过验证的学习,从而可以快速识别客户在高度不确定性环境中的需求。

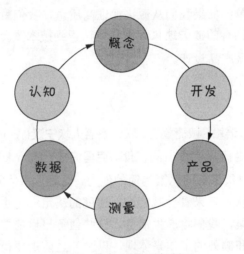

图 2.5　开发-测量-认知循环

虽然布兰克和莱斯是从创业公司的角度来看这个问题(书名也因此而来)的,但这个概念也适用于大型企业。比如诺德斯特龙(Nordstrom)和 GE 等公司正在积极开展部门精益创业,将其作为产品开发工作的一部分。除了先验证再执行的模型外,精益创业还有助于公司不断创新,探索和验证新的想法。

财捷(Intuit)公司也是这种工作方式的早期采用者。创始人库克(Scott Cook)认为这种模式是在 VUCA 世界中开展业务的自然方式。他给出警告,过去的成功可能会导致未来表现不好。"成功是一个充满能量的东西,但也往往会让很多公司变蠢,让它们变得越来越不去创新。"[11]

库克和公司首席执行官史密斯（Brad Smith）有意在财捷公司建立一种文化，表明失败并不只是可接受的，还被认为是一种自然的工作方式。实验是受到提倡和鼓励的，是容易实施的。员工不需要获得许可，可以随时拿到做实验所需要的一切。领导者也被鼓励保持开放的心态，让结果（而非先入为主的观念）来说明一切。事实上，一个具体的实验是否成功往往不是那么至关重要。重要的是组织会有学习成果并鼓励持续创新和实验的组织文化。

2.2.2 正确做事（质量）

"正确做事"看似简单：如果我们从源头保证高质量，我们就能确保产品有可靠的基础，使我们能够做到有的放矢地执行。我们认识到**技术债**会带来严重的影响，我们运用涌现性思维来做产品设计。

管理技术债

什么是技术债？这个术语由《敏捷宣言》联合签署人**坎宁汉**（Ward Cunningham）创造，指我们在产品设计时走捷径所付出的代价。**克里伯格**（Henrik Kniberg）是一位敏捷思想领袖，拥有令人印象深刻的化繁为简的能力。他对技术债的解释或许是最好的："技术债是您做出的从长远来看会减慢进展速度的决定。"也就是说，通过做出未经深思熟虑的技术决策，我们将产生债务，这些债务日后需要连本带利一起偿还。利息通过延期、返工和额外的工作来体现，以弥补之前走捷径所带来的后果。

坎宁汉（Cunningham）在他的博客 C2.com 上进一步使用这一债务打比方，解释了团队要么继续支付这种利息，速度因而减慢，或者通过重构（重写）代码来采用本应该一开始就用的设计方法。从长远来看，有意识地做代码设计来让债务保持低位，可以确保设计是可控的，同时可以还清偶尔的债务（偶尔走捷径的结果）。[12]

技术债是一种可以使用的工具。就像金融债务可以作为金融投资组合的有用工具一样，我们可以通过承担技术债来测试一个重要的概念或验证一个想法。重要的是能够在适当的时候偿清债务，以便未来的发展不会受以往的"技术罪"所拖累。克里伯格（Kniberg）建议设定一个"债务上限"，以便在有意义的时候承担债务，但是当它到达设定的红线时，必须有意识地进行偿还。

图 2.6 是对这个想法的说明。团队可能会有意识地承担技术债以验证概念或从客户那里获得反馈，但会努力定期偿还债务，以免失控。

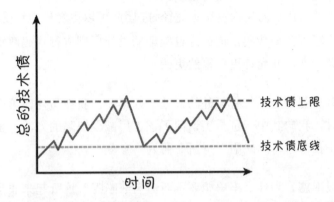

图 2.6　通过下意识地确定要承担多少以及何时偿清来控制技术债[13]

有意识地产品开发

质量从源头开始意味着在构建产品时有意拥抱变化，视软件开发为一门"艺术"。

格雷宁（James Grenning），《敏捷宣言》的签署人之一，同时也是一名经验丰富的程序员。他认为，产品开发既是艺术又是科学。"从根本上说，软件编程是要解决问题，"格雷宁说，"让程序成功运行并理解每一行代码所表达的对应于问题的解决方法，这是软件开发科学的部分。以一种优美的方式来编程，使它兼具功能和优雅，容易理解和维护，让其他人可以在此基础上进行构建，这是艺术的部分。"[14]

然而，有意构建如此水平的产品超出了工作做得好的程度。认真对待质量，将涌现出许多组织层面的好处。

- **速度**　写代码时注意缺陷预防和架构的柔性，可以帮助团队在更短的时间内创造更多价值。这并不意味着代码代的数量更多（与价值无关的），而意味着这不会产生日后因过度返工、缺陷修复以及理解歧义所带来的成本。
- **更具有可预测性**　当团队认真对待技术债并确保其得到控制时，代码的可变性会降低，风险也会降至最低。这也意味着开发的软件更加稳定。

- **自信心** 对于一个团队而言，可以信心满满地部署系统到生产环境，这样的经历最能赋予他们更大的能量。他们知道部署的版本一定会成功，因为他们的代码都是考虑长期回报后逐步开发的。以迭代的方式每次改变一点点，即便有故障也可以及时恢复。
- **适应性** 当代码的架构没有走捷径时，团队可以更轻松地接受需求的变化，无需重写大部分代码。遵循经过验证的设计原则进行代码解耦可以提高代码的健壮性，并允许更频繁的更改。

有意关注质量对加强整个系统有额外的好处。几年前，我在访问印第安纳州的一家丰田叉车工厂时，我向其中一位员工询问了该工厂减少缺陷的方法。工程师微笑着对我说，丰田正在考虑将"缺陷"重新命名为"宝藏"。

我记得我当时很困惑。为什么丰田想要重新命名缺陷呢？这听起来非常像我之前与之合作的那些不那么成功的公司，它们将缺陷标记为"功能"，这样每个人的状态报告可以看起来不错。工程师看到我困惑的样子，很快解释道：

> "我们考虑重命名缺陷为宝藏的原因是它们为我们提供了巨大的价值。当我们发现缺陷时，它是一个礼物。它揭示了有关系统的信息，这将有助于我们改进系统。如果没有缺陷告诉我们的话，有些事情我们根本不知道。我们需要找到缺陷的根源，首先了解它出现的原因，然后修复并确保它不会再次出现。由于缺陷告诉了我们这些有价值的信息，所以这个系统现在变得更强大，更有弹性，更健康。所以它确实是一个宝藏。" [15]

"正确做事"帮助我们关注质量进而改善整个系统，但同时也带来了显著的短期效益。据美国质量协会称，许多公司"质量相关成本占比高达销售收入的15%～20%，有些公司甚至高达总运营成本的40%。一般来说，在一家蓬勃发展的公司中，质量低下造成的成本占运营成本的10%～15%。" [16]

"正确做事"是业务敏的重要组成部分，也是签署者确立《敏捷宣言》时的核心意图之一。事实告诉我们，不专注于质量及支持它的技术实践，将永远无法达到理想的敏捷状态。

2.2.3 以正确的速度做事情（优化流动）

公司需要解决的一个关键问题是找到**资源优化**或**流动优化**的平衡点。

资源效率：使用资源和利用成本效率

资源优化意味着我们尽可能让预算中最贵的部分（人员和资源），保持高利用率。这在低可变的环境中非常有意义，因为它使我们能够充分利用我们昂贵的资源来降低单位成本。例如，如果我买了 1000 美元的机器来制作咖啡杯，让这台机器尽可能繁忙就有意义，可以证明这台机器是合算的。如果机器的使用时间少于 10%，并且每天只生产 5 个杯子，那么对它生产能力的利用就很差。因为大部分时间它都是闲置着的。如果要以这样的生产成本来获利，那么我将很难卖掉杯子。假设我只使用机器一天的话，那么每个杯子的生产成本是 $ 1000 / 5 = 200 美元。但是，如果 100% 使用了机器并生产了 2000 个杯子，杯子就能以低得多的价格出售，同时仍然可以有利润，1000 美元/ 2000 =每杯 0.5 美元，在相同的假设下。

在这样的低可变性环境中进行资源优化可能是有利的。毕竟，咖啡杯算不上什么创新产品，它们的制造过程很容易重复。但是，优化资源往往会产生副作用：如果我们确保机器始终处于忙碌状态，就需要一定数量的工作处于等待状态，那样就可以在机器完成当前工作任务时马上开始下一个任务。

假设制造杯子的过程分为四个部分：拉胚成型；连接手柄；清洁上釉；最后完成贴花。为了能够充分利用在这些工序上投入的所有资金，我需要确保在每个工序之前都有一些工件处于等待处理状态，那样机器就能 100%运转。这自然意味着一些工件（等待"被加工"的工件）将在队列中停留一段时间，但我对此没有特别的顾虑，因为它能确保我最昂贵的资源总是处于很忙的状态，并且我正在"榨干"这个资源的所有价值。

如图 2.7 所示，每个工序的资源都得到充分利用，从而降低了咖啡杯的单位成本。但是，需要一些处于"等待状态"的工件以确保每个工序的资源能得到充分的利用，杯子的生产周期也因此而延长了。

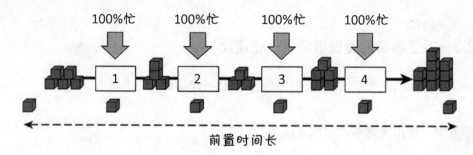

图 2.7 资源优化：每个工序的资源都被完全占用，导致每单位成本更小，但交付时间更长，库存过剩

流动效率：缩短交付周期并快速适应变化

优化流动需要从不同的视角出发。在这种情况下，我们优化工作本身并设计一个系统以便最大限度减少各个工序之间的等待时间。换句话说，资源拉动工作，而不是相反。例如，如果我们设计一个消防局的工作流程，我们将尽一切可能来最大限度地缩短从收到火灾报警到火被扑灭所需要的时间。这意味着我们希望保持消防车和消防员等关键资源能随时响应。在这种情况下，我们主要关注的是不要让消防车在任何时候都在运行，处于"忙碌"状态。相反，我们希望他们能立即到位以确保尽快灭火。这种方式的副作用是虽然生产时间很短（它们反应迅速），但资源严重闲置，因此成本效率不那么好。

例如，假设响应火灾需要有四个基本的"工序"参与：收到火警；集合消防人员和设备；前往火灾地点；灭火。为了确保我们能够尽快应对潜在的火灾（这可能在任何时候发生并且无法预测），我们需要确保每个工序始终具有过剩的容量，工序中的资源需要处于闲置状态。如果发生火灾的时候消防队员正在忙于将猫从树上救下来，就会花费宝贵的时间，导致潜在的人员伤亡风险。因此，成本效率和资源利用并不是问题。价值与我们应对火灾的速度有关。

图 2.8 展示了这种方式。每个工序的资源大部分都闲着，随时准备工作。在这种情况下，成本效率不是主要关注点，因为它们大大减少了响应火灾所需要的时间。

资源优化系统和流动优化系统之间的关注点差异可能看起来微不足道，但它对我们的工作方式以及给客户的最终结果具有重大的影响。在 VUCA 环境下的资源优化系统中，延期很常见，频繁的变化导致质量经常被牺牲，并且沟通渠道的复杂为快速适应变化带来不少的障碍。在针对价值流动进行优化的系统中，缩短了上市时间，质量由于快速的反馈循环变得更高。并且适应变化也更容易，因为人们更专注于当前少量的工作，因此可以更快地进行调整。

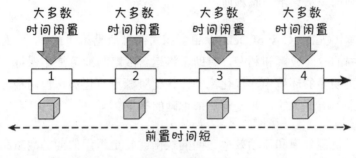

图 2.8 流动优化

资源效率和流动效率：寻求平衡

这似乎不需要思考为什么不让所有企业都简单进行流动优化呢？因为经营企业的目的是获取利润，资源优化也是必不可少的一部分。之前提到的例子，咖啡杯和消防站，用来说明两种方法之间思维差异的极端情况。现实情况更加微妙。当然，您不希望自己的资源和人一直在忙，但您肯定不希望他们闲着，大部分时间都在等待工作。换句话说，要想取得成功，企业必须能够同时平衡流动效率和资源效率。

实现这种平衡是尼可拉斯和珀耳（Niklas Modig & Per Åhlström）的优秀著作《这是精益》的主题。他们认为，在资源效率和流动效率之间找到最佳平衡是特定于环境的，并且因公司而异。关键是运营战略（无论是专注于资源优化还是流动优化）需要与业务战略保持一致。

例如，如果运营的低成本航空公司只依赖于低价竞争，优化资源先于优化流动就有意义。客户服务很可能不会响应很及时而且等待时间可能很长，但如果客户对这种服务水平感到满意，因为他们知道将获得最便宜的票价，就说明这是一个合理的商业策略。我相信您能想到做出**不**专注于客户服务或卓越品质这一战略决策的其他企业，因为他们以无法击败的价格、便利性或其他因素对客户做出了弥补。（谁会因为追求食物的质量去吃快餐呢？）

另一方面，如果是经营一家豪华酒店，高级客户服务就是一个关键的差异化因素，优化流动更有意义。在这种情况下，业务目标不是降低单位成本，而是提供快速和周到的个性化服务。当然，这使酒店能够为优质服务而收取额外的费用，这也能帮助酒店保持利润并从竞争中脱颖而出。

了解延期成本（CoD，Cost of Delay，更多相关信息请见第 3 章），它有助于定义产品生命周期中的时间成本和利润，有助于将运营战略与业务战略保持一致。虽然在 VUCA 特征更明显的环境中，优化流动比优化资源更有优势，但两种方法之间的平衡始终是特定于上下文的，并没有一个正确的答案。

图 2.9 说明了资源效率和流动效率之间的权衡。特定组织的业务战略和业务背景下固有的变化特性（VUCA）决定着两种效率之间的平衡点。在左下角，资源和流动效率都很低，这是最糟糕的情形。产品上市时间延误，而且生产效率低下。在左上角，资源效率高，流动效率低。价值被有效地生产，但上市时间较晚。相比之下，在右下角，流动效率高，资源效率低。价值快速提供，但成本效率并不是优先考虑的事项。理想状态在右上角，资源效率和流动效率达到平衡。公司的业务战略和可变性程度——业务中固有的 VUCA 决定了两种效率可以平衡的程度。[17]

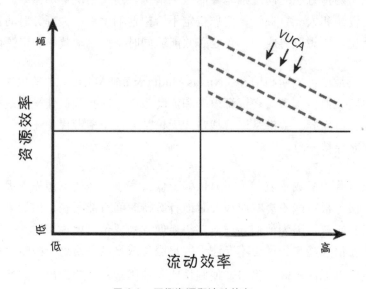

图 2.9　平衡资源和流动效率

尼可拉斯和珀耳在《这是精益》一书中对这种权衡做了很好的澄清。他们认为，简单地说"敏捷很好，所有好的都是敏捷的"没有什么用。事实上，有时以更精益敏捷的方式工作可能不符合业务的最佳利益。例如，那些属于"简单"领域的企业，甚至有些在"繁杂"领域的部分企业（斯诺登的定义参见第 1 章）是通过优化资源而非优化流动来获得更多收益的。这类企业的业务固有的可变性较小，因此从单位成本中获得的成本节约超过了对变化响应较慢的缺点。例如，前面描述的制造咖啡杯。在这样的业务中——流程具有低可变性和高度可重复性——我们可以更好地优化资源而不是流动效率。

但是，过去几十年发生了巨大的变化，随着软件深入各行各业，我们所做的一切和业务的时钟加速了。我们的经济现在越来越倚重于 Cynefin（库尼芬）框架的"复杂"领域及部分"繁杂"领域中的工作。这意味着 VUCA 的特征和持续增加的可变性是当今开展业务无法避免的，对此，我们需要接受而不是试图避免。

流动优化使组织能够适应变化、减少响应时间滞后并更快地学习，因而在高度不确定（如软件开发、创新推动和知识创建工作）的商业环境中运营的组织将受益于先进行流动优化和后考虑资源优化。

这与更传统的行业形成鲜明的对比，在这些行业中，可变性相对可以在更大程度上得到控制。因此，资源优化作为运营策略是有意义的。如今在美国，知识经济不断扩大；私营经济产出，制造业和更多传统产业正日益衰微。随着 VUCA 特征日益明显，不断增长的客户期望以及公司变革步伐的加快，采用敏捷思维来增强学习，加快产品上市速度和客户响应能力不再只是一个优先问题，而是一个生存问题。

然而，在完成对流动的讨论之前，我们还需要了解精益世界中一些非常重要的概念：在制品（WIP）太多所造成的影响及其对企业创造价值的影响。

利特尔法则和金曼公式及其在 VUCA 世界中的意义

正如我们之前看到的那样，平衡资源优化和流动优化是"以正确的速度做事"的核心。如果没有取得平衡，会有怎样的具体影响？对创造价值及其产生的财务结果有何影响？为了更好地理解这一点，熟悉利特尔法则的一个简单公式是有帮助的。[18]

价值实现时间（交付时间）= 在制品数量（WIP）* 周期时间

麻省理工学院运筹学教授利特尔（John Little）提出，在一个稳定的系统中，客户获得价值所需要时间是在制品数量（WIP）和工序产成品所需要时间（周期时间）的函数。虽然这个公式是在 20 世纪 50 年代被定义的并且历经了时间的考验，但它的意义直在今天才有特殊的显现。另外，数学家金曼（John Kingman）发现的排队论公式揭示在高度变化的情况下，少量增加的资源利用率会导致等待时间不会成比例增加。

计算机在处理器过度使用时会被锁定，这个例子最能说明这一现象。当计算机利用率达到 70%～80%时，您可能会注意到它有点卡，但事情进展仍然还算顺利。但是，如果再打开几个应用程序，导致 CPU 利用率超过 90%～95%，很快会注意到等待时间会急剧增加。这就是金曼公式的实际效果。陷入停顿之后，唯一的办法是等或关闭应用程序，以再次降低利用率。

图 2.10 说明，当利用率从 80%变为 90%时，等待时间会增加一倍以上；利用率从 90%变为 95%时，等待时间还将再次翻倍。[19]

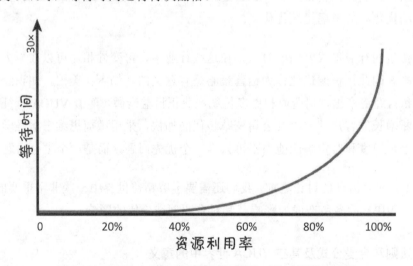

图 2.10　金曼的公式显示资源利用率增加，等待时间增加更多

我们从利特尔法则中了解到在制品数量（WIP）和周期时间（及其对交付时间的影响），我们从金曼公式中学到了可变性和利用率（及对等待时间的影响）。这对我

们到底意味着什么？简而言之，这意味着在高度可变（或 VUCA）的环境中，做资源优化会对为客户创造价值所花的时间产生超线性比例的负面影响。因此，优化流动在高度可变的环境中是一种有利的操作策略，上市速度和适应能力是重要的竞争因素。

这一发现的含义是，为了解锁企业敏捷并优化组织的价值流，我们需要做到以下几点。

- **减少在制品（WIP）数量**　正如金曼向我们展示的那样，同时处理太多事情会提高利用率，这会对整体处理时间产生不利的影响。
- **提高处理速度**　加速价值创造的另一种方法是加快工作速度并缩短周期时间。这可能很昂贵，但有长期的积极影响。包括自动化、有效工具化和流程改进等。
- **增加资源（容量）**　对大多数组织而言，这个选择并不现实，但增加资源是提高价值交付总体速度的一种方法。理想情况下，添加技术类资源（如增加服务器功能或更快的构建系统）可能有所帮助。然而，增加人员并不会带来简单的线性增长。因为随着团队规模的增加，团队中添加人员的相对好处会大大减少，甚至可能是负面效果。
- **减少变化**　在知识工作中，减少变化是一把双刃剑。一方面，需要变化来促进创新和创造性思维。同时，无限的变化可能会分散注意力，导致延期、需求和质量问题。

前面深入了解了创建对当前和未来客户都有吸引力的产品或服务意味着什么（做正确的事），也探讨了产品相关活动需要可持续并且有高水平的质量的（正确做事）。

本节探讨了以正确的速度做事意味着什么。这并不只意味着"更快开发"，而是将运营战略与业务战略对齐。换句话说，从平衡资源优化和流动优化的相反视角出发，理解每个方面固有的权衡。我们在本节结束时概述了运筹理论中的一些关键概念（利特尔法则和金曼的公式），这有助于在高可变性的 VUCA 环境中指导着我们的运营策略。

2.3 在企业中解锁敏捷

考虑经营企业需要考虑的各个方面，拥抱 VUCA 环境的可变性，不要望而却步。如今，大多数大型组织都是建立在资源利用的理论基础之上的。因此，实施其运营战略的系统往往处于与他们宣称的商业策略的直接冲突中。公司要求知识工作者在 100%的时间内"保持忙碌"（资源优化）的同时支持高响应性和创新的业务战略，这听起来很荒谬，因为我们知道这需要与流动优化相关的空闲时间。

曾经有一段时间，这种固有的冲突隐藏在电子表格中并且缺乏透明度。但今非昔比。我们的经济转型方式发生了巨大的变化，能够适应变化已经不再是"可有可无"的事情。现在这是个生死存亡的问题。正如我们在第 1 章所见，越来越多的大企业正在真切体会着"以更正确的方式做错误的事情"。

就像其他人类建筑（比如城市）屹立几百年不倒一样，大型组织需要能够学习和适应得更快（相较于几十年前可以接受的程度）。越早推动改进，就能越早执行实验。越快验证学习，就越能更快看到风险，抓住机遇并缓解风险。

2.4 绩效因子：敏捷的五个关键维度

现在，我们已经了解了业务敏捷是什么以及它需要什么，让我们将这些概念带入一个可以采取行动并开始构建的框架中。

敏捷的五个关键维度将是接下来几章中要详细介绍的主题。了解每个维度涉及的内容将有助于我们制定可操作的策略并推动持续改进，以实现业务敏捷。

首先，让我们简要描述五个维度，如图 2.11 所示。

- **技术** 从最广泛的意义上讲，技术指的是"所有能带来经济效益的，包括有形的和无形的科学知识"。在这里，我们将技术定义为**帮助我们在组织中增加流动和敏捷的方法、工具和技术**。第 3 章将对这些内容进行详细介绍。
- **组织设计** 既指公司的物理设计方式，也指在管理意义上构建组织的方式。

两者对解锁敏捷至关重要。我们进行协作、沟通和创造的工作空间对我们的工作方式有着直接的影响。管理结构在确定我们如何协同工作、管理依赖关系以及最终实现价值方面也发挥着重要作用。第 4 章将涵盖这个主题。

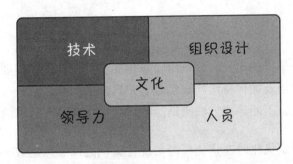

图 2.11　五个关键维度：支持业务敏捷的整体视图

- **人员**　尽管通过机器实现的自动化和完成的工作比以往任何时候都多，但一个组织若是没有敬业、充满热情和有才能的人，将没有任何有意义的工作可以完成。敏捷组织中，人员所需的技能、知识和能力与我们在更传统的组织中所期望的明显不同。我们招聘及最终聘用的方式影响着我们为组织招来哪些类型的人。奖励和认可组织中的人的方式将有助于推动减少或增加目标行为。我们对待员工的方式，包括我们在发现他们无法顺利完成工作时做的事情，将有助于确定公司的长期发展目标。第 5 章将进一步详细介绍这个主题。

- **领导力**　如第 1 章所阐述的，敏捷企业是需要快速适应不断变化的市场的一种实体。敏捷企业要认识到利用成千上万的大脑而不是一个 CEO 的超级大脑更有意义。少想想巴顿将军，多想想曼德拉。少一些命令和控制，多一些服务型的领导力。敏捷企业的领导力可能与我们传统看待领导力的方式不同，但它绝非混乱。敏捷领导力的特点是具有明确的目标感，愿意接受失败并从中吸取教训，以及创造有意义的组织边界并在边界内作为一个组织运作的能力。更多关于敏捷领导力的内容，在第 6 章中阐述。

- **文化**　管理大师德鲁克曾经说过："对文化来说，策略只是早餐。"无论使用什么工具，灌输什么样的领导力，或者采用怎样的策略，如果文化上不接受改变，不愿意学习，不接受新的工作方式，任何从根本上改变组织的尝试都将是徒劳的。然而，文化不是自然而然发生的：公司文化反映了组织中固有的价值观、语言和行为。公司文化是不断发展的并随着时间而变化的。第 7 章将阐述如何有意培养文化以帮助培养组织的敏捷性。

小结

本章首先介绍业务敏捷的定义,并确定了以敏捷方式工作的关键要素。讨论了了解客户价值的重要性以及如何持续构建满足客户需求的产品,总是寻求小步渐进的措施来改进工作方式,不断寻找方法来消除妨碍我们实现这一目标的障碍。

我们讨论了在做组织优化时在优化资源与优化流动之间必须达成一个微妙的平衡。在高度可变的环境中(这也是当下所面临的主要经济环境),我们更倾向于优化流动。

作为本章的最后部分,我们引入了敏捷性的五个维度,它们可以帮助我们将业务敏捷具体化,并为制定企业敏捷转型的战略路线图奠定基础。在接下来的几章中,我们将更详细地探讨,以便您能够采取下一步措施来实现组织转型。

希望本章介绍的概念没有让你望而生畏。我意识到数量确实多了一点。关键在于,我们今天的工作方式建立于不再适用于当下经济环境的基础之上。

坏消息是,改变几十年前的思想绝非毛发之功,在我们开展工作时,每一步前行都将遇到阻力。好消息是,这不是一种管理时尚或一种很酷的新概念,而是业务运营方式的根本变化。不进行相应调整的组织不会存在太久。

正如戴明(W. Deming)所说:"可以不必改变。反正没有人强迫你一定得活下来。"通过阅读本书,您将是成为幸存者之一。让我们一起做些美好的事情吧!

问答环节

1. "变得更敏捷"是如何帮助我们知道自己是否是在做正确的事情(创造价值)以及什么时候我们没有(在做正确的事情)的?

    正如我们在本章前面敏捷企业的定义中所强调的那样,解锁敏捷的本质是通过经验主义来实现"快速变革"。这意味着敏捷企业通过快速实验和经过验证的数据来不断测试他们的假设。我们还在为客户提供价值吗？我们正在解决客户迫切的需求吗？我们如何才能增加客户收益？这些问题是敏捷深入到 DNA 层面要深思熟虑的。

考虑一下，一家公司可能正在通过观察稳定上升的销售曲线和收入数据来确定他们是否在"做正确的事情"，但如果客户因缺乏选择或因需要遵守合同而购买产品，会怎样？在这样的情况下，产品很可能中止。如果不满足客户的需求（而不是依赖于销售等滞后指标），那么只要市场上出现了一个以客户为中心的产品，公司很快就会陷入困境。

百视通（Blockbuster）就是一个典型的例子。这家电影租赁零售商在其成功高峰期的逾期罚金对其收入的增长有相当大的贡献。实际上，用户非常讨厌这样的滞纳金，该项收入是百视通经营模式的重要组成部分，虽然收取的费用确实帮助推动了公司在华尔街取得成功。但当奈飞进入市场后，通过邮件订单推出免除逾期罚金的租赁服务时，百视通的反应迟钝，导致奈飞这一新贵一举拿下百视通的市场，此后再也没有失守过。

2. 我们公司长期以来一直以传统方式开发产品。通过焦点小组获取反馈一直是我们的舒适区。除了执行传统的发布计划，我该如何将公司的思维转变为主动拥抱探索和承受风险？

我们将在第 9 章更深入地介绍这个主题，但这是一个核心理念：解锁敏捷对领导者意味着可以回答以下问题："您想做得正确吗？或者您想成功吗？"很多时候，不可能两者兼而有之。

传统型组织奖励和提升"做得正确"、遵循明确定义的计划并相应执行计划的员工。更敏捷的组织越来越认识到，"成功"意味着人们可能不得不（经常）承认一个人的初步假设实际上是错误的。我们需要明确地认识到：焦点小组、市场调查或其他更传统的识别客户需求的方法并没有错。但我们需要将这些方法视为创建假设的方法，这些假设本质上都是有根据的猜测。越早验证这些猜测的真假，就能越早通过不断验证和学习这一方式做出产品，产品受到客户喜爱的可能性会大大增加。

3. 以正确的方式做事（专注于质量）听起来像是基本常识。但为什么没有更多公司有的放矢地进行产品研发和代码设计？

    注重质量并找到办法来保证这一与我们正在构建"什么"同等重要的角色，可能听起来很直观，但根据我的经验，质量的优先级往往低于日期的承诺或紧急客户请求。这是由很多根本原因造成的，但以下是我见得最多的主要挑战。

    - **质量停留在口头上，在执行层面缺乏支持** 可能永远听不到有任何高管会说质量不重要。但真正的考验是面对一些典型业务场景时做出的决定：延期交付，还是按期发布，即便知道有缺陷。许多组织之所以会推出有缺陷的产品，是因为知道发布之后还会推出许多修复版本。还记得 Windows Vista 发布后很快就出现所谓的"服务包"（Service Pack）吗？显然，在这种情况下，满足市场预期的按期交付比首次就发布正确的、准备好的产品更为重要。在这种情况下，领导层发出明确的信号，对质量放松要求，满足日期至关重要，质量可以发布后再处理。

    - **质量不被视为战略差异化要素而被当作"可选项"** 质量无法免费获得。它需要对必要的基础设施、员工培训和发展进行投资，并需要认识到同时做太多事情虽然对组织有诱惑力，但是有害，对质量有害。换句话说，尽管有市场压力和公司需求，但在回应产品经理和客户的要求时，那些认为质量具有战略意义的组织能够让人们说"还没有"而不是简单说"是"。
    像质量一样，企业敏捷也不是通过工具、框架或外部顾问来实现的。相反，整个组织要持续改进和学习并在深思熟虑之后再制定战略性承诺。

    - **缺乏心理安全和质量文化** 心理安全，我们将在后面的第 8 章详细介绍的一个概念。即需要创造一个人们感到有权发表言论的环境，并且不要害怕报道"坏消息"可能带来的的负面影响。
    以心理安全为特征的环境是灌输质量文化的先决条件，无论正式角色或职位，每个人都视质量为己任。这种文化的一个很好的表现形式在丰田，那里的"安东系统"允许团队成员一旦发现质量上的顾虑就通过拉绳子来立即停止生产线，然后每个人都聚集在一起，立即确定根因并解决问题。
    与此鲜明对比的是，21 世纪初的通用汽车，在那里，停止生产就像职业自杀一样。每个人都需要确保工厂完成日产量。任何导致这些目标偏离的行为都会令人深感担忧。这项策略对业务的影响是可以预测的，通用汽车的质量问题在整个 21 世纪的前十年中持续增长，最终在 2009 年 6 月金融危机后破产。

更多资源

我建议进一步探索以下资源，更深入地了解本章中讨论的主题。

- Taleb, Nassim. *The Black Swan: The Impact of the Highly Improbable.* Random House. 2007
  中文版《黑天鹅：如何影响不可预知的未来》。恰逢其时的书籍之一。塔勒布注意到金融市场风险评估方式存在严重问题，并指出极不可能的事件（黑天鹅）并不像我们想象的那样遥不可及。随后不到一年，2008 年金融危机来袭，塔勒布因此被称为"天才"。强烈推荐这部经典，可以帮助读者以怀疑的眼光看待"专家"和权威人物，指出世界比我们想要的更复杂。未知的未知无处不在。
- Modig，N. & Åhlström，P.（2012）*This is Lean: Resolving the Efficiency Paradox*，Rheologica Pub.
  有关精益的书，我读了几本，《这就是精益》是我最喜欢的。它易于阅读，即便是对复杂内容的阐述也通俗易懂，并且从实践的角度为您提供了有关精益的详实的内容。我的大部分对于流动效率的理解就是来自这本书。它对我如何看待战略与运营之间的一致性产生了很大的影响。
- 密歇根州安娜堡的门罗创新，网址为 http://menloinnovations.com/
  这不是一本书，一篇博客或一集播客，但它仍然是一种资源。我的朋友谢里丹（Rich Sheridan），本书中多次出现他的名字，他负责安排在密歇根州安娜堡参观他的软件工厂门罗创新。我参观过好多次，但每次都能学到新东西。理查德通过讲故事，视觉呈现，甚至让您参与一些内部公司活动来置身于一家敏捷组织的日常活动中，对敏捷感同身受。这非常受教育，还很好玩！
- Crisp 博客，网址为 https://blog.crisp.se/
  多年来，我一直是克里伯格（Henrik Kniberg）的忠实粉丝，但在这个博客上 Crisp 公司的全体工作人员对敏捷和精益工作方式相关的各种主题都有贡献。这里的博客经常更新，通常包括访谈，免费资源和其他好东西。强烈推荐。

- 布兰克的个人博客,网址为 https://steveblank.com/
  布兰克(Steve Blank),本书的其他部分也有提到。他是一个真正的创新者和先驱。他不仅拥有自己的企业(他创建并退出了一些公司),同时他还是硅谷的一名教授、思想领袖以及精益创业相关的大部分方法和思想的首创者。他的博客经常更新,并且总是充满了有趣的材料。甚至可以说,不要考虑"做正确的事情"!

注释

[1] 2016 年秋在密歇根安娜堡与谢里丹的私人谈话.

[2] https://www.forbes.com/sites/bruceupbin/2012/09/04/intuit-the-30-year-old-startup/2/#a39c49272b07

[3] Taleb, Nassim. *The Black Swan: The Impact of the Highly Improbable*. Random House. 2007

[4] https://www.investopedia.com/articles/investing/013114/barbell-investment-strategy.asp#ixzz585ruOPF6

[5] https://hbr.org/2011/04/why-most-product-launches-fail

[6] https://www.cnet.com/news/nokias-comes-with-music-initiative/

[7] https://www.techdirt.com/blog/wireless/articles/20110119/05025612726/death-nokias-comes-with-music-shows-that-free-with-drm-is-losing-proposition.shtml#comments

[8] Blank, S.G. (2005). *The Four Steps to the Epiphany*. Self-published: Cafepress.com.

[9] Ries, E. (2011). *Lean Startup*. New York: Crown Business.

[10] Maurya, A. (2011). *Running Lean*. Self-published.

[11] https://hbswk.hbs.edu/item/lean-strategy-not-just-for-start-ups

[12] Cunningham, Ward. "Technical Debt." http://wiki.c2.com/?TechnicalDebt

[13] Kniberg, Henrik. "Good and Bad Technical Debt"(2013). https://blog.crisp.se/2013/10/11/henrikkniberg/good-and-bad-technical-debt

[14] 2017 年 8 月与格雷宁的对话.

[15] 2012 年秋,在印第安纳哥伦布丰田叉车厂与一名工程师对话.

[16] http://asq.org/learn-about-quality/cost-of-quality/overview/overview.html

[17] Modig, N. & Åhlström, P.(2012)*This Is Lean: Resolving the Efficiency Paradox*, Stockholm, Rheologica publ.

[18] Little, John D.C. "Little's Law as Viewed on Its 50th Anniversary."(2011)*Operations Research* Vol. 59, No. 3, May-June 2011, pp. 536–549.

[19] Reinertsen, Don, and Thomke, Stefan. "Six Myths of Product Development." *Harvard Business Review*, May 2012. https://hbr.org/2012/05/six-myths-of-product-development.

第 II 部分

敏捷的五个维度

第 II 部分详细介绍敏捷性的五个维度，旨在帮助读者理解技术、组织设计、人员、领导力和文化如何相互作用以形成一套整体实现业务敏捷的方法。

第 3 章　技术
第 4 章　组织设计
第 5 章　人员
第 6 章　领导力
第 7 章　文化

第 3 章

技术

第 1 章和第 2 章阐述了敏捷不仅是企业的一个重要的竞争优势，而且还是关系到企业是否能在以 VUCA 为特征的世界环境中得以存续。我们了解到，企业敏捷起源于计算机科学领域一些思想领袖所揭示的挑战，我们解读了《敏捷宣言》（4 个价值观和 12 个原则），借此来说明如何接受不确定性并持续适应不断变化的环境。然后，我们更详细地探讨企业敏捷并提供了一个有效的定义。我们介绍了企业敏捷战略的基本要素并强调了企业转型期需要考虑的五个关键维度。

在本章中，我们将介绍五个关键维度中的第一个"技术"。在本书的上下文中，我们将技术统称为"有助于解锁敏捷的工具、技术和方法。"请注意，这并不是一个详尽的定义（超出了本书的范围）。相反，本章的目的是概要介绍开始或继续转型之旅时需要的相关工具。有关工具、方法和技术的更全面和不断更新的概述，请访问本书网站 www.unlockingagility.com，获取免费资源。

到本章结束时,您将熟悉组织敏捷转型中常用的最流行的工具、方法和技术。您将获得所需要的资源以增强理解并准备好开始实现具体的战略。随后的章节将介绍组织设计、人员、领导力和文化,最后再描述推动转型的引擎"敏捷工作组"(Agile Working Group,AWG)。

3.1 做正确的事情:创造客户喜爱的产品

第 2 章指出,成为敏捷组织的标志是不断评估是否正在做正确的事。产品是否在持续解决客户问题并能因此而获得利润?执行明确定义的策略时可能会很坦然,甚至可能暂时还有丰厚的利润。但是,如果组织并没有不断探索和验证自己是否符合这些标准,势必会被淘汰。

我发现下面介绍的三种技术/方法有助于组织确定是否实际在做正确的事情。

- 商业模式画布
- 精益创业
- 延期成本

3.1.1 商业模式画布:一个可即时对齐的交互式工具

根据商业模式画布(BMC)的共同作者之一奥斯特瓦尔德(Alex Osterwalder)的说法,画布是一个帮助"描述、设计、挑战、发明和转动商业模式"的工具。[1] 对于一张简单的大幅海报来说,您有没有觉得这是一个颇具雄心的描述?嗯,好吧。其实,它的简单性是其有效性的核心,也是它能为不同人群出色创造出一致性的原因。

从本质上讲,画布是一种交流工具。它有助于帮助组织中的人员在工作内容及其动机上达成共识。如果使用得当,它将有助于持续挑战组织业务模型背后的基本假设。

它是怎么工作的?

商业模型画布由商业模式中所需要的 9 个基本构建块组成,适用于所有行业。

- **关键伙伴** 外部联盟是对商业模式的强有力的支持者。
- **关键活动** 核心功能是执行和运营的根本。

- **关键资源**　关键的实体、智力、财务或人力资源。
- **价值定位**　着眼于差异化特征：是什么让您与众不同？
- **客户关系**　与客户的互动方式以创造联结的纽带及提高粘滞度的激励。
- **客户细分**　根据不同的需求和要求细分的客户细分群体。
- **渠道**　所有可以吸引客户的渠道，不管是在线还是离线。
- **成本结构**　执行模型所需的固定和可变成本。
- **收入来源**　经常性和交易性的收入。结合成本来看可以了解财务可持续性。

如图 3.1[1]所示，右侧列举了与价值交付相关的要素。左侧是实现该价值所需要的项目。总览所有的要素，商业模型画布绘制了组织运营所依据的商业模式的全景图。[2]

商业模式画布

关键伙伴	关键活动	价值定位	客户关系	客户细分
	关键资源		渠道	
成本结构				收入来源（现金流）

图 3.1　商业模式画布

我在工作坊中使用商业模式画布作为一项交互式的活动。参与者使用简单的便利贴，写好后贴在画布上，然后以交互的方式描述商业模式。讨论通常很激烈，充满令人

---

[1] 此作品根据创作共用授权条款 CC3.0 Unported 许可证授权。由 Strategyzer AG 设计。Alex Osterwalder, Yves Pigneur 等。2010。www.strategyzer.com

眼前一亮的矛盾，但结果却很有启发："我们的主要客户群是小企业？我确信，面向大型企业客户利润更丰厚！"

它解决了什么问题？

它解决了两个问题：没有对齐和误解。BMC 有助于为在场的每个人创造即时对齐的效果。通过互动、讨论有时甚至是分歧，参与者可以更深入地了解大家关心的商业模式，帮助定义"为什么"和"什么"。

此外，BMC 表明，只靠眼球来进行竞争是不够的。相反，基于产品交付的商业模式也需要有竞争力，创造一个可持续和有利润的业务。

以高朋（Groupon）为例。该公司是电子商务日常交易行业的先驱，并且现在仍然是这一领域的主导者。但它的主导地位并不是依靠优质产品或更智能的设计。现在，市场上有数百个高朋的模仿者待价而沽。甚至不到 15 分钟内就能建一个类似产品与高朋竞争！尽管如此，您不太可能从高朋这个市场领跑者那里获得任何大的市场份额。这不是因为您的产品差。毕竟，克隆一个产品实际上在产品功能上完全可以与真实产品一模一样。您不会成功的原因在于所谓的"网络效应"。涉及买家和卖家的平台，需要两端都达到临界数量，才能实现规模经济，成为一个有竞争力的平台。

高朋意识到了这一点，因而在竞争对手开始成长时就斥资收购。他们明白自己并不是在购买平台。他们买的是平台的用户。通过获得一大批卖家和买家，高朋建立了一种商业模式，使竞争对手很难简单在产品层面上和自己竞争。

BMC 能帮助我们快速有效地认识到这一事实并提出一个重要的问题："我们如何构建客户喜爱的产品并强化我们的商业模式，使竞争对手更难破坏我们的业务？"

怎么做才有用？

画布的效果依赖于参与讨论的人。让组织不同部门的人参与，更全面地了解业务模式，帮助建立一个更清晰的愿景并将战略与执行联系起来。

此外，虽然可以用商业模式画布的电子版，但我强烈建议每个人都能面对面地进行讨论。互动、丰富的讨论以及面对面交流后所产生的理解是该工具能够提供的部分价值。

还需要一个有经验的引导师来使讨论充分且有效。这个引导师通常是一位经验丰富的敏捷教练或敏捷工作组的成员。来自第三方的人可以帮助推动整个组织展开有效的讨论。

实际应用

BMC 是一种沟通工具，有助于快速对齐整体情况，是制定企业投资组合或产品待办列表的绝佳补充。（请参阅本章后面的 Scrum 部分。）它描述的是业务模型的概要视图，不会一天一变，所以没有必要每天都用，但在做周期性的产品规划时非常有用。例如，每三到六个月定期进行产品规划活动。BMC 会提醒我们关注组织的发展方向。它还有助于验证我们的假设是否仍然有效。第 9 章将要描述企业投资组合规划并说明画布如何成为推动整个企业取得一致的组成部分。

今天，BMC 全球有 500 多万专业人士在使用。BMC 非常适用于有效帮助人们快速对齐并形成共识，所以近几年也涌现出其他变体。皮希勒（Roman Pichler）的产品画布用于向短期产品交付对齐，莫瑞亚（Ash Maurya）的精益画布经常用于新企业和创业公司成立时，利特尔（Jason Little）的变革画布用于更有效地跟踪组织变革工作。这些都是画布多次迭代应用的示例。

3.1.2 精益创业：验证正在做的产品是否值得做

莱斯（Eric Ries）在 2011 年的同名书籍中创造了"精益创业"一词。[3] 可以参考第 2 章，了解关于莱斯及其导师布兰克（Steve Blank）的更多信息。在斯坦福大学完成学业后，莱斯先后当过创业企业家、新创公司的软件工程师以及后来未能窜红的社交媒体的创始人。在仔细研究为什么经过深入研究而开发的商业计划并不见效的原因后，他开始在 Start-Up Lessons Learned 博客中写下自己的经历。他的一个关键洞察就是产品的构建方式不够严谨。缺的正是丰田生产系统（TPS）的关键要素和科学方法。他的研究结果汇集成为《精益创业》，荣登《纽约时报》畅销书榜。

它是怎么工作的？

精益创业是一种方法，专注于通过经过验证的认知来确保团队正在做正确的事情。**莱斯**发现，完成已定义的工作待办列表确实可以解决问题，但他想知道团队是否关注正在解决的问题是否正确。换句话说，这些在做或者马上要做的服务、解决方案或产品是不是必须现在就要做？

通过"构建-评价-学习"来收集信息，精益创业旨在测试和验证我们计划做的工作是否确实值得做。

这个过程涉及使用尽可能少的资源构建最小可行产品（MVP）。同时，开发团队迅速验证他们对产品价值主张的假设是否能与目标客户群产生共鸣。客户是否愿意支付给我们预期利润相对应的价格？我们的团队中是否拥有相应的技能、知识和能力来构建产品？我们的技术平台是否适合构建产品？

通过一些切实可行的测量，团队可以快速判断他们是走在正确的路径上（继续坚持？）还是需要改变方向（是否转身？），抑或应该完全放弃。通过这种认知方式，团队可以做出合理的决策。重复循环使用这种方式，可以增加团队对产品是否适合客户以及当前构建是否可行的信心。

这个过程是不断循环的，如图 3.2 所示。

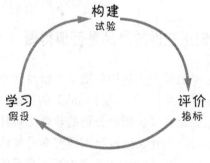

图 3.2 "构建-评价-学习"循环

它解决了什么问题？

精益创业邀请我们快速失败。它是一种有效的方法，在使用大量资源构建客户可能不需要的东西之前先验证假设。通过快速失败并了解产品可能对客户来说不如想象中那么重要，您可以将资源转移到其他更可行的产品上，专注于更有可能获得成功的机会，以此来节省时间和资源。[4]

怎么做才有用？

精益创业增加了"做正确的事"的可能性。然而，为了使其有用，组织需要适应较小的团队并采用不同于传统产品开发团队的常用绩效指标。

例如，虽然"收入逐年增长"可能是适用于成熟产品线的绩效指标，但对创新并验证产品是否与目标对齐的团队而言，这不是一个有意义的指标。在这种情况下，更合适的指标可能是新客户注册数、客户流失率和客户使用率。

此外，组织需要允许团队"安全地失败"，这样一来，当他们尝试新的产品创意并且不可避免地失败时，不会有工作不保的顾虑。事实上，您希望他们在验证想法时多次失败。要取得成功，您需要瞄准目标投上 100 次，实际上可能只有少数投得中。这个比例跟创业公司的成功率很接近。根据斯坦福大学研究人员的创业基因报告（Startup Genome Report），10 家新公司中有 9 家会失败。[5]

比其他任何因素更重要的是，有高管支持相当、相当重要。只有这样，当传统思维的"引力"变得越来越大时，这些团队才能够承受来自于整个组织的压力。

实际应用

精益创业属于敏捷开发生命周期的最初阶段，确保我们在做出重大的资金决策或在真实产品上实施之前就已经准备好。由于文化、风险情况和工作方式完全不同于在做更成熟产品的团队，所以我们建议在组织内部创建一个单独的精益创业部门。

通过精益创业工作验证后的想法和概念可以"毕业"，加入更正式的产品开发流程中并获得必要的额外资源进行正式开发。让我们看看 GE 这个应用此工作方式的先驱。GE 的数字化转型是独立运作的，与组织的其他部门截然不同，但它拥有必要的可见性和来自高层的支持。

这是一项全面的、持续多年的计划。虽然其影响需要假以时日才能体现到公司的资产负债表中，但有迹象表明新的思维方式正在取得成果。例如，为公司的喷气发动机创建原型和手动蓝图的过程过去需要 8 周才能完成，但是，现在这个过程完全数字化并可以立即发送给工程团队，不仅省了开发时间，还节省了资金。[6]

3.1.3 延期成本：理解时间如何影响产品在生命周期中的利润

1748 年，富兰克林写了一篇文章，名为"给一个年轻商人的忠告"。在这篇文章中，他有句名言："时间就是金钱。"时间是一种有限的、有价值的资源，需要全力保护。这意味着成功的商人需要专注于快速完成工作并小心谨慎地把宝贵的时间花在值得做的事情上。[7]

今天的企业应该关注工作的执行速度和工作的优先级。延期成本（Cost of Delay, CoD）是表达时间和金钱关系的一种方式，也是一种非常强大的方法，有助于考虑整个组织工作的优先级。CoD 是雷勒特森（Don Reinertsen）提出的。雷勒特森是毕业于哈佛大学的麦肯锡顾问，当时他正在寻找一种有效的方法来定量反映延期是如何影响整个产品生命周期的利润的。[8]

事实证明，CoD 在帮助公司更有效地排工作优先级、对齐各个职能部门并最终推动基于经济而非政治或内部争权夺利的对话方面具有强大的功效。将 CoD 作为推动产品开发决策的工具，是敏捷组织的一个重要元素。

它是怎么工作的？

阿诺德（Joshua Arnold）是一位专注于企业决策优化的顾问。他对如何计算 CoD 有非常出色的总结。[9, 10]

1. **不同工作类型带来不同的利益**

    a. 增加收入？它会通过收购获得新的客户或通过颠覆性创新创造新的市场，从而增加销售额吗？一个例子是新产品开发。

    b. 保护收入？它是通过逐步改进现有产品还是在现有市场中保持竞争力来保持现有收入？一个例子是向现有产品添加新的功能。

    c. 减少成本？它会改善现有流程以增加利润或提高效率吗？例子包括自动化，

以减少工艺浪费以及其他对工作方式的改进。

   d. 避免成本？是否会通过改进以防止未来产生成本？例子包括安全性改进，以减少攻击和内容管理系统减少承担法律责任的发生概率。

2. 还要考虑工作的紧急程度。该工作的生命周期如下

   a. 生命周期短，价值峰值受延期的影响？在这种情况下，价值与时间密切相关。换句话说，一旦产品进入市场，它的价值就会随着类似产品参与竞争而迅速降低，稀释了初始产品的价值。例如，如果发布的产品容易被"抄作业"，并且竞争优势与先发优势密切相关，CoD 曲线就会更陡峭。图 3.3 描绘的是一个短生命周期的产品，其价值峰值受到了延期的影响。

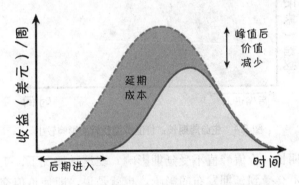

图 3.3　生命周期短，价值峰值受延期影响

例如，当苹果发布 iPhone 的第一个版本时，缺乏一些可以与竞争对手"叫板"的标准功能。最初的 iPhone 不支持 3G（只有 2G），而且只能通过线缆跟电脑同步（不支持无线），还要求用户锁定运营商 Cingular。乔布斯认为，iPhone 有革命性的用户界面，用户愿意无视缺陷——支持这些功能所需要的 CoD 不是首要的人手必备的个人计算设备的竞争优势。

乔布斯是对的。当 iPhone 在 2007 年 6 月发布时，市场上没有类似的产品。当时谷歌决定重写安卓（Android），黑莓依赖于键盘，微软的产品在当时也没有什么竞争力。因此，苹果公司在第二年几乎没有遇到过竞品，这使得它可以不增加市场份额并且基本上占有了智能手机市场。

   b. 生命周期长，价值峰值会受延期影响？在这种情况下，产品的相对价值不会受到延期的显著影响，可能是因为您有不公平的竞争优势或其他网络效

应。即使竞争对手提供替代产品，也不会显著影响到产品的价值。

一个典型的例子是 Facebook。即使竞争对手现在进入脸书的空间，由于其令人难以置信的网络效应，其社交媒体平台的价值并不会在短期内显著降低社交媒体平台的价值。毫无疑问，Snapchat 自然是一个竞争对手，但 Facebook 已经有一个很庞大的用户群（以及迁移到另一个平台的相对困难程度）降低了 CoD 的紧迫性。图 3.4 描绘的是生命周期长的产品，其价值峰值受到了延期的影响。

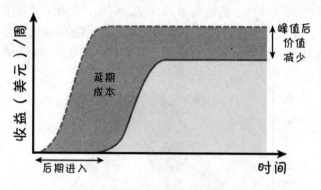

图 3.4　生命周期长；价值峰值受延期影响较小

c. 生命周期长，价值峰值不受延期影响？在这种情况下，工作的价值在很大程度上不会受到延期发布的影响。也就是说，即使价值交付严重超期，它仍然可以提供价值并且在可预见的未来继续如此。流程改进通常就属于这种情况。尽管第一次计划时没有实现改进，但价值仍然可以实现，且不受影响。图 3.5 描绘了一个较长的生命周期，价值峰值没有受到延期的影响。

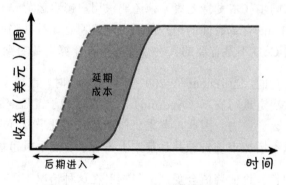

图 3.5　生命周期长；价值峰值不受影响

d. 外部截止日期的影响？在这种紧急情况下，外部截止日期会显著影响产品的价值。例如，受季节影响的产品通常就是这种情况。

如果是万圣节产品的生产商，10 月 31 日之后与之前交付的 CoD 有天壤之别。根据美国国家糖果协会的统计，糖果制造商的年收入中有近 10%发生在这个特殊的时间段，这使得它比整个节假日中最重要的圣诞节还要重要。相关产业如服装、贺卡和装饰品也如此。与其他任何行业的制造商相比，万圣节对这些行业（因为有更大的 CoD）的影响更大。图 3.6 描绘了一个短生命周期，价值在特定日期后急剧下降。

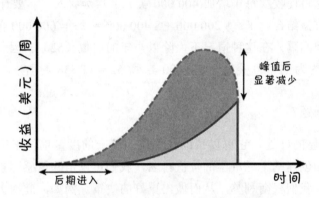

图 3.6　生命周期短；价值在特定日期后急剧下降

3. 估算价值峰值

对提议的工作项目（尚未发布）做最大价值估算是一门艺术而非科学。在这种情况下，重要的是准确，而不是精确。

例如，我可以准确估计从奥斯陆飞往芝加哥需要 8 到 12 个小时。当然，这不是非常精确。然而，多花些时间分析，让我知道它可能需要花 9 小时 25 分钟来完成这趟飞行并没有从实质上改善我的分析。因此，在这种情况下，"大致准确"比精确更有价值。

此外，通过使估算和所做的假设可见，我们创建了清晰度并且可以逐步改进。例如，在前面的例子中，通过澄清我们如何做出这趟海外旅行的估算，我们可以考虑其他的问题，甚至可能改进我们的估算。也许总时间可以减少几个小时，也许可以只考虑直飞航班，这样估算更准确。这里，重要的不一定是估计本身多么精确。真正的价值在于利益相关者之间的对话、互动和共识，了解产品或功能可能带来的好处以及我们是如何计算的。

4. 计算延期成本

最后，将工作的价值与提议的工作项的紧迫性相结合，估算出 CoD。在这个步骤中，邀请财务部门的人员参与非常有帮助，因为他能够更快地阐明预期的财务影响。

例如，您正在考虑将现有流程自动化，每年可以节省 20 万美元（降低成本）。反过来，这将使收款每年增加 400 000 美元（增加收入）。要计算 CoD，首先将这两类收益结合起来：$ 200 000 + $ 400 000 = 每年 600 000 美元的增幅。然后除以时间间隔。在这种情况下，除以一年的周数（52）。因此，推迟项目的每周 CoD 约为 12 000 美元（600 000 美元/ 52 = 11 538 美元）。

它解决了什么问题？

CoD 有一个明显的好处，它可以帮助我们使用统一的度量单位来确定工作的优先级。通过为工作创建基于经济学的价值排名，我们可以消除情感因素而做出合理的比较。这有助于我们权衡利弊，从而做出更好的决策。例如，此次大的平台升级是否比响应一位重要客户的请求更重要？如果没有基于经济学框架的分析，这些决策并不简单。很多时候，相关的对话会让人变得情绪激动，进一步转变为政治斗争和大声争吵。

也许，CoD 最重要的好处是它能够改变组织的焦点，使每个人，从 CEO 到构建产品的开发人员，对产品所产生的经济影响有一个共识。让开发人员了解到自己正在处理的功能将对公司产生每周 12 000 美元的直接经济影响，它有助于使工作变得非常真实，并有助于每个人围绕一个共同的目标努力。

怎么做才有用？

对于许多人来说，CoD 可能被认为是陌生并难以接受的。但是，一旦利益相关者意识到在计算中准确度比精确度更重要，那么这层阻力就会消失。我们希望的是"大致正确，而非完全错误"。

如前面的飞行估算的例子，无论我们是做了有一些误差范围的估算还是做了精确的计算，信息的价值都相同。我可以相应地做行程规划，与家人一起设定期望，考虑手提行李，等等。然而，获得精确估算要花的成本远远大于粗略估算所需的。计算 CoD 时也适用相同的逻辑。信息的价值在于理解延期与不延期造成的财务影响有何不同。具有粗略但准确的估计在对工作的优先级排序方面有相同的价值，但是花费的时间只有一小部分。

确保 CoD 有用的一个关键因素是确保公司的各个职能都参与计算。主要的计算 CoD 的价值不是计算本身，而是在计算过程中对话的各个职能部门能够达成一致。通过共同做计算得到一些数字，有助于让参与的每个人形成共识。可以想象，财务部门在这样的活动中起着至关重要的作用，因此请确保他们一开始就能参与进来。

实际应用

当 CoD 成为公司产品开发过程中制定优先级时的自然组成部分时，是最有效的。在第 9 章中，将提供一个如何创建敏捷产品开发组合策略的端到端示例。CoD 属于产品战略定义的范畴。如前所述，它是与商业模式画布结合使用的一种工具。

3.2 以正确的方式做事情

确定构建内容是成为敏捷组织的关键部分，但如果方式不对，内容也将变得不重要。做正确的事情，我们指的是构建客户喜爱的优质产品。

接下来，将介绍我认为最重要的敏捷方法，使团队能够以正确的方式做出让客户满意的产品：

- Scrum
- 看板

3.2.1 Scrum：增量并迭代地交付价值

Scrum，我们在第 1 章提到过，是迄今为止最流行的敏捷框架。事实上，根据 Version One 的敏捷状态调查报告，近 60% 的敏捷团队使用 Scrum。[11]

Scrum 受欢迎的部分原因在于它非常简单。但不要被"简单"所蒙蔽，简单并不代表容易。正如 Scrum 的联合创始人施瓦伯（Ken Schwaber）和苏瑟兰所说："Scrum 很容易理解，但很难精通。"[12] Scrum 之所以难，部分原因在于它可以非常有效地揭示出系统的缺陷。换句话说，因为总有改进的余地，所以您永远不会真正地"精通"Scrum。您只会一天比一天做得更好。这种持续改进的思维方式是业务敏捷的核心，也是敏捷业务环境中 Scrum 运用如此广泛使用的部分原因。

从本质上讲，Scrum 通过一个（由四个仪式、三个角色和一些简单的工件组成）框架来实现《敏捷宣言》的价值。图 3.7 描述了 Scrum 框架的概貌。

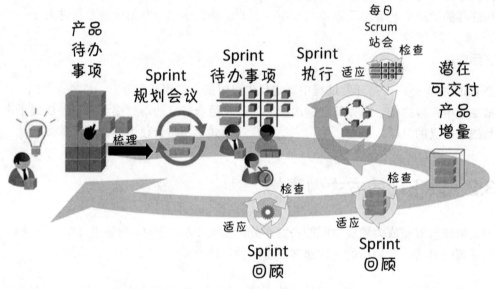

图 3.7　Scrum 框架概貌[13]

它是怎么工作的？

Scrum 的优点之一是通过频繁的反馈环来获取经过验证的认知。也就是说，在应用这个方法的过程中，您有多种机会可以根据客户（或客户代表）检查"潜在可交付增量"（一个有用户价值的功能"切片"）时的反馈来学习和调整产品的方向。

例如，如果客户想要建一个订单录入系统，那么团队就可以建一个轻量级但有效的系统增量，允许客户登录并输入一小部分信息。它当然还无法部署到生产环境，因为缺少许多功能，但它允许客户（或代表客户的团队成员）创建最小可行产品（MVP）并了解产品的发展方向，提供早期反馈给团队并提出改进建议。

客户代表在 Scrum 中称为"产品负责人"或 PO（Product Owner）。PO 负责产品的愿景，并通过开发许多产品待办事项（PBI, Product Backlog Item，通常也称为"用户故事"）来表达产品。这些用户故事随着时间的推移逐步完善，因此，产品 Backlog 是动态的，随着得到的信息更多而变化。

迭代（Sprint）则是固定的。PO 与团队合作，从产品待办列表中选择一些用户故事。这些用户故事组成的产品待办列表子集需要在一个 Sprint 中完成，通常不超过两周（尽管 Scrum 中 Sprint 的上限为 30 天）。

虽然 PO 会对故事进行优先级排序，但对完成工作需要多少工作量进行估算，则由团队成员给出。然后，团队让 PO 知道迭代的工作范围是否切合实际。换句话说，负责估算的人是具体做工作的人。这种参与有助于激发团队的主人翁精神并做出现实可行的承诺。

团队本身是一个多学科、跨职能的团体，涵盖实现待办列表条目所需的所有技能，包括开发人员、测试人员、用户体验（UX）设计师、架构师和业务分析师。不管是哪些具体的技能、知识和能力，都是用来创造价值的。但 Scrum 建议团队不要超过 7～5 人，以保持协作和沟通的有效性。这个规模建议是基于这样一个事实，即随着团队规模的增加，沟通渠道（以及相关的低效）会急剧增加。例如，一个 6 人团队的沟通渠道是 15，一个 10 人团队的沟通渠道是 45，复杂性会增加三倍。

除 PO 和团队外，Scrum 的第三个角色是 ScrumMaster。ScrumMaster 是团队教练，帮助移除完成工作过程中的障碍。ScrumMaster 管理流程并引导团队持续改进工作方式。

团队每天召开一次 15 分钟的会议，称为"Scrum 每日站会"。之所以叫站会，是因为人们通常站着开会，以确保会议简短而且更有重点。在每日站会中，团队成员分享他们正在做什么来实现团队的 Sprint 目标以及是否有任何事情妨碍他们实现目标。

每个人的分享要回答以下 3 个问题。
1. 昨天做了什么来帮助推进 Sprint 的目标？
2. 今天打算做什么来帮助推进 Sprint 的目标？
3. 什么阻碍着我们向 Sprint 目标推进？

如果发现障碍，ScrumMaster 要在会后开始行动，确保工作能够继续进行，最小化障碍所带来的中断影响。

在 Sprint 结束时，团队在 Sprint 评审会议中展示所有已完成的工作。这样，产品负责人也能够正式确认团队的完成是真正的完成。这也是产品团队与组织的其他成员和其他利益相关者分享最新状态的机会。可工作的软件将在本会议中演示。但需要注意的是，"Sprint 评审"不只是一个演示。它是通过可工作的软件来展示产品目标的进展情况。Sprint 评审还带来了更多产生洞察和学习的机会。

Scrum 的最后一个仪式称为"回顾"。Sprint 评审专注于产品，Sprint 回顾则聚焦于团队成员及其协作方式。在回顾会议中，团队成员反思他们是如何协作的，并探索下一次可以做得更好的方法。尽管 Scrum 中有很多支持持续改进的元素，但回顾会议最为重要，因为它只关注团队成员如何协作以及他们可以用于改进团队创造价值方式的具体行动，而不是产品本身。

它解决了什么问题？

聚焦于可见的高优先级工作。Scrum 是迄今为止最流行的敏捷框架，原因之一是它具体化了《敏捷宣言》的 4 个价值观和 12 个原则。事实上，由于《敏捷宣言》和 Scrum 之间的联系非常紧密，以至于许多人错误地将 Scrum 等同于敏捷。然而，这是错误的。敏捷是一种思维方式及一套价值观和原则，指导我们如何以更敏捷的方式工作。Scrum 是敏捷工作方式的一种表现形式。

Scrum 最有效的地方在于帮助团队定义工作项的优先级并按照优先级进行工作。由于迭代周期短、反馈频繁和高度代表客户，Scrum 可以帮助公司进一步了解客户需求和更快地创造价值。因此，它迅速发展成为当今构建软件的主要方式。

怎么做才有用？

然而，为了使 Scrum 有效，需要满足几个条件。Leading Agile 的 CEO 兼首席组织变革顾问科特梅耶（Mike Cottmeyer）总结了以下三个可以帮助掌握 Scrum 的三个基本要素。

1. 一个能够交付产品待办列表所定义价值的完整的团队。
2. 在每次迭代结束时交付经过全面测试和集成的软件。
3. 一个由产品负责人维护的、定义明确的、梳理过的产品待办列表。

我的经验是，传统公司在引入 Scrum 时通常都没有考虑过这三个要素。最初，组织倾向于简单改变现有的团队结构和角色，加上映射到 Scrum 元素的新标签。例如，项目经理成为 ScrumMaster，产品需求文档（PRD，Product Requirement Document）成为产品待办列表。

这种典型的照猫画虎得不到 Scrum 真正的好处。PRD 是一份静态文件，一旦提交并签署，没有变更单及相应的批准，是不会被更新的。相反，产品待办列表是一组优先级动态调整的用户故事，细节层次各不相同。通过简单将产品需求文档翻译成一组用户故事，只不过是在重新组织相同的静态文档，即便文档组织很有效，但并不是在整个开发过程中以客户反馈的形式学习并做出适应性调整。相反，轻量级的产品需求文档（可能表示为画布）可以成为团队成员建立共识的良好起点，产品待办列表本身随着学习的深入而不断发展完善。

因此，Scrum 不只是一个使用了不同标签的框架。与计划驱动的预测型方法相比，它代表了一种截然不同的工作方式。

要想使 Scrum 有效，必须**改变工作方式**。这是 Scrum 强大之处，它能够突出显示当前流程中存在的许多缺陷，让你在回顾会议中进行反思并执行适当的行动方案。还记得丰田如何视缺陷为改善系统的信息承载方式（因而称之为"宝藏"）吗？

为了在组织中有效使用 Scrum，我建议借助于一些外部辅导，至少在导入阶段。因为它代表与传统项目管理技术完全不同的工作方式，除非在组织内部已经具备这些专业知识，否则获得一些外部帮助将至关重要。详情参考第 8 章。

实际应用

Scrum 最初面向的是软件产品开发，但可以应用于任何简单、繁杂和某种程度上复杂的业务环境。最佳应用可能是"复杂"领域，因为在该领域中，了解"做什么"对产品待办列表和落实执行至关重要。

Scrum 可以应用于软件之外的许多环境。我自己在家用 Scrum 来做每周计划。每个星期天，我的妻子、我们的两个孩子还有我一起定义本周的待办列表，并计划如何共同完成我们的工作。一旦讨论待办列表并估算了相对投入，我们就将工作项放在客厅中抬头可见的 Scrum 板上，以便随时了解当前的状态，并且，如果任何人遇到困难，我们也会迅速地互相帮助。虽然没有正式的 ScrumMaster 或 PO（我的妻子可能是我们家最接近 PO 角色的人），但我们都会围绕这个商定的待办列表进行自我组织，帮助彼此完成任务。它绝对完美胜过"老婆大人清单"！

3.2.2　Kanban：通过可视化来驯服混沌

从日语翻译而来的看板，意思是"视觉信号"或"卡片"。最初是一种视觉技术，使用时沿着生产线发送一条指令卡，以帮助可视化工作流程并实现制造业的"即时生产"库存管理。看板后来被一群思想领袖用于知识型工作，包括作家兼管理顾问安德森（David Anderson）和本森（Jim Benson）。[14]

看板的核心是可视化正在进行的工作，限制并发工作数量，不断改进流程并增强积极结果。

尽管 Scrum 用时间盒来帮助约束系统并创建隐含的"工作节奏"，但看板方法去除了时间盒，专注于通过管理"在制品"（Work In Progress，WIP）限制来改善工作流程。也就是说，通过确保团队不做超过其并行处理能力的工作，可以减少瓶颈、提高速度并提高工作的整体质量。

在更传统的软件产品开发环境中，Scrum 更流行，但在可预测性较低和中断更多的环境中，看板往往更受欢迎，例如在软件维护或支持工作中。

它是怎么工作的？

看板使团队能够快速了解工作在流程中的流动情况。团队通过看板来沟通状态并深入了解正在进行的工作的上下文。正如全球领先的看板方法咨询公司之一所说的那样："看板能将平常通过文字传达的信息转化为一种使大脑轻松愉快的体验。"[15]

看板简单直观，秒秒钟就能轻松掌握，如图 3.8 [16] 所示。

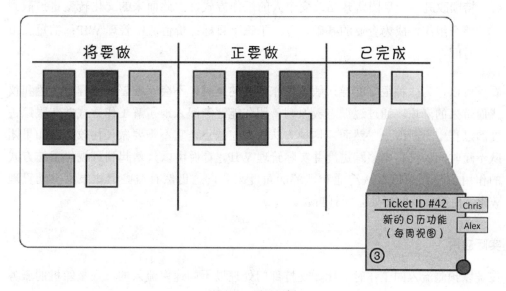

图 3.8 看板示例

使用看板，团队以视觉化方式呈现他们正在进行的工作、跟踪进展情况，并持续关注改进工作方式。

怎么做才有用？

看板的核心是四个原则。

1. **工作可视化**　Kanban 不建议采用新的工作方式（比如 Scrum），而是首先以可视化的方式来展现现在的工作方式。了解当前的状态本身就是改进的关键组成部分。可视化创建价值所涉及的流程、阻碍点、组件和依赖关系，可以帮助团队进一步了解需要改进哪些点。

2. **在制品（WIP）限制**　我们在第 2 章讨论了一次不要做太多的好处。看板通过鼓励团队减少未完成的工作来明确认识到这一点。这有助于提高工作完成速度。它还可以减少不确定性并通过减少任务切换来提高质量。

3. **专注于流动**　通过设置 WIP 限制来管理工作的流动，鼓励团队持续监控、分析和改进工作方式。

4. **持续改进**　一旦团队开始改变个人的工作方式，由此而来的文化转变将扩散到整个组织，成为企业的基础，专注于三个目标：价值流；管理 WIP；缩短上市时间。

看板可以作为一种很好的导入敏捷工作方式的工具，不会有部署新流程、角色和仪式而带来的麻烦。通过遵循看板原则，团队能逐渐深入地了解工作方式并在跟踪进度的过程中不断改进。然而，这种方法的潜在缺点是它不需要做任何改变。如果团队不随时间的推移来跟踪进度并实际管理 WIP，看板可以只是起到可视化工作方式的作用，仅此而已。从沟通和理解的角度来看，这仍然有益。但如果不主动管理 WIP，使用看板的好处会大打折扣。

实际应用

在难以预测流入的工作时，比如支持部门处理以不同速率流入的、数量随机的服务请求时，看板最有用。

我在 McAfee 的一个支持团队做教练时，我们很快意识到用 Scrum 来管理工作不是很有意义。我们试图通过每周一的 Sprint 计划来计划工作，但几个小时后，总有优先级更高的服务请求，我们得重新做计划。一旦看出这种模式，我们便决定停止尝试以两周为迭代来计划工作，改为随时调整优先级并专注于在任何时间点都不处理超出我们能力的工作。

客户喜欢这种方式：通过收集每个功能的平均周期时间数据，便可以根据服务请求的优先级对请求的完成时间进行预测，准确度相当高。来了一个高优先级的 bug？没问题，我们知道有三个高优先级的错误，将花大约三五天的时间修复，所以我们可以自信地告诉客户："我们有望在下周提供解决方案。"

看板没有时间盒或定期迭代,非常适合斯诺登的"复杂"和"混乱"领域下的工作。在这些领域中,工作性质存在相当大的不确定性和波动性。

3.3 以正确的速度做事情(优化流动)

确定客户的需求并执行独特的价值定位至关重要。但为了保持竞争力并不断改善工作方式,同样重要的是开发产品以消除流程中的浪费并缩短从"概念到现金"[①]的时间。[17]根据我在创业公司和财富 50 强企业获得的经验,以下介绍的工具、技术和方法可以有效地消除浪费并以可持续的方式提供价值。

- XP(极限编程)
- 价值流图

3.3.1 XP

eXtreme Programming,简称 XP,是一套工程实践和原则,能帮助团队建立快速反馈环。XP 还通过从源头建立质量,促进涌现式设计和推动技术精进来控制技术债务。XP 通常指的是诸如此类的实践:**测试驱动开发(TDD)**、**持续集成**、**结对编程**、**集体所有权**和**重构**。

它是怎么工作的?

XP 的核心是从源头建立质量并通过频繁的检查和调整实现快速软件交付。下面将简要概述与 XP 相关的关键实践。深入研究这些实践超出了本书的范围,所以我强烈建议查看本章末尾的"更多资源",以便进一步了解此处粗略概述的信息。

1. **测试驱动开发(TDD)** TDD 是一个通过不断重复"红-绿-重构"周期进行软件开发的方法:首先,写初始测试以定义所需的系统修改或新功能。当测试运行(并且失败)时,开发人员写出足以让测试通过的最少代码,然后做重构,

---

[①] 语出精益思想领袖玛丽·波朋迪克(Mary Poppendieck)。

以确保良好的"干净"代码。此过程可确保代码测试覆盖率并降低风险。该过程通常如下所示。

a. 新写一个测试。

b. 运行所有测试并查看新的测试是否失败。

c. 写一些代码。

d. 运行测试。

f. 重构代码。

g. 重复。

对于习惯于测试代码在实现代码之后开发（并且由不同的人开发）的"黑盒测试"[①]的开发人员来说，这种方法似乎很陌生。"传统"开发人员可能需要时间来适应先写测试的做法。然而，这个实践的好处非常大。因为这个过程促进了涌现式设计，通过更快的反馈环提高了质量，并简化了代码，使其更易于维护。

2. **持续集成和持续部署** 持续集成（Continuous Integration，CI）是一种开发实践，需要开发人员每天多次将代码集成到共享仓库中。然后通过自动构建验证每个提交，让团队有机会尽早发现问题。通过有规律地集成，可以快速检测错误并更轻松地定位到它们。

尽管 CI 本身并不能修复错误，但它通过快速反馈环极大加速了错误的发现过程。并且，CI 是构建可持续发展的、可测试代码的基本组成部分。

持续部署（Continuous Deployment，CD）将这一概念向前推进了一步。它需要将测试通过的版本部署到生产环境中。这样可以在早期反馈识别的代码问题，同时也可以更早地了解用户的需求。

结合使用 CI 和 CD 有助于显著降低"发布成本"。在此过程中，团队可以更快地适应市场变化。这个概念后来发展到让人们在整个软件生命周期中进行协作，从设计到开发再到生产支持，创建一个完整的端到端交付管道。这基本上就是我们今天所说的 DevOps。[18] 本章末尾提供了有关 DevOps 的更多资源。

---

① 测试代码在实现代码之后开发并不意味着就是"黑盒测试"，"白盒测试"代码也是可以在实现代码之后开发的。

3. **结对编程** 结对编程（Pair Programming）是指通过让开发人员在同一台计算机上结对写软件。结对编程需要两个角色：写代码的"驾驶员"和审代码的"领航员"，经常交换角色有助于保持思维清晰。Mob 编程由朱伊尔（Woody Zuill）推广，进一步扩展了"结对编程"这一概念。它有助于整个团队工作在"同一件事，同一时间，同一个空间，同一台计算机上"。[19, 20]

   通过承担不同的角色并以这种亲密的方式一起工作，"领航员"可以关注代码的关键设计和长期性，"驾驶员"专注于眼前的即时任务。这个实践基于两个（很多）人考虑比一个人考虑更好，聚焦于眼前问题的同时兼顾长期观点（涌现式设计）。

   一些开发人员不赞成结对编程。许多开发人员都非常独立和内向，与他人进行如此深层次的合作非常具有挑战性。然而，作为企业教练，我的经验是，随着时间的推移，一旦他们有机会尝试一段时间，开发人员就会喜欢这个实践。事实证明，没有人是全才，通晓所有领域。有人帮助是能够写出更好软件的好方法。

   事实上，一些公司，比如密歇根州安娜堡的门罗创新（Menlo Innovations），已经将结对作为其工作方式的自然组成部分。而且在门罗，这种协作方式不只限于编程，还有项目经理、经理和其他员工。经常结对工作以确保质量并提供在职培训，从而获得整个组织层面保持一致。门罗创新首席执行官谢里丹（Rich Sheridan）欣然接受"结对"并坦言："它的效果更好。两个脑袋比一个好得多！"

4. **集体所有权** 这个概念指的是工作成果归整个团队（有时甚至是其他团队）所有。所有人都可以随时随地进行更改。与其让某个人对他自己的代码负责，不如整个团队共同拥有所有代码并对质量负责。

   对传统的开发人员来说，这是另一个陌生的做法。因为在传统协作模式下，开发人员之间谁拥有哪些代码有清晰的界限。毕竟，开发软件可以是一种非常个人化的活动。许多开发人员都觉得"其他人怎么可能理解甚至欣赏我的代码呢？"

   当然，这与集体所有权的观点是对立的。这项实践不是针对个体进行优化，而是针对团队进行优化，期望及鼓励团队中的每个人对任何一行代码进行修改。

这难以置信地将代码维护从个体责任制中解放出来，被视为一种社区责任。但它也很难，特别是对自我意识较强的人来说。事实上，大多数敏捷实践都如此。很少关注个体，关注的是团队。

5. **重构**　代码重构是重写现有代码而不改变代码的行为。因此，它的目标是代码的质量属性，并有助于使代码可读性更强，所以重构后的代码看起来更干净，也更容易维护。如果能够坚持，重构后的代码往往复杂性较低，并拥有更好的可扩展性，呈现出涌现式设计。

在更高阶的情况下，重构甚至可以解决隐藏的设计缺陷或发现本来被忽视的漏洞。如果做得不正确，重构实际上可能会改变代码的行为或引入新的 bug。因此，该实践需要与我们上面讨论的其他实践结合使用。重构是团队需要持续关注的实践，而不是一个一次性事件。

约书亚（Joshua Kerievsky），一名 XP 老将及《重构与模式》一书的作者，他认为，重构应该成为开发过程的一个自然组成部分，现在对代码做的功是对未来的投资：

> "通过持续改善代码的设计，代码越来越容易处理。这与通常发生的情况形成鲜明对比：重构很少，精力都花在快速添加新功能上。如果能够养成不断重构的'整洁'习惯，您会发现代码的扩展和维护都更加容易。"[21]

怎么做才有用？

虽然 XP 不是 Scrum 或 Kanban（或其任何变体）的一部分，但整个软件行业都意识到，如果在开发代码时忽视强大的工程实践原则，即便可以从增量式开发小的功能切片中获益，但代码都会逐渐受到侵蚀，最终被技术债务严重拖慢直到停止不前。事实上，我从未见过任何团队在开发产品时能在不遵循工程实践原则的情况下获得持续的绩效提升。

XP 通过缩短反馈环、验证假设以及确保更快地发现质量问题，完美补充了其他的产品开发方法。侧重于管理工作的方法（例如 Scrum）与侧重于改进工作方式的方法（例如 XP）相结合，将获得学习、速度和质量的倍增效果。

实际应用

XP 日益成为软件开发的事实标准,但在使用面向过程的开发语言或在开发人员不熟悉面向对象设计原则(SOLID)的环境中实现 XP,可能会面临很大的挑战。

此外,如果不懂代码模式和重构模式,其中一些实践可能会使开发人员质疑它的合理性。要想将 XP 应用于现有环境,最有效的方法是将实践培训与长期辅导及结对结合在一起。

3.3.2　价值流图

在开始进行任何重大项目或工作之前,有必要了解完成工作所涉及的内容。价值流图(Value Stream Mapping,VSM)是一项源自精益思想的可视化技术,可以帮助我们记录、分析并最终改善为客户生产产品或提供服务所需要的价值(信息或材料)流。作为企业教练,我的经验告诉我,它是一个非常有用的工具,可以用来观察组织创造价值需要哪些步骤以及确定如何通过价值流动优化而非资源优化来改进我们的工作方式。

它是怎么工作的?

有多种方式可以用来创建 VSM。一大群人用无数个活动图标来形象化自己的工作,一些组织认为能从这样的复杂练习中学到最多。另一些组织则通过举办一些简单而直观的工作坊,来增强大家对彼此工作的理解并创建共同的语言。[22, 23]

我更喜欢后者。从本质上来说,VSM 本身并不能解决组织的问题,但它有助于可视化问题根源,并且事实上对人们发出了解决问题的邀请。我发现,让 VSM 活动简单直观,可以将更多信息传递得更快,促进团队协作自然发生。此外,人们一般倾向于记住一个简单的而非特别复杂的 VSM。

我举办 VSM 工作坊时,通常包括 8 个步骤。

第 1 步,了解流动优化　首先向参与者解释什么是流动优化。这是一个重要的步骤,因为我们往往倾向于从功能的角度来思考工作,而不是从价值创造的角度。

为了使这个概念具体化，我通常会用一个真实的例子，比如病人在医生办公室看病的过程。我们一起绘制整个流程，关注每两个步骤之间花了多少时间。例如，在看过医生之后，我们可能会被转给专科医生。这是另外一个步骤，可能需要几个星期才能真正见到专科医生。从医生的角度来看，她非常忙碌而且她的工作已经被充分优化——将尽可能多的患者安排到她的一天工作中。但从患者的角度来看，这是一个缓慢的过程——现在必须等上几周才能安排上。这种情况下，价值在于诊断，我们要想方设法尽可能减少就诊时间。

第 2 步，确定解决方案　接下来，与参与者一起确定我们要绘制的内容的基本要素，因为它与即将开始的具体项目有关。需求来自哪里？在哪里客户实现价值？客户是谁？

第 3 步，绘制当前状态流图　然后，我们一起绘制当前的状态流图。确定增加价值的所有工作项和没有增加价值的工作项。如果是现有的过程，我们就确定处理某项工作的平均时间（增值时间）和两个步骤之间的"死时间"（等待时间）。这时，人们总是惊讶于等待时间——对增加产品或服务价值方面没有任何贡献——通常是我们做实际增值工作的时间 6~8 倍。讨论浪费！

根据组织的成熟程度，我可能会在这里停止练习。组织结构能够系统性地破坏创造价值过程，让参与者了解到这一点，有这样的意识就已经足够了。但如果参与者已经清楚知道这一点，我们则要再进一步。

第 4 步，画出未来的状态　作为一个能够代表整个价值流的团队，我们要重新绘制一张理想的价值流图，以便减少流程中的浪费并优化价值。这一步可能需要几个小时。但这个步骤非常能够激发洞察力，有助于帮助我们确定下一步的走向。

第 5 步，制定行动计划（3~6 个月）　作为团队，一旦同意需要对工作方式进行有意义的改变，我们就会制定一个高级别的"改进待办列表"，其中包含具体的改进项和相应的优先级。这是一个针对未来 3~6 个月的计划。

第 6 步，指定 VSM 产品负责人　我通常会建议确定"拥有"变革的产品负责人以确保我们锁定目标。在某些情况下，如果组织已经建立敏捷工作组（AWG），这些目标可能与它的待办列表条目一致。更多关于 AWG 的信息，请参见第 8 章。

第 7 步，与组织沟通目标　一旦受到关注并有组织层面的参与，就会促发有意义的变化。在这个阶段，我建议将 VSM 工作坊中得出的行动目标和结果在组织范围内做更广泛的沟通，让每个人都理解接下来要发生的事情。

第 8 步，定期重复　确保计划中的每个人都了解创造价值所需要的条件，从需求识别到需求实现，都是解锁企业敏捷的关键。忽略在特定团队影响范围之外发生的事情太容易了。因此，视觉化目标是为整个组织而不是为各自的团队进行优化。我建议定期运行 VSM 工作坊（每 3 个月，具体取决于程序的大小）。

图 3.9[24] 是一个简单的 VSM，展示了将修复程序部署到生产环境所需要的步骤，描述的是从客户新报缺陷到缺陷被修复的开发过程。注意增值步骤（色彩高亮的方框）以及两个步骤之间的等待时间。通常情况下，等待时间（没有做任何事情）比完成工作所需要的时间（增值时间）要长得多。

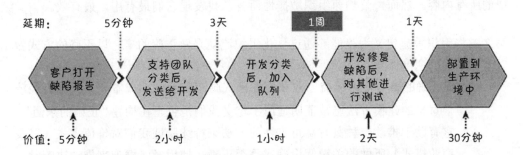

图片来源：https://www.ibm.com/cloud/garage/content/think/practice_value_stream_mapping/

图 3.9　简单的价值流图

怎么做才有用？

在绘制价值流图时，最重要的是邀请合适的人一起做。在互动式的工作坊中，我们不一定需要高管或领导者参与；我们需要真正做具体工作的人参与，让价值流图变得有实际意义。像大多数需要高度沟通和互动的活动一样，我不希望大家以虚拟方式参与创建 VSM。要想有效，VSM 工作坊需要面对面的现场互动。[25]

实际应用

VSM 的主要目标之一是构建产品或服务的所有人保持一致。参与者需要了解每个人如何参与创造价值。这个练习本身很有价值,但同时也能够揭示出价值创造过程中的种种障碍,后者可能更有用。

我建议把 VSM 活动作为定义"做什么"的一部分,紧跟在**商业模式画布**工作坊之后举行。然后,我们也可以快速识别"如何做"。随着团队开始执行,我希望每六个月左右进行一次工作坊来评审 VSM,确保我们能捕获到价值流中可能发生的潜在变化。

小结

正如本章前面所指出的,这里描述的工具、技术和方法并没有完全包含解锁组织敏捷的所有内容。然而,就加速组织敏捷性而言,我发现它们最有用,最有效。

第 2 章将组织敏捷定义为"能够通过优化组织流动来做正确的事,以正确的方式做以及以正确的速度做"。

- **做正确的事** 使用精益创业和商业模式画布结合延期成本和其他具有经济学意义的建模方法已被证明适用于定义我们是否正在构建"正确的东西"。它有助于推动一种具有高可见性的方法来持续验证我们对价值主张(以及商业模式)所做的关键假设确实是否正确。使用经济框架来推动决策时,优先级别是基于商业利益而不是花哨的头衔或政治影响力。
- **以正确的方式做事** 利用 Scrum 或看板(或两者的组合,如 ScrumBan),结合 XP 所包括的技术实践,是"以正确的方式构建"的有效方法。从源头上建立质量并采用涌现式设计确保技术债可控,不让自己陷入困境。随着时间的推移,遵循这一水平的技术原则和整个组织的齐心协力会减少不确定性并提高敏捷性、可预测性和信心。
- **以正确的速度做事** 启用快速反馈环和绘制价值流图等活动非常有效,突出了创建端到端价值所需的确切内容,并确定哪里可能存在差距或瓶颈。了解工作的经济学价值之后,我们可以更轻松地进行有意义的权衡,为价值流动注入更多"氧气",为组织创造最大的经济价值。与此同时,我们可以在经济上没有多大价值的地方分配更少的资源。简而言之，我们是对整个组织进行优化，而不是对局部或功能域进行优化。

了解我们可以使用哪些技术是解锁组织敏捷的重要部分，但如果不仔细考虑公司运营的组织设计，工具和技术本身将是无效的。下一章要详细介绍组织设计，并帮助您创建条件，让敏捷可以茁壮成长。

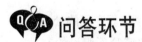
问答环节

1. 为什么需要投资于技术才能变得更敏捷？

    在本章的上下文中，技术代表的是"协助解锁敏捷的工具、技术或方法"。变得更加敏捷不是"免费"的，确实需要您改变当前的工作方式。投资于技术以帮助您更有效地利用资源。我在本章中提供的几种方法只是几个示例，还有更多方法。我在 *www.unlockingagility.com/* 维护了一个不断更新的列表。

    然而，关键在于组织使用的现有技术组合很可能需要升级才能适应 VUCA 世界。这不一定是因为现有工具"不好"或无效，而是因为它们是针对计划驱动和变化较小的业务环境进行了优化。正如稍后将在本书中学到的那样，解锁敏捷意味着能够平衡"拥抱变化，有的放矢地执行"。我们还需要刷新我们用来适应业务环境的工具。

2. 制造出满足客户需求的、优质的、有利润的产品还不够吗？为什么公司的商业模式与我们提供的产品或服务一样重要？

    正如我们在前言中了解到的那样，传统的竞争优势概念已经不再适用。现在，公司的进入门槛很低，任何有想法的人都可以在没有大量资源的情况下成为潜在的搅局者，叫板世界上最强大的公司。变化发生得比以往任何时候都快；那些市场地位看似无法动摇的公司发现自己在几年之内需要开始面对生死存亡了，柯达、百视达和诺基亚的故事我们都已经太熟悉了。

    然而，商业模式上的竞争完全不同。如果一家公司能够围绕其产品或服务创建优秀的商业模式，那么它的生存机会就大得多。Facebook 可能是最好的例子。Facebook 的产品本身虽然很优秀，但通过让所有朋友通过该产品进行连接而产生的竞争障碍，以及与无数合作伙伴的应用程序、网站和其他服务的集成，使得想要简单"退出"Facebook 而转投其竞争对手变得非常困难。单单克隆一个 Facebook 但没有朋友是没有价值的，朋友、您和他们的关系以及您们创造的内容，这些是您对产品感兴趣的原因。

通过更深入地思考支持产品和服务的商业模式，组织可以创造竞争优势，尽管这可能是可持续发展的，但至少会为潜在竞争者创造额外的障碍。

3. **每个公司都应该有一个"精益创业"部门，还是只限于那些经常创造新产品的公司？**

   精益创业背后的**思维**是：运行快速、廉价的实验是在复杂领域验证假设的有效方法。这是一个重要的概念，不只适用于产品开发。本书后面将介绍一家在做一系列实验的公司如何以精益创业的风格为员工构建更好的工作环境。虽然不完全是产品开发，但它作为一种很重要的技术，能够促进快速而有效的学习。

   从产品开发的角度来看，是否需要单独的部门是另一个问题。第 9 章将详细介绍这个主题。建立内部"创新中心"可能是鼓励颠覆性产品开发和变革的一种方式，但其他方法可能更有效。

4. **让所有员工（不只是财务和高管）讨论和理解延期成本有多么重要呢？**

   我发现 CoD 很有用，因为每个人都能理解它并且与每个人都相关。例如，通过阐明每周一定数量的 CoD，整个组织的员工（无论其职位如何）都可以更轻松地做出经济上合理的决策，无需获得管理层的批准。因此，了解 CoD 可以实现"让听得见炮火的人做决策"，减少开销和交付时间，并最终提高组织敏捷性。例如，如果工程师了解她正在进行的项目的 CoD 是每周 900 000 美元，那么当她面临是否升级构建服务器的时候，如果这样做有助于每月开发加快几天（产生的成本为 20 000 美元），她就很容易根据经济价值而非直觉来做出决定。在这种情况下，立即升级服务器是一个合理的决策。

   CoD 的数字是否精确并不重要。换句话说，如果 CoD 是每周 900 美元而不是 900 000 美元，那么工程师可能会做出不同的决策。

5. **如何知道哪种敏捷工具、技术或框架最能帮助解锁组织的敏捷性？**

   值得注意的是，虽然工具、技术和方法本身并不能解决企业敏捷问题，但它们可能是重要的辅助手段。正如我们在前面所了解的那样，上下文很重要。适用于某个情况的工具在另一个情况下很可能适得其反，甚至会有害。

这就是为什么没有"一个工具/框架/方法来适合任何情况"的原因，解锁敏捷需要能够识别组织的运营环境，找出可能有用的一些潜在工具，快速学习以适应和调整。

我知道这样说可能不会让人满意，就像经典的咨询师口头禅"视情况而定"，提问的人其实是想知道具体的答案。但我的经验告诉我，今天的商业环境太复杂，因而无法将敏捷提炼到具体的工具、技术或方法。这也是为什么本书的主旨是让读者更深入、更全面地了解敏捷，以便能够做出更好、更明智的决策，在持续寻求解锁敏捷的道路上更快地学习。

更多资源

我建议进一步探索以下资源，更深入地了解本章中讨论的主题。

- Osterwalder, A., & Pigneur, Y. *Business Model Generation: A Handbook for Visionaries, Game Changers and Challengers*. 2010.
  中文版《商业模式新生代：一本给梦想家、游戏规则改变者和挑战者的指导手册》，这是一本非常易于阅读且设计精美的书籍，详细介绍了商业模式画布，并通过大量实际案例帮助您深入理解。必读。
- 商业模式画布概述（视频），网址为 https://www.youtube.com/watch?v=QoAOzMTLP5s
  这个视频大约只有 2 分钟。针对刚刚接触 BMC 这个概念的人做了很棒的解释。这是一个很好的起点。
- Ries, Eric. *The Lean Startup. How Today's Entrepreneurs Use Continuous Innovation to Create Radically Successful Businesses*. 2011
  中文版《精益创业》迅速成为畅销书，并把创新企业的成长思维带入了董事会。易于阅读，有引人注目的例子，能给人独特的启发，《精益创业》已经成为现代商业的经典之作。
- Blank，Steven. *Why the Lean Startup Changes Everything*. 2013.5.
  "为什么精益创业会改变一切"《哈佛商业评论》布兰克这篇 HBR 文章是

理解精益创业背后的思想及其如何将其应用于大型组织的很好的入门读物。必读。

- Reinertsen, Donald, G.Celeritas. *The Principles of Product Development Flow: Second Generation Lean Product Development*. 2009.
  中文版《产品开发流动原则：第二代精益产品开发》。作者是 CoD 之父。他的书要不断"温故而知新"。它可能看起来相对较薄且无关紧要，但其实包含密集的学习来源。强烈推荐。

- 网站（http://blackswanfarming.com/ cost-of-delay/）
  阿诺德一直致力于使 CoD 可用且实用。我认为他是敏捷社区中做得更好的人。虽然他还提供不同的服务，可能最知名的是他在 CoD 方面的工作，他的网站上包含很多有用（并免费）的资源，可以帮助您快速入门。

- Rubin, Kenneth S. *Essential Scrum*. Addison-Wesley. 2013.
  中文版《Scrum 精髓：敏捷转型指南》。我认为鲁宾写的这本书是最权威的。在这本经典中，他对 Scrum 的阐述兼具广度和深度，是不可或缺的必读经典。

- Scrum 指南，网址为 https://www.scrumguides.org/ scrum-guide.html
  Scrum 创始人肯和苏瑟兰根据经验和用户反馈"升级"Scrum。Scrumguides 网站是这些指南的来源，建议大家看看框架是如何发展起来的。

- Anderson, David J. *Kanban: Successful Evolutionary Change for Your Technology Business*. Blue Hole Press. 2010.
  中文版《看板方法：科技企业渐进变革成功之道》易于理解，易于获取，适合每个有兴趣了解看板和精益思想相关实践的人。书里包含不少案例和插图，强烈推荐。

- Poppendieck, Mary & Poppendieck, Tom. *Lean Software Development: An Agile Toolkit*. Addison-Wesley. 2003.
  中文版《敏捷软件开发工具：精益开发方法》。几十年来，夫妇俩一直被认为是精益软件领域的领导者；令人难以置信的是，这本书写于 2003 年，现在仍然感觉就像十年前我刚读到的时候一样切合实际。我怀疑它在 2033 年仍然适用，常青树！

- Beck, Kent. *Test-Driven Developnent by Example*. Addison-Wesley. 2002.
  中文版《测试驱动开发》。介绍 TDD 是什么及其在各种环境中的使用。被誉为"TDD 的圣经"，无价之宝。

- Humble, Jez and Farley, David. *Continuous Delivery: Reliable Software Releases through Build, Test, and Deployment Automation*. Addison-Wesley. 2010.

  中文版《持续交付：发布可靠软件的系统方法》。这本经典之作是 DevOps 运动的关键驱动之一，也是了解如何构建快速反馈环的绝佳资源。作者认识到，更快交付价值并不只是意味着利用更好的工具。书里还涵盖了解锁敏捷所需要的基本原则和价值观。

- Zuill, Woody and Meadows, Kevin. *Mob Programming: A Whole Team Approach*. 网址为 *https://leanpub.com/mobprogramming*.

  阅读这本书是一个很好的方式，也是更高级的方式来开始 Mob 编程。这本书由该运动的一些思想领袖所写，涵盖您想要了解的 Mob 编程：从最初的设置、编程场所的注意点到常见的困难和经验教训。注意，截至本书出版时，这本书仍然处于进行时，但完成的内容可以在 LeanPub 以合理的价格买到。

- Rother, M. & Shook，*J. Learning to See*. v1.2，The Lean Enterprise Institute, Cambridge, NA. 1999.6.

  理解价值流图的价值和适用性，没有比这本书更好的资源了。这是一本指导手册。虽然不是非常详细，但非常适合想要入门并需要逐步指导的人。这是一个很好的起点。

注释

[1] Osterwalder, A., & Pigneur, Y. *Business Model Generation: A Handbook for Visionaries, Game Changers and Challengers*. John Wiley & Sons. 2010.

[2] Mulder, P. (2017). "Business Model Canvas(BMC)." 检索自 ToolsHero: https://www.toolshero.com/strategy/business-model-canvas/

[3] Ries, Eric. *The Lean Startup. How Today's Entrepreneurs Use Continuous Innovation to Create Radically Successful Businesses*. Currency. 2011.

[4] Blank, Steve. "Why the Lean Startup Changes Everything." https://hbr.org/2013/05/why-the-lean-start-up- changes-everything. *Harvard Business Review*, May issue, 2013.

[5] https://s3.amazonaws.com/startupcompass-public/StartupGenomeReport1_Why_Startups_Succeed_v2.pdf

[6] http://www.nytimes.com/2016/08/28/technology/ge-the-124-year-old-software-start-up.html?_r=0

[7] "Advice to a Young Tradesman, [21 July 1748]," *Founders Online*, National Archives, last modified February 1, 2018, http://founders.archives.gov/documents/Franklin/01-03-02-0130. [Original source: The Papers of Benjamin Franklin, vol. 3, January 1, 1745, through June 30, 1750, ed. Leonard W. Labaree. New Haven: Yale University Press, 1961, pp. 304–308.

[8] Reinertsen, Donald, G. *The Principles of Product Development Flow: Second Generation Lean Product Development*. Celeritas. 2009.

[9] Arnold, Joshua. "What Is Cost of Delay." http://blackswanfarming.com/cost-of-delay/

[10] Arnold, Joshua. "Urgency Profiles." http://blackswanfarming.com/urgency-profiles/

[11] "VersionOne: State of Agile Report." https://explore.versionone.com/state-ofagile/versionone-11th-annual-state-of-agile-report-2

[12] Schwaber, Ken and Sutherland, Jeff. "The Scrum Guide." https://www.scrumguides.org/scrum-guide.html

[13] Rubin, Kenneth S. *Essential Scrum*. Addison-Wesley. 2013. 中文版《Scrum 精髓》

[14] Anderson, David J. *Kanban: Successful Evolutionary Change for Your Technology Business*. Blue Hole Press. 2010.

[15] https://leankit.com/learn/kanban/what-is-kanban/

[16] Leankit: "What Is Kanban?" https://leankit.com/learn/kanban/what-is-kanban/

[17] Poppendieck, Mary and Poppendieck, Tom. *Lean Software Development: An Agile Toolkit*. Addison-Wesley. 2003. 中文版《精益软件开发：敏捷工具箱》

[18] "The Agile Admin." https://theagileadmin.com/what-is-devops/

[19] The Agile Alliance. "What Is Mob Programming?" https://www.agilealliance.org/glossary/mob-programming/

[20] Zuill, Woody and Meadows, Kevin. "Mob Programming: A Whole Team Approach." LeanPub. (https://leanpub.com/mobprogramming)

[21] Kerievsky, Joshua. *Refactoring to Patterns*. 2004.

[22] Jimmerson, C., Value Stream Mapping for Healthcare Made Easy, Productivity Press. 2010.

[23] McManus, H., "Product Development Value Stream Mapping(PDVSM Manual)," Release 1.0, Sept 2005. Lean Advancement Initiative.

[24] https://www.ibm.com/cloud/garage/content/think/practice_value_stream_mapping/

[25] Rother, M. and Shook, J. *Learning to See*, v1.2, The Lean Enterprise Institute. June 1999.

第 4 章

组织设计

第 3 章中描述的工具、技术和方法非常强大，有助于解锁组织敏捷。然而，它们的有效性在很大程度上受限于具体场景。其中之一就是组织设计。如果组织设计不支持端到端创造价值，采用第 3 章提到的技术就只能产生有限的影响。

在本章乃至整本书，要从两个角度来看组织设计。

- **工作场所的物理设计**　人们协作、沟通及一起工作的物理（有时是虚拟）工作空间。
- **组织的组织结构**　组织协调人员、资源和资产的方式，以可持续的方式创造价值。

4.1 物理工作环境的设计

有研究表明，工作场所的设计方式显著影响着生产力、协作能力以及工作的参与度。稍后要详细探讨这个问题。在本节中，要概述工作场所为什么对知识工作如此重要。还要对高效工作空间的关键要素做重点介绍，同时还要提供一个案例研究，说明我的团队如何将 NAVTEQ 的工作场所从传统的"隔间农场"彻底转变为高度协作和充满活力的工作场所。我希望可以启发您重新考虑自己的工作地点，并想办法优化以增强协作和沟通，不只是面积，虽然这个因素通常也很重要。

4.1.1 为卓越团队而设计

在敏捷组织中，不可拆分的最小单元是团队。虽然每个个体都在为优秀的产品做贡献，但最终责任人是团队。基于团队作为组织单元之一的重要性，团队激励一直是一个重要的商业研究范畴。对有幸在高绩效团队中工作的人来说，有时很难准确定位团队之所以如此高效的根本原因。

在职业生涯的早期，我有幸在一个团队中担任软件工程师。该团队的目标是为人力资源管理咨询公司翰威特（Hewitt Associates，后来被 AON[①]收购）创建定制版财务预测解决方案。我们是一个小型的五人团队，对我们做的产品，每个人都感到很自豪。一旦内部客户提出新的功能要求，我们往往不到两周时间就能完成开发、测试和部署。这非常接近于 21 世纪初的持续部署（CD）技术。

更棒的是，内部客户也很喜欢该产品。几乎每个月，我们都会收到来自某个最终用户的反馈，说他为什么喜欢用 RevCast，因为它非常友好，不同于他每天必须花大部分时间的其他所有平庸的系统。记住，这是一个内部预测系统，不是消费者应用。

---

① 中文版编注：AON（怡安）是全球最大的再保险经纪公司和纯保险经纪公司，主要业务集中在再保险、保险经纪和再保险经纪、人力资源咨询和管理咨询以及特殊类型保险承保等领域。怡安于 2010 年 10 月完成对翰威特的收购。

能让用户与团队产生如此联系的开发协作类型并不常见。但用户喜欢我们的产品并开始谈论它。事实上，RevCast 相当成功，以至于当高级管理层打算把 RevCast 的功能转到一个更成熟的企业资源规划 ERP 系统（PeopleSoft）时，金融分析师们几乎都拒绝放弃这个灵活直观并且响应迅速的内部程序。RevCast 在 21 世纪初的几年中业务收入超过 18 亿美元，占据着主导地位。

后来，我经常在想团队为什么会如此成功。是因为团队成员的个性？还是技能、知识和能力互补？或者说是有个很有魅力的领导让这一切变成了现实？或者就只是因为团队运气好？

4.1.2　高绩效团队背后的科学原理

MIT 人类动力学实验室主任彭特兰（Alex Pentland）仔细观察了各行各业的 2 500 多个团队，想要搞清楚团队表现出色的根本原因。他用一组每分钟收集 100 多个数据点的传感器对团队进行了一次为期六个月的观察，将团队的工作方式与各自的结果联系起来。他发现，让团队成功的原因不在于团队的构成或团队讨论的内容，而是团队之间的沟通方式：

> "……我们发现，沟通方式是团队取得成功最重要的预测指标。不仅如此，其重要性与其他所有因素的综合一样重要——个体的智慧、个性、技能和讨论的实质内容"（Pentland，2012）。[1]

具体而言，彭特兰识别出以下三个直接影响团队成功的沟通要素（3E）。

- **能量**　用于衡量团队成员之间交流的次数和性质。只要与手头的任务相关，交流的次数越多，通常效果越好。面对面的交流最有效；短信和电子邮件是最低效的沟通方式之一。
- **参与**　用于衡量团队成员交流的分布情况（参见图 4.1）。发现更均匀分布的信息交换比"小团体"沟通更有效。一个角色的成员只与同一个角色的其他成员进行沟通，就是"小团体"沟通的一个例子。
- **探索**　用于衡量团队成员参与团队外部沟通的程度。高绩效团队一直能够更频繁地与团队以外的成员互动，并表现出更高的创造力和创新水平。

虽然我当时无法解释清楚，但彭特兰识别出来的沟通模式正是我在早期职业生涯中作为 RevCast 团队成员所经历的。我现在还记得团队在进入工作空间后留意到的"嗡嗡声"，我们一起工作时，就会这样交换想法和积极解决问题。我们从来不认为角色有多么重要，我们只是希望做出不同的贡献。也许是因为团队营造的能量场，才让我们一直有机会与团队外部的人员互动。这些人帮助我们更全面地了解了当时正在构建的解决方案，使我们能够与利益相关者和最终用户产生同频共振。

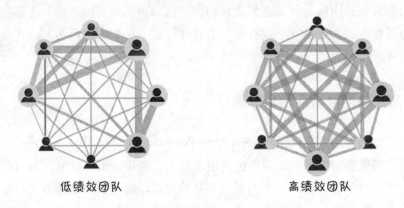

图 4.1　研究表明，高绩效团队与低绩效团队的可视化沟通模式

基于彭特兰的研究以及高绩效团队的显著好处，如何创建一个更好的工作空间使团队有更多机会获得能量、参与和探索呢？

4.1.3　案例分析：NAVTEQ 更有效的协作空间

我在芝加哥 NAVTEQ 领导敏捷转型时，发现团队内部和不同团队有效协作的一个主要障碍是缺乏一个高效的工作空间。传统的"隔间农场"根本解决不了问题：团队总是说在这样的空间中很难做到面对面。结对几乎是不可能的，预约会议室也不容易，面对面确实是一个不小的挑战。

为了减少这些障碍所带来的影响，我们提出重新设计现有工作场所的建议并获得了高层的支持。在下一节中，我要具体介绍并分享我们得到的一些经验教训，并提供一个例子来说明工作空间如何发展才能更好地满足团队的需求。

工作协议：从敏捷的角度探讨工作场所

作为 NAVTEQ 敏捷组织转型的一部分，我负责领导敏捷工作组（AWG），该工作组的任务是消除组织敏捷性的障碍。更多关于 AWG 的信息，可以参见第 8 章。我们知道我们需要大幅改变目前被设置为传统小隔间的办公格局。隔板，让每个人都有自己的小半私人空间，但对合作来说简直就是噩梦。我们也知道自己并不知道所有的答案，所以需要以敏捷的思维来实施这个项目：一直保持学习的态度，在发现更多信息之后及时调整思路。

我们决定与一家办公场所建筑公司合作。在这个过程中，建筑师作为外部资源为我们提供咨询服务，并在我们建立敏捷工作场所时提供专业知识、想法和建议。

第 1 阶段：设计敏捷仓原型

AWG 从评估当前的工作空间入手，对团队成员进行深入访谈、匿名调查和教练观察，借此来深入了解团队所遇到的问题。问题的主题是协作少和沟通难。团队成员需要更紧密地合作，以便能够借助于高带宽沟通来快速做出决策。现在的隔间设计，必须单独预约专门会议室，否则无法保证团队成员之间的高效协作。但是，预约会议室又会增加许多不必要的开销和浪费。

于是，我们与建筑公司合作，做了第一个敏捷仓原型，主要目的是帮助解决协作和沟通问题。图 4.2 提供了早期的设计示例。第一组原型是基于这种通用方案的变体。

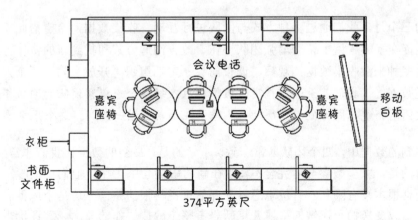

图 4.2 敏捷仓的设计：共享空间中一切都是可移动的，包括椅子、桌子、白板和视频屏幕

设计侧重于灵活性、自发协作以及能够立即让其他团队成员参与。

我们要求志愿者团队在两个不同的楼层设置四个独立的"实验区域"。其中两个团队是 8 人团队，另外两个则是 7 人团队。因为公司试图保持小规模团队，所以这种设置似乎是合理的，我们相信自己已经对工作空间中优化了团队注重的几个要素。

阶段 2：做实验，展现不寻常的学习

四个志愿者团队同意在以下条件下参加实验。
- 实验持续时间不超过三个月。
- 如果团队成员不喜欢新的协作空间，我们承诺在实验结束后让他们回到原来的工作环境。

我们限定了实验时间，这确实是最值得点赞的设计之一。这为团队提供了"复原"选项，消除了尝试新环境可能涉及的风险。回想起来，创造这种"安全失败"的条件是我们能让志愿者报名参加实验的主要原因之一。

随着团队入驻新的"家园"，我们特别花心思来公开庆祝他们的参与，半开玩笑地将他们比作几十年前的阿波罗太空计划。我说"半开玩笑"，是因为我们认识到以这种方式来翻新或者改造工作空间并不是件小事，特别是他们需要继续工作而没有任何改变时。

接下来的三个月，我们通过多种方式与团队进行互动，收集数据，希望借此充分了解敏捷仓能在多大程度上帮助增强团队协作、改善沟通方式和找到新的协作方式。我们通过多种来源收集数据：观察、调查问卷、定期组织"开放空间"、个人访谈以及客观数据。（我们甚至考虑将延时摄像机放入敏捷仓来观察团队的沟通模式，但很快被团队拒绝，因为他们觉得"自己像是在动物园里一样"。这个很重要！）

我们收集到的数据中，四个团队非常一致。不幸的是，最初的数据让我们非常痛苦。令人惊讶的是，大多数参与者**完全不喜欢**在新的敏捷仓中工作。他们说很吵。偶尔的私人通话根本没有隐私。有位志愿者在评估里说得很清楚："这是个地狱般的工作环境；请改变您们正在做的事情并重新思考整个敏捷协作的概念。"评价也清楚不过：如果敏捷仓是这样，他们宁愿辞掉工作，也不要在这种环境中工作！

不过，也有一些好消息：团队的**合作增强了**。团队内部之间和团队外部的沟通变得更高效。我们注意到，每周可见好几次团队真正凝聚在一起，来自不同团队的一些人聚在办公室中度过常规的 Xbox 之夜，临时性的乒乓球锦标赛开始出现。我们意识到自己做了一些好事情，但也知道必须改变原型中的一些设计决策。我们需要扩大并增加协作和跨团队沟通相关的所有积极成果，解决噪音和缺乏隐私这样的问题。

阶段 3：回到绘图板，优化正确的事

我们做的实验很有价值。没有它们，我们对什么有效和什么无效都只停留在理论层面。之后，我们对需要改变的内容有了具体的理解，可以为员工创造这样一个工作环境：既可以加强沟通和协作，还能尊重隐私和关注个体需求。

最后，我们需要从原始设计中对敏捷仓做一个小的改动，但在设计上有一个显著的差异：尺寸。敏捷仓原型减少了每位员工的空间。团队的反馈表明，为了提高效率，敏捷仓需要更大，我们需要有额外的空间。

这个洞察改变了设计物理工作空间时采用的计算公式，我们不再认为自己可以在提高团队绩效的**同时**节省房产成本。我们现在得在鱼与熊掌之间做出选择。如果鱼和熊掌不可兼得，哪个更重要，团队绩效还是办公空间？

高层管理人员明确表示，他们对敏捷转型的承诺坚定不移，而且，他们还批准了增加敏捷仓的空间以及为改善团队成员隐私而产生的额外成本。

新的敏捷仓更大，为"客人"提供了额外的空间。专门设计了隐私空间，团队成员只要有需要，就可以在任何时候摆脱"噪音"，处理私人的事情或进行私人谈话（参见图 4.3）。

在做出这些更改并获得志愿者团队的积极反馈后，我们决定面向研发部门的所有团队推出重新设计的敏捷仓，最终确保 NAVTEQ 所有开发团队都愿意搬到支持协作的工作环境中工作。

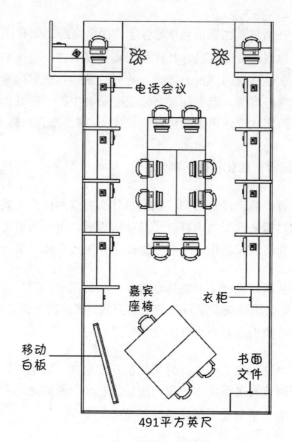

图4.3 敏捷仓的修订版设计；增加的空间为特定的团队活动设计，比如偶尔客人来访和结对等

我们学到了什么

通过这次经历，我们得到一些宝贵的经验。虽然研究表明高带宽沟通确实能在更支持协作的工作空间得到改善，但我们也发现，在设计敏捷工作场所时要考虑一些实际的因素。

- **提供有效的聚焦空间** 知识工作者需要经常合作且在一起工作。但是，在需要深入思考时，他们需要独处才能安静地工作。这意味着工作场所需要同时满足令人满意的噪音水平和适当的隐私需求。就像优秀的产品大多是由团队所创建的一样，团队成员在深入解决问题时也需要有合理的空间来让自己集中注意力。

  为此，我们将敏捷仓的墙提升到大约6英尺高，好让团队在不受其他团队噪音干扰的情况下集中注意力。我们发现，同一个项目中，团队成员的"噪音"不具备破坏性，但与当前工作无关的对话是有的。

此外，我们在敏捷仓外面安装了许多"私人包厢"，供任何人随时使用，不需要预约。这样一来，就方便了与家里人进行私人谈话或者想在几个小时内专注解决问题。

- **在不牺牲专注力的前提下创造协作机会**　彭特兰的研究表明，成功的团队还会与自己核心单元之外的成员合作，但合作发生的地方可能不同。包含更多公共空间的设计可以创造出更有意义的合作机会。

  乔布斯对皮克斯办公室的卫生间位置进行了一个著名的设计，以增加"偶遇"的机会。他相信，让不同团队的人不期而遇，有助于激发创新、灵感和创造力。[2]

- **通过灵活的选项支持高效沟通**　虽然我们意识到面对面交谈是最好的沟通方式，但知识工作者更重视工作场所的灵活性。鉴于当下分布式团队的特性，在工作场所设计中建立灵活性变得非常重要。这意味着办公空间本身要有可塑性，并且支持虚拟沟通。

  例如，英特尔在全球各个园区都建立有共同合作空间，让人们可以在半开放的空间中轻松地与同事一起工作，如同在私人的双人工作室中一样。多个选择可以提供灵活性。人们可以选择享受合作空间的嗡嗡声，也可以在需要深度思考时选择独处。这种工作场所设计策略的关键要素是为人们提供选择：员工可以根据个人的工作需求和工作本身的特性来选择自己想要的工作环境。没有一个放之四海而皆准的策略。

  这种灵活性扩展到另一种选择：根本不在办公室内工作。远程工作变得越来越重要，特别是在技术方面。远程工作是获得最佳人选的关键因素，无论他们居住在何处。因此，一些公司选择完全虚拟化。人们在世界各地工作，并定期在虚拟会议室聚会。

> **说明**
>
> 创新思想领袖尤尔根·阿珀罗（Jurgen Appelo）指出，团队成员之间的认知一致与工作空间同等重要，甚至更重要。当人们有了共同的目标并有同一个明确定义的追求时，团队成员的工作空间对实现积极的工作成果会变得不那么重要。

虽然我认为没有什么方式比得上面对面的沟通，但如今，分布式组织普遍面临着一个现实，面对面沟通很难实现。我发现，只要基础架构能够实现无缝的信息交换，并创造定期面对面交互的机会，虚拟团队也可以非常高效。

的确，在成员高度分散的团队中，差旅方面的预算可能会受到影响，毕竟，创建一个高绩效的虚拟团队并不是免费的。我发现，保持一个常规的节奏，最好每三到四个月，像阿珀罗在前面说明中指出的，团队一起同步认知非常重要。有关如何支持虚拟工作场所的更多想法，请访问本书配套网站：*www.unlockingagility.com/*。

高效工作空间对人的影响

NAVTEQ 的试点工作取得了巨大的成功。团队进入新的工作区后，不到六个月的时间，生产缺陷就至少降低了 60%。完成关键问题所花的时间是原来的 1/4，团队的可预测性和信心都得到了进一步的增强。

也许，最重要的是员工参与度提升了。虽然过程中有一些调整（额外的搁脚板、小冰箱和用于团队建设的 Xbox 等），但员工有一个普遍的共识，这是一个巨大的改进，协作变得更容易，还收获了相当多的乐趣（我敢说）！

对我而言，我们与顶级工程师凯文进行的交流最能够体现工作空间设计所取得的成功。在重新设计办公室几个月后，他把我拉到一边，微笑着，有些兴奋地跟我分享，说他收到了谷歌的邀请。

我不确定那是一种什么样的感觉。我替凯文感到高兴，去谷歌是一个很好的机会。但同时我也很伤心，因为我们将要失去一位最优秀的工程师，一位我非常关心的人。我想我当时的表情是眉头微蹙但又不得不面带微笑。

"我拒绝了他们，"凯文说。他看着我，嘴咧得更大了。我花了几秒钟才回过神来，意识到他的决定是拒绝谷歌，留下来。"因为我意识到我不想离开这个地方。我爱我的团队，我们正在研究非常棒的东西，我希望成为这个旅程的一部分！"

那一刻，我无比清楚地认识到工作空间设计对员工所产生的影响。在设计工作空间的时候，考虑到员工所表达的想法并认识到高效沟通和协作中固有的模式，我们使 NAVTEQ 成为了一个更出色的工作场所。不就是移动几张桌子和添加一些塑料花，同时改善办公室的采光吗？！这是实际存在的。这是真实具体的。这很有意义。创建这个敏捷的工作空间是否会带来更高的绩效和更好的工作环境？我无法证明因果关系，可能还有许多其他的因素改善了 NAVTEQ 的工作方式。但有位顶级工程师选择继续留在我们身边，这对他来说算是一个让他选择留下来的因素吗？对此，我没有丝毫怀疑。

我给了凯文一个温暖的拥抱，此时无声胜有声。

4.2　组织结构

组织设计不只包括物理工作空间设计。公司对人员、资产和资源的管理方式也显著影响着公司创造价值的方式。如第 2 章所述，一个组织是否优化资源或优化流动（无论是否刻意）将在整个公司中产生广泛的影响。

这并不是说组织结构有一个"正确"的方式。根据业务环境，一个给定的结构可能比另一个更有利。正如我们所了解的那样，知识工作所需的组织结构不同于在减少不确定性、降低单位成本和充分利用资源的环境中所需要的结构。当涉及不确定性、目标导向以及创造强大的沟通和协作环境时，某些特定的组织模式比其他的更合适。

在本节中，我们首先描述公司采用的一些最常见的组织结构，并指出每种结构的好处和挑战。然后，我们重点介绍过去几年中受到广泛关注的一些新的结构。

最后，我们将以敏捷组织设计的一个示例来结束本章，这样的设计目前正在风头上，并且理由充分，因为 HERE、Spotify 和 ING 都在用。

4.2.1　职能型组织

职能型组织是当下最常用的，它来源于第 2 章中讨论的管理理论。顾名思义，职能型组织针对公司的每个职能进行优化，例如，在最高管理层下，可能有生产部门、营销部门和 IT 部门等，如图 4.4 所示。

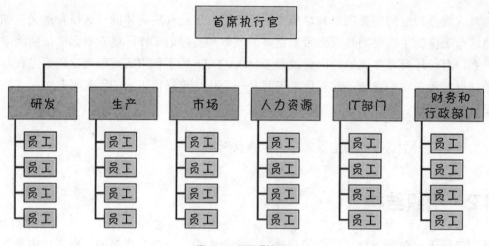

图 4.4 职能型组织

在这一类组织中,每个功能都有一个**职能主管**,她负责管理下属并确保相关功能运作良好。由于重点是专注于特定的专业领域,因此每个职能部门的人员往往都有相似的技术、知识和能力。

这种结构使得组织中各种职能部门之间存在着相当大的差异。例如,很少会有营销转岗到信息技术这样的跨部门角色,因为每个职能部门都有自己的文化。在极端情况下,职能部门甚至可能被看作是组织内部的组织。

优点

职能型组织可以优化资源和降低单位成本。这些可以提高效率并有助于实现高度控制。

此外,每个职能领域的工作人员都有一个明确的职业道路。随着员工在各自专业领域中获得经验,他们的职位从初级升到高级。这意味着特定职能部门的知识栈通常很深,一些高级员工可以拥有 30 年以上的经验。

缺点

虽然职能型组织有利于公司内部的知识纵深发展,但也会产生明显的筒仓效应,使不同专业领域之间的协作变得困难。这种明确的职能划分和职能分离会延缓决策速度,使得适应不断变化的市场变得更加困难。

就职于职能型组织，人们通常很难看到组织为客户创造价值的全景。由于工作当中很少涉及职能以外的人员，因此员工往往局限于以职能视角为导向的客户观点。例如，如果碰巧在质量部门工作并且完全专注于质量，您可能只注意到客户报告的缺陷和 Bug 的数量，而妨碍用户进一步使用系统的更重要的问题实际上却可能与用户体验设计不佳或响应不及时相关。

重点

职能型组织虽然应用很广，但在以 VUCA（易变性、不确定性、复杂性和模糊性）为特征的环境中，变得越来越不受欢迎。这种组织结构在适应性、执行速度和客户关注方面固有的限制，源于稳定和可预测性高的环境。政府机构、制造业组织和宗教组织可以用这种结构取得成功，是这方面的典型，只不过这些领域也不像以前那样稳定。

4.2.2 事业部型组织

这种组织结构常见于跨地域的大公司或者一个集团下的多个业务线和产品线，如图 4.5 所示。在事业部型组织中，每个事业部门以半自主的方式运营和生产（服务或产品）。每个事业部都有执行官，作为单独的业务运营单位。例如，采用这种组织结构的银行下面可能有零售、理财和投资银行等独立的事业部门。[3]

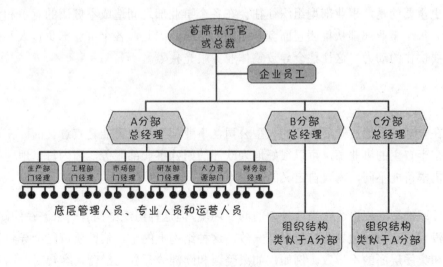

图 4.5 事业部型组织

优点

事业部的负责人通常是副总裁或总经理,负责事业部的招聘、总体预算和营销/市场。明确的责任制有利于将特定产品或服务创造价值所需要的所有资源都集中于同一个目标上。

与职能型组织相反,因为中央资源的获取一直都有竞争,所以各个事业部有自己的职能分部,所以更支持以产品为中心的业务运营方式。

根据我的经验,采用事业部型组织的公司在速度上通常比职能型组织结构的公司更快。他们可以更迅速地改变战略方向,更关注客户。

缺点

事业部型组织看上去很强大,但也有明显的缺点。因为每个事业部差不多都是作为公司内部组织来运营的,所以各个事业部之间的沟通会受到影响。

这种结构也很昂贵,因为每个部门内部都有重复的职能。例如,就像零售事业部有营销职能一样,投资银行事业部也如此。这种重复投入会增加很多开销。

也许更重要的是,事业部型组织往往会在各个事业部之间造成不健康的竞争和消极政治。每个事业部都从集团层面竞争相同的资源,因此,各个事业部负责人几乎没有想要协作的动力,这往往会导致整体业务眼光狭隘。

重点

对于在全球多个地方开展业务的大型公司,事业部型组织可能是有意义的。在亚洲有一个半自主的事业部,可以很好地为欧洲的姐妹事业部服务,因为每个地区的客户群需求可能不同,需要自定义的运营方式。

虽然比职能型组织更适合当今复杂的商业环境,但这种组织结构有一个潜在的缺点,如果没有强有力的领导和高层保持一致,这种结构上的半自治性质可能会导致派系之争和集团层面的不一致。例如,如果美国和欧洲分开独立经营,客户对美国某品牌的体验很可能不同于欧洲同一品牌的体验。这可能会造成负面的品牌认知和客户困扰。

4.2.3 矩阵型组织

矩阵型组织可以视为职能型和事业部型组织的组合。虽然职能型组织针对特定功能进行了优化，事业部型组织针对特定产品、地理位置或服务线进行了优化，但矩阵结构旨在将公司的资源和资产整合到同一个目标上，如图4.6所示。

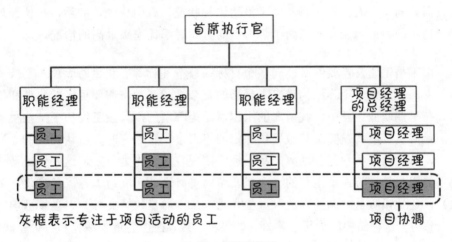

图 4.6 矩阵型组织

优点

矩阵型组织的一个主要好处是它可以提高整个组织的协作和沟通水平。员工并不绑定在具体的功能或产品线上，相反，为了实现同一个目标，员工可以跨界工作，无论在组织结构中处于哪个位置。

此外，由于员工在管理者没有事先定义做事方式的环境中工作，所以矩阵型结构中的自治和员工参与度往往相对比较高。咨询公司通常采用矩阵型结构，员工可能拥有一个正式的"人事主管"，同时可能拥有一个指导他们日常工作的"项目经理"或"产品经理"。

缺点

矩阵型结构的主要缺点是员工同时接受好几个经理的管理。因为员工既受"人事主管"（可能负责他们的职业道路和成长）的管理，又受"产品经理"（定义具体的工作目标）的管理，经常有矩阵型结构中的员工报告不同工作优先级之间的冲突和困惑。"我是该致力于改进某个流程，还是该先努力实现产品交付呢？"两者都很重要，前者关注的是改进工作方式，后者解决的是客户需求，但要选出优先级更高的。两者不能同等重要。

如果只需要向一个人汇报，将有助于澄清这种状况。有两位经理的话，每位经理考虑的视角不同。您可能会面临两个都得做而且两者都优先级最高的情况。

此外，由于员工通常需要同时面向多个目标（每个目标都有相应的管理人员及其利益相关者），因此，矩阵结构带来了显著的复杂性和开销，需要更多的协调和依赖管理。在早期职业生涯中，我所在的组织就是矩阵型的，我亲身经历了一些挑战。例如，最终负责给我发奖金和做岗位评定的"人事主管"有时并不认同我的"产品经理"，可我的任务却是帮助"产品经理"实现目标。作为员工，这些情况会让人感到不舒服，是该听人事主管的（希望我帮助重新设计现有的工作流程以便将来更高效），还是该听从产品经理的（希望我更专注于功能按时交付）？当管理层完全保持一致时，这种结构的效果非常好。如果不一致，往往会带来冲突和办公室政治。

重点

矩阵型组织可能看起来是职能型和事业部型的最佳组合。但如果应用于大型组织，许多固有的好处会消失在不同管理者及其目标冲突所带来的复杂性和协调中。

对于规模较小的组织（少于 150 人），这种结构可能运行良好。但如果组织规模超过几百人，矩阵型结构往往效率低下，无论是执行效率还是应对不断变化的业务环境。

4.2.4　正在兴起的组织结构：社会民主制和合弄制

现代公司的概念是在 20 世纪引入的，因此前面讨论的组织结构之前就已经建立并以某种形式存在好长一段时间了。然而，此后商业环境发生了巨大的变化，涌现出一些新的结构，试图更好地支持以人为本、更灵活的组织。有两个最流行的新兴结构是社会民主制和合弄制。我们将描述这些结构并突出介绍它们的一些差异。我们还要重点介绍与每个结构相关的一些挑战。

社会民主制

社会民主制（Sociocracy）这个词来源于拉丁语**同伴**（socius）和希腊语**执政**（kratein）。社会民主制将人放在首位并认为所有员工都是平等的。相对于前面讨论的更传统的单一顶层决策者的组织结构，社会民主制采用的是共识决策，一群人在没有异议的情况下共同做出决定。

恩德伯格（Gerard Endenburg）是一位电气工程师，现代版社会民主制就是他定义的，他也因此而广受赞誉。恩德伯格将"贵格会"[①]达成共识的原则与工程和系统思维相结合，通过一组层级圈（每个层级圈子对应组织的一个部门）定义了一个决策和协作的"操作系统"。

在这种结构中，战略决策需要得到所有成员的同意。负责运营的领导在遵守当前圈子会议既定战略的前提下做出日常决策。如果有其他圈子会受到该决策的影响，则有代表参与决策。通过把圈子连接起来并做出一致决定，在保持圈子和圈子中的人平等的同时保持了效率（参见图4.7）。[4]

合弄制

虽然也受到社会民主制的影响，但合弄制（Holacracy）是一项更新的组织结构创新。它从罗伯森（Brian Robertsen）的 Ternary Software 组织架构实验发展而来。布

---

① 译注：贵格会（Quakers），又名"教友派"、"公谊会"（the Religious Society of Friends），兴起于17世纪中期的英国及其美洲殖民地，创立者为乔治·福克斯。"贵格"源于英语 Quaker，意为"颤抖者"，贵格会的特点是没有成文的信经和教义，最初也没有专职的牧师，无圣礼与节日，而是直接依靠圣灵的启示来指导信徒的宗教活动与社会生活，始终具有神秘主义的特色。贵格会致力于建立更美好的社会，关注于几个方面：人权，基于人生而平等的信念；社会公正；和平；良心自由；环境问题，寻求更简单的生活方式以减轻世界的负担；团体生活。

莱恩希望通过实验来探索更民主的公司治理方式。罗伯森在 2007 年首次将合弄制定义为一个概念，后来，他在 2010 年发表宣言，将这个概念与实践和原则的定义拟定成为"合弄制章程"。⁵

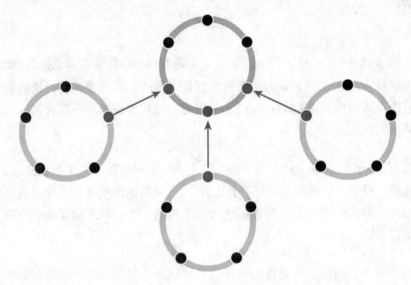

图 4.7　社会民主制组织结构的一个实例。来自各个圈子的代表有权参与影响其圈子的决策表决。决策的基础是共识

合弄制的核心是对角色的关注。角色不是传统意义上的工作描述。在定义角色时，需要考虑该角色完成工作所需要的目标、控制范围以及相关职责。这意味着组织中的人员可以承担多个角色，不只是致力于一个工作目标，就像社会民主制一样，一个人可以属于多个圈层。

合弄制还利用了圈层化决策模型，但相比社会民主制，它更强调自组织，更少关注自我导向。在合弄制中，决策的等级化更明显，圈子由两个角色连接起来，这两个角色分别称为"领导链"和"代表链"，它们负责向更高权限的圈子的使命和战略看齐。如果不同圈子之间有潜在的冲突，"领导链"会收集输入并将其提供给现有角色，由此驱动进展。角色有权尽所有可能（在法律和道德范围内）实现为自己定义的目标。因此，合弄制的倡导者声称，向比社会民主制，他们更注重行动和自治。例如，承担"社区联络员"角色的人有权在自己的责任范围内做决策，用不着和其他人商量。社会民主制则更加鼓励采用共识决策的方式。⁶

优点

社会民主制的一个主要好处是组织中的每个人都有归属感，他们的意见可以在决策中得到体现。这种结构还有助于在员工之间建立信任，并有助于实现共同目标。

社会民主制在非营利组织、宗教组织和社区组织中取得了相当的成功，这也许并非巧合，组织在成员之间的共情和相互理解中茁壮成长。

合弄制拥有许多相同的好处并高度重视个体责任和行为。与社会民主制相比，合弄制更关注定义的角色及其做出决策的能力，较少关注群体达成一致性的意见。然而，通过突出自组织，合弄制组织适应变化的能力更强，更适应波动大的环境。

缺点

由于注重平等和透明，所以社会民主制相对于习惯采用自上而下决策机制和"按需知密"这一信息共享政策的企业，似乎过于激进。社会民主制的企业文化需要让一组平等的员工中自然进行决策，习惯于总部下达命令的跨国公司对此是完全陌生的。到现在，大多数采用社会民主制的组织都是中小规模的，大型企业还不太适应这种模式。

合弄制在具体实施时，特别是 Zippo（美捷步）和 Medium[①]，都有一些显著的调整，或多或少都受到了一些质疑。面临大型产品开发时协调工作的繁琐累赘，Medium 在用过几年后最终被迫放弃合弄制。此外，定义角色和政策时所需要的严格和细致最终也阻碍了个人责任心和主动能动性的发挥。

美捷步的合弄制仍然在继续，但这家公司有一些备受关注的负面新闻，当首席执行官谢家华（Tony Hsieh）下最后通牒要求员工在合弄制和离职之间二选一时，有超过 10% 的人选择了离开。现在，论及美捷步合弄制的成败还为时过早，但显然，这样的变革面临着严峻的挑战。[7]

[①] 中文版译注：创始人威廉斯（Evan Williams）也是推特（Twitter）和 Blogger 的联合创始人。

重点

社会民主制和合弄制是对组织设计的真正创新。尽管实施起来很难，但有些小型组织能够成功地适应。番茄产品制造商晨星公司（Morning Star）[①]一直在用合弄制，软件游戏平台开发商 Valve 也是。只不过，这些公司的规模都相对较小。

对于大型企业，这些组织结构仍然显得太不成熟而且风险太大，无法替代传统的组织设计。虽然有很多喜欢的设计，比如自组织、建立共识和信息透明机制，但可能还缺乏强大的架构足以支持它们应用于大型企业，在这样的组织架构下，要求凝聚力强的文化环境、领导力成熟度高和沟通顺畅。[8]

4.2.5 敏捷组织的架构

在大致探索组织结构后，我们有哪些收获呢？我们之前讨论过的经典结构基于传统的、由计划驱动的业务经营方式，注重优化资源控制和合规，而不是速度和敏捷。我们所看到的现代结构对自组织和个体实现加以优化，但还不足以满足客户需求和应对不断变化的商业环境。

那么，什么样的组织设计可以支持组织敏捷？

简而言之，所谓"正确"的组织设计，是不存在的。相反，敏捷的组织设计是动态的、灵活的并且最终的优化目标是客户价值（现在和未来的），而不是资源或管理控制。下面将介绍我所参与的 HERE 的组织设计以及 ING 的组织设计亮点，后者深受 Spotify 的影响。ING 是荷兰一家金融机构，一直在做一些组织创新变革。

为价值而优化：HERE 和 ING 的组织设计

当 HERE（以前的 NAVTEQ）在 2009 年开始实施敏捷转型时，最初的重点是实施

[①] 中文版编注：1970 年由克里斯·鲁弗创立。1982 年与三个原料种植者建立了一个加工厂。2014 年，晨星在加州番茄加工市场占 25%以上的份额，美国蕃茄制品（酱和切块）市场占比 40%，年销售额 3.5 亿美元左右。这家公司采用自管理，只有 400 名专职员工，3000 名兼职员工。

Scrum（某些情况下还有看板），使团队拥有更快、更高质量和更高透明度的软件交付能力。在几个月的时间里，敏捷工作组（AWG）和教练培训团队，赋能 ScrumMaster，授权产品负责人创建各自的待办列表并确定各项工作的优先顺序。从各方面来看，最初的努力取得了巨大的成功：质量显著提高了；团队交付价值更快了；管理层更了解随着时间推移而交付的内容了。

但并非一直如此。团队现在表现得如此出色，部分原因是几年前强加于团队的严重官僚主义流程使其表现真的很差。相对改善是显著的，但仍然不足以在市场上与更敏捷的竞争对手展开竞争。

也许，最令人不安的是，团队开始越来越明显地以筒仓的方式自行其是，不仅难以将各团队的代码集成起来部署到生产环境，而且在客户看来也不太像是一个重要的端到端产品。例如，一个团队要在一个巨大的 POI 数据库中以完全不同的方式处理地图数据，但负责收集 POI 的团队无法将自己的信息迁移到新的流程引擎，无论是数据结构，还是涉及的数据类型乃至整个流程，全都没有对齐。各个团队各自为阵，而不是合力实现一个共同的目标。

教练团队意识到，问题的根源并不在于产品负责人和 ScrumMaster 没有充分协调好，他们每天都有 Scrum-of-Scrums 和实践社区，而是团队需要更合适的组织结构设计。教练团队尝试围绕着一个共同目标来组建团队，而不是让团队在现有的组织结构下运作，替部门领导工作。例如，参与"下一代地图构建"（Next Generation Map Building，NGMB）工作的团队，无论原先在组织结构中位于哪个位置，都集中起来解决问题。

新的结构与价值创造完全一致，围绕着共同的任务来组建团队，由首席产品负责人（通常是一位高级总监或副总裁）来领导。为了实现共同的目标，团队自然形成，高层管理人员基于优先级来决定程序相对的规模大小。关键任务获得的资源比非战略性任务更多。

结果让人激动：团队向共同目标看齐，在减少沟通错误方面变得更加一致，客户获得了更一致的产品体验。这一变化对中层管理人员而言可能（比其他任何人）更有挑战。汇报关系不再是权力和影响力的主要来源；相反，交付客户价值的能力成为向管理者问责的重要因素。

ING 的敏捷

另一个类似的例子发生在荷兰。荷兰银行集团 ING 的财务状况很好,但领导层清楚地认识到周围的商业环境正在快速发生变化。

> "出现新的数字分销渠道之后,客户行为正在迅速发生变化,顾客期望受到了其他行业(而不只是银行业)中数字化领军者的影响。" ING 的首席信息官舒拉特曼(Bart Schlatmann)在麦肯锡季刊中如此说到。[9]

领导层意识到,ING 不是要与其他银行竞争,而是看到了跨界而来的其他更敏捷的科技公司。为了了解更多的信息,ING 高管决定拜访谷歌和 Spotify 等科技公司,深入了解他们为什么能够如此迅速地适应和满足客户的期望。他们的顿悟之一就是公司围绕着价值来组织架构。舒拉特曼继续说:

> "关键在于一直秉承"端到端原则",以多部门团队或小组的方式开展工作,包括营销专家、产品及业务专家、用户体验设计师、数据分析员和 IT 工程师,共同致力于解决客户的需求,以统一的成功定义为准绳。"

ING 深受瑞典流媒体服务 Spotify 的启发。2012 年,敏捷顾问克里伯格(Henrik Kniberg)和 Spotify 内部教练伊瓦森(Anders Ivarsson)在文章中描述了 Spotify 的组织模型。在访问 Spotify 后,由于非常欣赏它的组织结构,ING 决定以部落方式(Spotify 的说法)来进行组织设计,每个部落负责一个总体业务目标。每个部落又由几个小分队组成。一个小分队不超过 9 人,致力于处理特定的端到端解决方案。每个部落由一位负责战略和财务的高级管理人员领导。然后,每个小分队的方向由产品负责人确定。为了促进跨团队协作和协调技术能力,每个小分队都有一个分会领导,定期与分会的其他成员会面,以保持同步(参见图 4.8)。分会领导同时也是分会人员的人事主管。分会领导应该让她分会中的人尽量分散在不同的小分队中;这可以防止矩阵组织中偶尔出现的冲突。PO 负责做的事情(划分优先级),分会领导负责其特定技术领域(分会)内的专家的标准工作方式。

这与之前描述的 HERE 模型有很多相似之处。两种模型都有我们前面提到的特征,有正式和非正式结构。例如,该模型与合弄制和社会民主制一样,有自组织元素。

嵌入这些模型中的是等级层次元素：虽然把"如何做"留给团队（由分会提供非正式控制），但作为业务目标的"做什么"要在执行层面明确定义。

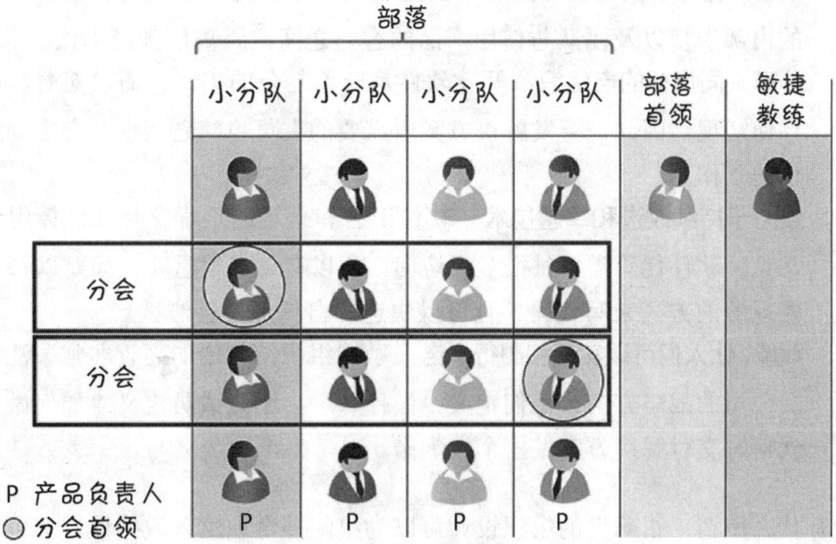

图 4.8　ING 的部落组织受 Spotify 的启发

这些结构很小心地试图平衡灵活性和可靠性。通过允许人们在明确界定的责任范围内拥有更多自主权，Spotify、HERE 和 ING 能够更快地响应市场变化，同时如期履行客户承诺。虽然这些公司并没有声称已经达到"完美的组织设计"，但一直在不断发展和改进，这些组织结构已经被证明是更有效的方式（在快速变化的环境中进行工作管理）。衡量这种工作方式的一个标志就是结果：虽然 ING 的组织结构尝试仅限于荷兰，但高级领导层对取得的成果赞叹不已。现在，整个公司都在朝着这个方向前进，在全球各地的办事处实施类似的组织结构。[11]

4.3　对敏捷组织结构设计的探索

组织设计表明敏捷组织结构比传统组织结构方式适应能力更强。它们支持更快的交付并激发人们的高度参与，从而在更高的级别上执行和创建更好的产品。

为了进一步受益于这些结构所带来的洞察，我们来看一看它们带来的主要启发，而不是每个结构的特定细节。

- **以客户为中心的端到端视角** 敏捷组织设计优化的是流动。开发产品团队的内部切换以及团队与使用产品的客户之间，距离达到最小化。
- **分享共同目标的自组织** 开发软件是一项复杂的工作，需求随着时间的推移而涌现。因此，开发解决方案所需要的人员也随之而变，会主动承担重要的工作。
- **致力于持续改进和卓越技术** 软件工艺和卓越的工程文化在敏捷组织中很常见。软件代码需要供很多人访问，所以有一点很重要，即要以每个人都能理解的方式来写代码并且可以快速、自信地进行测试。
- **赋能，让人们可以实现和履行承诺** 敏捷组织结构中的高管非常关注如何定义公司的战略方向。他们定义"做什么"。团队成员定义"如何做"，并就何时交付解决方案做出个人承诺。

虽然没有什么所谓"正确"的组织设计可以为组织神奇地注入敏捷性，但可以调整运营策略和设计来支持当前的业务环境。这意味着简单照抄 Spotify、ING 或 HERE 使用的模型是行不通的，不能帮助你解锁敏捷，但了解幕后的原因仍然是有帮助的。

如果业务非常稳定，比如有国防部的合同，更好的办法可能是从更传统的组织设计开始并想办法把权力下放到员工。但如果运营环境变数多、速度快（正如今天大多数行业所面临的那样），就先寻求更灵活的设计，然后再确立边界并明确定义适当的接口，这样做可能更明智。

组织设计是释放业务敏捷的关键。通过调整物理工作空间和组织结构，使员工能够更快地创造价值，更快地响应变化，高质量地完成工作，整个组织适应 VUCA 世界的能力会更强。

第 5 章将把注意力转向解锁敏捷的下一个成功因素。没有这个因素，任何工作都无法完成。那就是人。

小结

本章介绍了组织设计。出于本书的目的,这被定义为供人们协作的物理和虚拟工作空间以及组织起来共同创造价值的结构。我们探索了高绩效团队所需要的关键特征,详细介绍了一个公司有意创建敏捷工作环境的实际案例。虽然这算不上是可以复制的菜谱,但我们总结了与有效敏捷工作空间相关的一些关键元素。

然后,我们列出当下常见的一些组织结构及优缺点。我们研究了一些公司为构建更敏捷组织结构所做的工作,比如 Spotify、HERE 和 ING。我们最后总结了一些关键的启发,试图帮助设计更灵活的组织结构和解锁企业的敏捷性。

 问答环节

1. 为什么说没有完美的敏捷组织设计?

    如果是在找一个简单的解决方案——"只要用这个组织结构,就会变得敏捷",您可能会失望的。实际上,即使是本章详细介绍的组织设计,也有可能在您读到这本书的时候发生变化。作为本书写作的一部分,我花了些时间与 Spotify 的员工伊瓦森(他在 2012 年与克里伯格合写了 Spotify 模型的初始版本)进行交流。当我问伊瓦森对 Spotify 模型的看法及其如何影响大规模敏捷时,他毫不讳言:"刚开始根本没有 Spotify 模型,我们只是记录当时的情况来说明我们是如何组织工作的,它也从来不是一个静态的模型。有人认为如果想要更敏捷,就需要采用这种组织结构。对此,我是有顾虑的。"[12]

    伊瓦森的观点很好,及时实施一个组织结构并不意味着敏捷(即便在当时的上下文中可能确实很好),也不意味着这个结构同时还能应对未来的挑战。本书的一个关键主题"解锁敏捷"意味着您需要了解自己的上下文并进行相应的调整和适应。不要努力寻找"完美的组织结构",更重要的是尝试新的模型,思考现有的模型,然后再结合得到适合自己组织和业务战略的结构。事实上,这就是 Spotify 模型出现的原因。如果仔细看,您会发现模型的元素来自矩阵型结构、事业部型组织甚至一些职能型组织以及通常与社会民主制相关的自组织。

但让 Spotify 模型有效的场景已是今非昔比。自 2012 年以来，Spotify 发展迅速。尽管仍然保留原来的一些结构（部落和分会等），但现在添加了额外的等级层次、角色以及更多的结构以适应不同的上下文。它仍然在不断发展中。①

那么，这是否意味着简单尝试或者说"从失败中吸取教训"是必经之路？并不是。虽然可能没有一个简单的解决方案，但并不意味着没有任何有意义的指导可以帮助组织更敏捷。我在本章末尾概述的四个简单启发对我所见过的所有敏捷组织结构至关重要，无论什么样的规模、行业或组织类型。

2. **敏捷组织强调面对面的沟通，在家工作和虚拟组织怎么办？**

事实上，《敏捷宣言》中的第一个价值就是"个体和互动优先于流程和工具"。我为本书所做的研究以及我个人的经验表明，在所有条件相同的情况下，人们在共享的物理空间中一起工作**比**远程工作时团队的协作和沟通更有效。面对面沟通时，微妙的面部表情、身体姿势甚至声调变化所传达出来的信息，在以虚拟方式进行的沟通中，很难传递或者被捕捉到。这很重要。很多公司都知道。即使是在热门科技公司中，也有一个明显的趋势，在物理工作空间设计上投入更多资金，使其更有吸引力，让员工愿意待在公司并与同事互动。有些公司甚至彻底取缔了在家上班。（请注意，这样的做法不是我推荐的。）

话虽如此，凡事并**没有**绝对的说法。一些工作需要独处，与他人的互动会打断深度思考，是有害的。员工如果知道可以随时照顾年迈的父母或生病的孩子，就可以更安心而专注地投入工作。有些人具备公司可能需要的独特技能、知识和能力，但可能并不想搬到公司附近。我猜您知道我想说什么。

没错，人们在同一个物理空间中会有更好的协作。但如果真的条件有限，就要采取更务实的方法来保证一起工作。我见过下面几种有效的方式。

我要澄清的是，虽然**偏爱**面对面的协作，但只要团队能够适应约束，远程工作

---

① 中文版编注：2019 年 10 月 29 日，这家瑞典流媒体音乐服务提供商发布 2019 年第三季度财报，总营收 17.31 亿欧元（约合 19.17 亿美元），同比增长 28%，净利润 2.41 亿欧元（约合 2.67 亿美元），较去年同期增长 460%。活跃用户 2.48 亿人，付费用户 1.31 亿人，受广告支持的月活跃用户 1.41 亿人。

也是完全可以接受的。这可能意味着我们有时要在正常办公时间之外见面，要升级网络来增加带宽，家里要添置更好的虚拟会议软件和相机，等等。虽然不是每天，但我们仍然会定期碰面。Paylocity①位于芝加哥郊外，是一家成功的工资管理和人力资源公司，它的员工每周都可以在家工作两到三天，这种平衡和灵活性是帮助该公司在激烈竞争的就业市场中招聘到优秀人才的部分原因。

完全没有实体办公室的虚拟组织呢？在这种情况下，我仍然发现每两三个月见面聚一次很有帮助。事实上，在这方面，我就举贤不避亲，我们 Comparative Agility 是一家完全虚拟化的公司，也是我现在工作的公司，它在奥斯陆、萨拉热窝和硅谷都有办公室。然而，我们还是会大约每个季度见一次面。我们总是改地点。这次是柏林，下一次是伦敦，然后是奥斯陆，等等。当我们讨论产品的比较大的特性时，描述并拟定战略时，或者纯粹只是想以团队身份一起开心时，每个季度聚几天对我们非常有帮助。

哪些对您的组织有用呢？可能不同，没有任何简单的答案。关键是要认识到采用某些方法的时候会有哪些约束，然后在此基础上减少负面影响，放大正面影响。如果某些东西不起作用，就改。不断改，直到起作用为止。然后，持续改进。

更多资源

我建议进一步探索以下资源，更深入地了解本章中讨论的主题。

- Kniberg, Henrik 和 Ivarsson, Anders. *Scaling Agile at Sotify with Tribes, Squads, Chapters and Guilds.* 2012. https://blog.crisp.se/2012/11/14/henrikkniberg/scaling-agile-at-Spotify
  轻松愉快的阅读，而且非常重要。两人（Kniberg 和 Ivarsson）记录了 Spotify 在 2012 年设计敏捷组织结构的重要片段。许多人视其为福音。他们有许多

---

① 中文版编注：SaaS 服务商，2019 年 1 月市值 35.04 亿美元，曾入选 Glassdoor 2019 年科技行业最佳工作场所榜单。

好的经验教训。然而，最出色的是他们这些思考和行为背后的基本原则以及是如何做到员工自主以及如何在公司里对齐的。这个资源值得花时间好好读一读！

- Eckstein，Jutta 和 Buck，John. *Bassanova: Company-Wide Agility with Beyond Budgeting, Open Space & Sociocracy.* 2018. https://leanpub.com/bossanova
中文版《原来您才是绊脚石：企业敏捷转型失败都是因为领导者，您做对了吗？》。两人（Eckstein 和 Buck）分别是敏捷思维领域和社会民主制领域的巨人。当他们有机会聚在一起讨论组织当下所面临的挑战时，他们发现有很多可以产生共鸣的主题。于是，他们决定联合起来著书立说，通过书本来分享他们的知识。通过这次阅读，您将获得丰富的信息，获得可以在应用于转型工作中的洞察。

- Pentland，Alex "Sandy" The New Science of Building Great Teams（建立伟大团队的新科学）2012 年 4 月. 哈佛商业评论. https://hbr.org/2012/04/the-new-science-of- building-great-teams
这篇文章总结了我在本章前面提到的发现。彭特兰用传感器和实验数据来查看人们的沟通方式以及人们在团队中的协作方式。这是一项非常独特而迷人的研究，至少在知识工作方面如此。

- https://www.gensler.com/research-insight/workplace-surveys
我不打算在本书中宣传任何公司或品牌，但晋思建筑事务所（Gensler）[①]是我非常尊重的一家工作场所设计公司，它们公开分享了自己的一些发现。他们的年度工作场所调查信息丰富，设计精美。如果想进一步了解工作空间设计的趋势，值得花些时间看一下他们的报告。

---

① 中文版编注：全球第一大建筑事务所，如今有 2200 名员工，在全球 30 个城市有办事处，创办于 1965 年，设计了中国国内第一个凯迪拉克体验中心。2005 年以来，在中国 45 个城市完成了各种规模的项目。在中国的代表作还有上海中心大厦，高 128 层，是上海天际线的一个新的标志，亚州第一高楼，世界第二。

注释

[1] Pentland, Alex "Sandy." "The New Science of Building Great Teams." April 2012. *Harvard Business Review*. https://hbr.org/2012/04/the-new-science-of-building-great-teams

[2] Eadicicco, Lisa. Here's Why Office Layout Was So Important to Jobs. http://www.businessinsider.com/steve-jobs-office-apple-pixar-2014-10?r=US&IR=T&IR=T

[3] Joseph, Chris. "Advantages & Disadvantages of Divisional Organizational Structure" September 2017. bizfluent. https://bizfluent.com/info-7809542-advantages-disadvantages-divisional-organizational-structure.html

[4] Buck, John; Villines, Sharon. Sociocracy: *A Deeper Democracy*. Sociocracy.info Press. 2007.

[5] Robertson, Brian. "History of Holacracy." https://blog.holacracy.org/history-of-holacracy-c7a8489f8eca

[6] Hoglund, Jan. "Holacracy vs. Sociocracy." http://janhoglund.eu/holacracy-vs-sociocracy/

[7] http://fortune.com/Zappos-tony-hsieh-holacracy/

[8] Eckstein, Jutta and Buck, John. "Company-Wide Agility with Beyond Budgeting, Open Space & Sociocracy." 2018. https://leanpub.com/bossanova

[9] *McKinsey Quarterly*. "ING's Agile Transformation." 2017. https://www.mckinsey.com/industries/financial-services/our-insights/ings-agile-transformation

[10] Kniberg, Henrik and Ivarsson, Anders. *Scaling Agile at Sotify with Tribes, Squads, Chapters and Guilds*. "Spotify 的大规模敏捷之路，使用一种新型的矩阵组织：部落、分队、分会和协会" 2012. https://blog.crisp.se/2012/11/14/henrikkniberg/scaling-agile-at- Spotify

[11] 2017 年 12 月与 2018 年 1 月的对话与邮件联系. Abelen, Eric(ING).

[12] 2017 年 12 月与 2018 年 1 月的对话与邮件联系. Ivarsson, Anders, Spotify.

第 5 章

人员

卡尔（Karl）非常自信。为什么不呢？在过去 20 年的职业生涯中，他的绩效始终高于公司对他的期望。他知道在工作中保持领先并不同于电视上的选秀，虽然看起来他可能有点儿五大三粗，但他总是能完成工作，这才是最重要的。他的努力得到了回报，目前他作为工程总监，管理着近 100 名工程师，负责 HERE 的一项重要战略计划。

我不得不承认，第一次与卡尔面对面讨论公司敏捷转型可能会有哪些影响时，我有一些害怕。他以铁腕管理而著称，我不确定他是否愿意去做组织其他部门承诺要做的改变。

刚开始，我们的谈话进行得很顺利。握手后，他指着桌子对面的一把椅子让我坐。

我以前做过几次这种类型的谈话，于是开门见山，直接说为什么执行层领导决定在 HERE 做敏捷转型。我谈到它如何帮助我们更快地交付价值、适应不断变化的市场以及提高产品组合的质量。当我刚开始介绍优化组织的价值流动而不是资源利用率的时候，卡尔略微抬起右手，示意我停下来。

"尤里根，我想打断你一下。我知道你在说什么，我也很了解这些。但让我告诉你接下来会发生的事。你将继续在其他部门做敏捷转型，但与我的部门无关。我不需要做任何改变，因为现在一切都很好。我的部门是整个公司中绩效最好的部门之一。你认为执行层领导真的想让它变糟吗？我坐在这里是因为我总是比其他人做得好。明年杰夫（Jeff）退休后，空出的副总裁人选会是我，没有人可以阻止我。只要我像往常一样按时交付并将成本控制在预算内，就不会有人干涉我的做法。"

事到如今，已经很明显，在卡尔身上花再多时间也是枉然。我告诉他，今后如果需要我的帮助，我将很乐意。他说他很乐意让他的人参加一些 Scrum 培训，并且他了解这种方法，喜欢它的透明度。

几个月后，卡尔的团队看上去做得很好。我们为他的人员做了基本的 Scrum 培训，但除此之外，他不需要升级技术栈、修改组织结构、增强技术实践或替换任何传统的绩效考评指标相关的任何帮助。他在我们早先的会议中明确表示，他的经理不需要额外的管理培训，他说在他的部门每个人都很清楚什么是价值，那就是"高绩效"。从外面看，一切看起来都很好：进度明显在控制中，项目正风风火火地向前行进着。然而，几个月后，敏捷工作组（AWG）开始看到一些迹象，预示着事情可能并不像卡尔描绘的那般美好。

卡尔团队开始尝试 Scrum 几个月之后，一个星期二的早上，海瑟（Heather），一个服务于两个团队的 Scrum Master，问我是否能够与我私聊。我向她保证没有她的同意我不会跟任何人分享谈话内容。至今我还记得她跟我的分享："卡尔因为透明度而喜欢 Scrum，因为团队每天都会提供他们实现迭代目标的真实进度。"然而，作为管理人员，他并没有把他的信息透明化。他用 Scrum 的方式与 Scrum 的设计意图和精神背道而驰，迫使他的团队以他为中心，而不是真的对他完全透明。正确的做法是 Scrum 倡导开放和透明，目的是帮助团队更有效地进行协作，而不是作为管理监督的手段。透明产生信任。如果事情不像预期的那样顺利进行，团队将齐心协力，互相帮助，以重新走上正轨。不允许指责那些分享自己正在努力克服障碍的个人。自己的进度落后时，在团队面前公开坦诚地讲述可能会让人感到羞愧，如果要向外界示弱，需要有足够的安全感，要能得到团队足够的支持。作为回报，您会从示弱中得到解放，因为您不必虚报估算，试图添枝加叶或者粉饰事实。出于这个原因，开放和勇气是 Scrum 的核心价值观。

海瑟说，不幸的是，事实证明卡尔并不理解 Scrum 的这部分。在过去的几个月中，他总是会参加每个团队的每日站会，批评成员并且质疑他们的能力，除非燃尽图（整个 Sprint 进展的视觉呈现）显示为代表进展顺利的 45 度直线。

不断的问责让团队成员感到畏惧。随着时间的推移，他们创建了两张图表。第一张是对团队进展情况的真实反映。燃尽图有时会呈现锯齿状，或显得杂乱无章。这真实地反映了进展中工作的风险和复杂性，如图 5.1 所示。

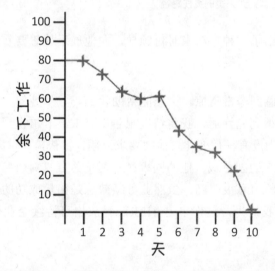

图 5.1 典型的燃尽图，在第三天出现一些状况，导致连续几天进展都不如预期

如图 5.2 所示的第二个版本，被团队称为"卡式敏捷"（K-Agile）燃尽图。这是一个平滑的呈现 45 度的进度线，能确保卡尔不会怪责于团队，但实际上毫无价值。

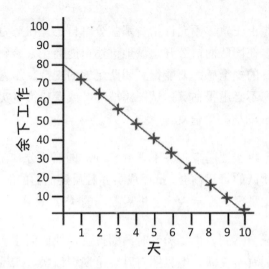

图 5.2　卡式敏捷（K-Agile）燃尽图显示 Sprint 的工作被线性燃尽，虽然这是一个不错的理想状态，但知识工作很少会有如此完美的线性路径

换句话说，团队想出了一种方法来对付领导，向他展示他想要看到的数据，因为他们都担心诚实所带来的后果。

听完海瑟的话，我感到非常震惊。"您能帮助我们吗？"她问。我请她允许我分享她告诉我的内容。得到允许后，我将情况报告给 HR。卡尔收到了一个正式警告。三个月后，他的行为没有任何变化，他被要求辞职。很快，卡尔离开了公司。当然，他也没有成为 HERE 的副总裁。他的同事（特别是总监级别的同事）都注意到了这件事。这件事传递的信息很明确：虽然业务绩效总是衡量成功的重要组成部分，但获取成功更重要。我认为，这件事是 HERE 释放出可持续企业敏捷性的关键拐点之一。

5.1　永远不要低估人员的重要性

卡尔的故事表明，并不是每个人都愿意或喜欢改变自己的工作方式。虽然我不知道有没有科学研究可以支持这一点，但我做过好几家企业转型，经验表明，有 10%～15% 的员工在面对这种程度的变化是很难调整或拒绝彻底改变的。这不奇怪，毕竟，如果每个人都感到满意，可能表明这样的改变并没有特别的意义。莱芬维尔（Dean

Leffingwell，《大规模敏捷框架 SAFe》[1]的作者）曾经直言不讳地告诉我："如果在推动重大变革时没有人想要退出，显然说明你做得不对！"[2]

但如何面对那些正在抗拒变化的人呢？根据我的经验，只有两种选择。首先，全力支持无法适应的人。这通常意味着提供辅导、指引和提供其他资源来帮助他们适应。在进行转型时，HERE 为受到新工作环境挑战的人提供了保密的一对一主管辅导时间并为确实想要了解其敏捷新角色但遇到困难的人建立持续的同行支持小组。敏捷组织转型是一个巨大的转变，我们不应该忽视它对人的影响。整个组织，尤其是领导层，有责任在转型过程中创造一个支持性的环境。

如果失败，那么第二个选择是帮助他们另谋出路。有些人拒绝改变，就像前面例子中的卡尔一样。在这种情况下，我强烈建议真诚地帮助他们离开组织另外找一份工作。如果正在建立一种透明、开放、心理安全和跨职能合作的文化，但这与一个人想要的工作方式明显背道而驰，那么对个人与公司离开，都是更好的选择。因为我们无法"伪造"这种类型的工作：优化整个组织的价值流所需要的密切合作、沟通并注重参与的工作方式与传统更孤立的并注重个体的工作方式截然不同。

如何知道识别呢？如果渴望自个儿坐在封闭的办公室中工作而不与人交往，那么非敏捷组织可能更适合您，因为差异实在是太大了。比如，亚马逊认识到它的工作方式可能并不适合所有人，于是专门设计了鼓励离开的机制。这个程序今天仍在继续。被称为"您离开我出钱"的程序为参与的员工每年提供一笔钱（目前高达 5000 美元），如果他们不再有激情在亚马逊工作而选择退出的话。贝索斯在 2014 年给股东的一封信中对此做出了解释："从长远来看，一个不希望留在公司的员工对他本人或公司来说都是不健康的。"[3]

在前面提到的例子中，卡尔显然没有准备好改变自己的管理方式。多年以来，他强硬的领导方式对他来说一直很有效，他认为现在也没有理由改变。然而，公司认为他的行为和工作方式与公司的方向不一致，在他拒绝改变和给予额外帮助后，终于决定请他走人。做出让某人离开的决定绝不容易，但它很可能是企业转型必要的组成部分。现实情况是，转变为更敏捷的工作方式要求组织人员也要适应。如果做不到，组织要能在没有他们的情况下继续前进。

5.2 敏捷组织中人员的特征

如果传统的命令与控制不再合适，那么敏捷人眼中的技术、知识和能力是什么样的呢？敏捷组织与传统组织在人员上有多大不同？现有的职能部门（比如 HR）如何在敏捷环境中支持、开发和培养人才？

接下来将讨论敏捷组织中人员的一些关键特征并涵盖组织级别的一些支持策略。最后概述敏捷工作对公司与员工的意义。

5.2.1 培养成长思维

本书前面，将敏捷组织定义为"拥抱变化，有的放矢"的组织。拥抱变化意味着组织能够适应在易变、不确定、复杂和模糊（VUCA）的环境并认识到领导在商业模式或产品战略方面可能事先没有答案。敏捷组织还可以促进快速反馈，不断试验并从中培养验证式学习的能力。

关于这种持续学习的数字化企业，经常有人问我能否可以定义敏捷环境中的成功人士具备哪些特征。我通常都会先提到斯坦福大学教授卡德韦克（Carol Dweck）在 2006 年出版的《终身成长》中提出的成长型思维。[4] 让我们仔细看看成长型思维的含义及其它如何在敏捷组织中支持人。

德韦克教授在 20 世纪 70 年代研究孩子如何面对失败时，发现了一些有趣的东西。有些孩子在事情没有如期进行时惨遭打击，有些孩子则丝毫没有气馁，甚至很享受。在接下来的几十年里，德韦克教授研究人们应对失败的这两种方式并提出了她的见解。她认为，人们，不只是儿童，在很大程度上是由于思维方式不同而选择了以完全不同的方式面对失败。她定义了两种基本的思维模式：固定思维和成长思维。

固定思维认为，才能、技巧和执行能力是固定的。这些是与生俱来的，有就有，没有就是没有。相比之下，成长思维更看中后天的努力并认为能力可以随着时间的推移而得到发展。只要努力，就可以做成大事。

两种思维的区别看似简单,但意义深远。德韦克发现,那些具有固定思维的人,往往认为自己天资聪颖,但随着时间的推移,他们会不断遭受挫折,因为他们经常因为面对不熟悉的挑战或特别复杂的情况受挫而感到沮丧,并开始怀疑自己。他们好像在问自己:"我这么聪明,但在这种情况下仍然遭受挫折,是否意味着我本来并不是那么聪明?"结果,有固定思维的人适应能力差,更厌恶风险,而且通常缺乏创造力,因为他们总试图避免自己不熟悉的情况,规避风险。

然而,具有成长思维的人认为,技能、能力和高绩效可以通过后天努力而获得:随着时间的推移不断尝试,遭遇失败就从这些失败中学习。换句话说,具有成长思维的人并不相信一个人会受限于天生的能力,能力是通过经历和努力获得的。人们可以通过努力(不断尝试、遭遇失败再不断尝试)来提高表现的想法有着非常积极的影响。

- 具有成长思维的人不怕犯错。毕竟,这就是他们的学习方式。因此,与具有固定思维的人相比,成长思维的人倾向于主动控制风险。
- 具有成长思维的人通常更自信,更投入,更快乐。他们认识到,表现不是由 DNA 决定的,而是与付出努力的多少有关。他们觉得对此他们可以有一定程度的掌控。
- 具有成长思维的人不害怕面对不熟悉或不确定的任务或挑战。他们知道,虽然一开始很难掌握情况,但随着时间的推移,他们会学到更多,情况会随之而好转。
- 具有成长思维的人认为学习是成功的关键因素。他们认识到,成功的关键并不是他们所生产的产品,而是他们投入的努力以及随着时间推移学习和不断改进的过程。

值得注意的是,德韦克定义的成长思维和固定思维并不是一成不变的。更确切地说,它们是帮助我们在遇到问题时如何学习、思考和行动的信念和行为。因此,可以通过实践和努力来改变,这种转变可以在组织层面加以支持和鼓励。

企业开始意识到,在整个组织中促进成长思维可以对企业绩效产生积极的影响并帮助每个人适应更灵活的工作方式。微软首席执行官纳德拉(Satya Nadella)实施了一系列具体举措,旨在帮助培养和促进员工的成长思维并鼓励更多的创新和风险担当。例如,帮助定义全息计算的 Hololens 项目是一个高风险的创新项目,这也是纳德拉正在积极推动的项目，旨在帮助微软超越前首席执行官鲍尔默（Steve Ballmer）所采取的保守型规避风险的策略。《哈佛商业评论》的一篇文章指出，在该项目中涌现出来的领导者因为表现出学习和发展的意愿而更快晋升到了微软的高级职位。[5, 6]

5.2.2 发展企业的成长思维

在组织层面，可以通过哪些具体方式帮助鼓励和培养员工的成长思维呢？德韦克在接受《哈佛商业评论》采访时重点介绍了以下四种可以采用的策略。[7]

- **从上层发出明确的消息**　人们会受到领导者的语言和行为的影响。通过发送一个明确的信息，即成长和学习比单打独斗的"摇滚明星"更重要，管理者可以鼓励人们逐步承担风险并更多关注工作过程中所付出的努力而不只是结果。
- **不要指望每个人都能刚走上工作岗位就能完全胜任**　设定招聘的期望，寻找有潜力和学习能力的人，并不期望员工第一天就成为高绩效人士。否则，这种期望会给员工带来不应有的压力，阻碍她的持续学习。
- **鼓励合理冒险**　奖励人们承担安全失败的风险。专注于所学到的东西，而不是失败本身。每次都把事情做好并不是成功的标志，这是规避风险的标志，它对创造力和创新有害。
- **赞美努力，而不是天赋**　奖励员工遵循战略并坚持学习的行为，比表扬成功的结果更重要。这并不意味着需要赞扬员工。确切地说，需要关注员工通过努力所学习到的内容以及他们如何学习和适应自己的工作，因为更多反馈意味着更多信息。

5.2.3 拥抱多样性

培养成长思维是一种鼓励适应性和创新的好方法，但这还不够。组织中固有的想法的范围和可变性受限于员工的相对同质化。为了拥抱变化，还必须确保组织人员的多样化，来自不同的背景。接下来，我们将描述应该考虑的一些多样性，可以纳入招聘和留用策略。我们还将概述多样性的一些好处以及将"文化契合度"作为主要雇用因素可能是有害的。

年龄

今天的工作环境是第一个多达五代员工并肩工作的环境。例如，我在英特尔工作时，经常看到婴儿潮一代（1945—1964年出生）、X一代（1965—1976）、千禧一代（1977—1995）和Z一代（1996年及之后）的人一起做项目。尽管年龄歧视屡见不鲜，科技行业尤其显著，但从各种经历中获得不同观点可能会有相当大的好处。虽然智力的某些特征，如抽象思维、模式识别和工作记忆（"流体智力"）可能会随着时间的推移而下降，但其他特征，如语言能力、认知和判断（"晶体智力"）实际上是在不断改善的。①敏捷组织需要同时具有流体智能和晶体智能的人员，以快速适应不断变化的业务环境。8

种族

种族多样性，即一个组织雇用来自不同种族的人，这是多元化劳动力的另一个重要组成部分。在不考虑企业道德②问题的情况下，多样性是一个明确的财务业绩要素。在麦肯锡2015年进行的一项研究中，9研究人员发现，种族多样性处于前25%公司的经济回报率比其各自国家产业的中位数高35%。此外，该研究发现种族多样性与财务业绩之间存在线性关系。高级管理人员的种族多样性每增加10%，息税前利润（EBIT）就增长0.8%。

性别

女性，特别是科技行业的女性，任职人数严重不足。一些研究表明，情况正在恶化：

---

① 译注：1963年，美国心理测验学家卡特尔（Raymond B. Cattell），根据对智力测验结果的分析，将智力分为两类。流体智力（fluid intelligence）受先天遗传因素影响较大。流动智力多通过对空间关系的认知、机械式记忆、对事物判断反应的速度等方面来表现。晶体智力（crystallized intelligence）受后天学习因素影响较大，与社会文化有密切关系。多通过语文词汇及数理知识的记忆来表现。两种智力的发展趋势不同，流体智力着30岁发展到顶峰，以后迅速下降。而晶体智力则是在20岁以后一直维持相当的水平。
② 译注：企业道德是指在企业这一特定的社会经济组织中依靠社会舆论、传统习惯和内心信念来维持的、以善恶评价为标推的道德原则、道德规范和道德活动综合。企业道德问题的典型例子就是就业歧视，如不招女性以及不招来自某个地方的人等。

根据 2017 年硅谷银行创业前景报告，在接受调查的 900 多家创业公司中，超过 70% 的公司根本没有女性董事会成员，这一百分比比前一年还有所增加。此外，超过一半的公司执行层没有女性。公司忽视性别差异会带来危害，麦肯锡的研究表明，在英国，高管团队的性别差异越大，绩效提升越高：性别差异性每增加 10%，息税前利润增长 3.5%。[10]

神经多样性

神经多样性是社会学家辛格（Judy Singer）在 1999 年创造的术语，用于定义自闭症、亚斯伯格综合症、阅读障碍和注意力不足过动症（ADHD）等神经系统差异。尽管这种多样性并未引起人们对多元化劳动力的关注，但有研究表明，自闭症患者越来越受到技术和科学相关工作的青睐。从统计学的角度来看，科技行业组织在不知情的情况下可能会雇佣患有神经系统疾病的员工。

为什么这一点很重要呢？虽然与神经典型性员工相比，神经系统疾病相关人员可能会带来负面影响，但接纳不符合常规的人是有显著好处的。比如，亚斯伯格综合症患者通常非常聪明（相应类别的智商在常规 IQ 测试中无法测出，因为常规 IQ 测试中没有注册相对应的测试方式），并且能够专注于利用他们的天赋来检测模式缺陷的任务。

硅谷投资者兼贝宝（PayPal）的联合创始人泰尔（Peter Thiel）声称，轻症的亚斯伯格患者可能是一个优势。他在《商业内幕》（*Business Insider*）的一篇文章中解释说，当人们倾向于聚集在同一地理区域（例如硅谷）时，群体思维存在着明显的风险，效仿和从众阻碍了真实多样化的思想。泰尔指出："许多更成功的企业家都像是轻症的亚斯伯格患者，他们不效仿，似乎也没有社交基因。"为了促进创新和创造，公司同样应该鼓励一定范围内的神经多样性。[11]

因"文化契合"而聘的危险

多年来，"文化契合"一直是公司招聘的重要组成部分。我工作过的许多公司面试应聘候选人时，文化契合度被明确规定为寻找潜在员工的期待标准。然而，因文化契合而聘很快成为无意识偏见的根源。有研究表明，面试官更愿意雇用一个更像自己的人，并倾向于不喜欢与他们不同的人，即使他们试图不这样做。文化契合度作为一个标准意味着这是个真正的风险,即候选人被拒是因为招聘经理认为他们"不同"而不适合公司。这最终阻碍了多样性并创造了更多的同质化。

在《福布斯》的一篇文章里,作者舒米特(Lars Schmidt)指出,Facebook 和 Pandora 这样的公司正在取消文化契合标准,取而代之的是寻找可以帮助增强组织文化的人,而不是简单地恪守文化。澳大利亚软件公司 Atlassian 寻找的是能够与其核心价值观完全一致的候选人,这将有助于增强他们的企业文化。Atlassian 负责多元化和包容性的全球主管布兰奇(Audrey Blanch)直言不讳地说:"专注于'价值观契合'可以确保我们雇用到与我们目标和指导原则匹配的人,同时积极寻找具有不同观点、背景和技能的人。我们正在努力建立健康和平衡的文化,而不是宗教信仰。"[12]

5.3 构建支持敏捷人员的环境策略

什么样的人算是敏捷的呢?一群具有成长思维且拥有不同技能、知识和背景的人。组织如何创造一个能让这些人茁壮成长的环境以便能够受益于更敏捷的人员呢?在组织层面上,可以采用以下这些基本策略,更轻松地与敏捷的工作方式保持一致。

- **灵活的工作安排**　随着人员结构变得更加多样化,工作之外的需求差异也更大。通过创建更灵活的工作安排,公司可以使工作场所变得更加宽松,让人们可以在工作中发挥最大的自主性,不必担心没有时间去学校接送孩子。这种情况下,灵活性可能意味着"灵活的工作时间",即全职员工可以在生活和工作之间做出更好的平衡。但灵活性也可以意味着按需工作,类似于优步司机,可以承接具体的项目,然后在项目目标完成后再去做其他组织的活儿。

- **灵活的工作空间**　前一章讨论了工作场所的含义,我想重复一下:对于工作场所的设计,没有一个适合所有人的方法。人们如何以不同的方式工作取决于工作的上下文和背景,工作场所需要能够提供支持。例如,亚斯伯格人在一天的某些时候可能需要一些空间进行安静的思考,其他人则需要开放的空间密切合作和展开激烈的讨论。工作场所需要能够支持这两种工作方式。

- **心理安全**　哈佛商学院教授埃蒙德森(Ann Edmondson)将"心理安全"定义为"团队成员认为该团队在人际交往上是安全的"。[13] 在谷歌进行的一项广泛研究中，研究人员发现心理安全是高绩效团队最重要的共同特征。谷歌这样具有前瞻性思维的公司认识到，具有成长型思维模式的人会在学习过程中犯错，让他们拥有"这很正常"并且不会被同事评判的舒适感，是至关重要的。当我们把人群范围扩大，也必须能确保他们无须不得不遵守一套既定的标准。下一章将详细描述领导者如何帮助建立心理安全。

5.4 敏捷组织对 HR 的影响

将组织转变为更敏捷的工作方式对人力资源（HR）意味着什么呢？一般而言，HR 都倾向于规避风险、保守。作为更广泛转型的一部分，HR 部门需要做出多大程度的改变呢？

接下来概述我观察到的 HR 适应这种新工作方式并保持过去习惯（尽管不同）的几种方式。

最重要的是，作为业务职能部门的 HR 部门需要成为敏捷转型的战略合作伙伴，为组织的其他部门提供支持。公平地说，HR 部门的职责之一始终是通过法律调解、雇佣合同和合规来降低风险。然而，为了支持更灵活的工作方式，HR 部门还需要调整自己的方式，更加注重为客户（组织的员工）提供价值，而不是控制风险。事实上，HR 部门在某些情况下已经成为竞争优势的来源，是解锁业务敏捷更为广泛的战略关键。HR 可以在敏捷转型中起到下面这些作用，以产生重大影响。

5.4.1 与团队合作来改善招聘

按传统，HR 部门领导整个招聘过程，主要是将人员"转交"给招聘经理进行面试及最终决策。在敏捷组织中，这将成为一个更加一体化的过程，人力资源部门和招聘部门密切合作，打破筒仓，增加有效雇用的机会。

我的经验是，主要的外部"招聘能力"继续存在于人力资源部门内；然而，招聘的方式与我们习以为常的方式可能略有不同。内部招聘工作转变为内部管理人员的主要职责，因为他们主要负责构建和维护一个高效的敏捷环境。当然，HR 仍然发挥着重要作用，他们与管理人员合作，识别并确保引入可以在这种环境下取得成功的各种人才。

这对人力资源的日常工作意味着什么？意味着招聘来源超出了社招和校招等传统渠道。传统上，例如软件工程师是根据一些关键要求来雇用的：一是学士学位；二是专业为计算机科学或计算机工程。这些要求现在已经开始发生变化，因为我们已经知道传统的绩效预测因素（如教育水平或专业），可能不如最初想象的那么准确。

虽然学士学位仍然被认为是一项优势，但它并不足以很好地预测未来的工作绩效。此外，拥有一个专业匹配的学位虽然很好，但并不能保证未来会成为一名优秀的程序员或高效的团队成员。在 HERE，我们发现一些最高效的技术架构师和程序员是对技术和批判性思维充满热情的人，但他们拥有音乐或哲学学位。为什么？我们可能永远无法在两者之间建立明确的关联。但我们最好的猜测是，与哲学和音乐等专业相关的批判性思维和创造力对工作有帮助。

此外，我们认识到，价值是在团队层面创建的，而不是在个人层面。合作的方式对团队的相对成功以及候选人能否在未来促进敏捷环境的发展至关重要。

如何评估候选人是否能够与团队合作呢？最好的方法实际上是尝试。做个实验，让候选人与未来的团队成员一起解决问题。门罗创新总部位于密歇根州安娜堡，这些软件公司在招聘中要求所有候选人一起结对工作几天共同解决一个问题。这几天候选人也会得到报酬。当候选人聚在一起时，员工安静地观察候选人的工作方式：是否有些人有控制欲，想要"接管"并轻视其他候选人？或者有些人会支持，帮助他人做得更好（即便他们拥有优秀的技能），助力团队成功？

门罗 CEO 谢里丹（Rich Sheridan）表示，预测未来表现的最佳指标之一是观察候选人如何分享键盘。"如果看到一个候选人表现出不耐烦并且不愿意与其伙伴合作以达成共同的解决方案，我绝不会雇用他们，即使他们有计算机科学的博士学位。像这样糟糕的决定会对我的团队产生负面影响，所以我不能用他们，尽管他们在技术上可能很出色。"[14]

虽然这种策略对门罗来说非常成功（他们的人员流动率在行业中是最低的），但这并不意味着"试用"是雇用优秀人才的唯一方式。然而，它的确表明，通过一些实际的具体例子告诉我们一个人可能如何进行团队合作（超越传统的面试）是个好主意。一些研究表明，面试前的心理测试有望有效增加优秀候选人。如果使用得当，这些测试可以帮助公司选择更有可能在相应角色取得成功的外部候选人并最终在工作中创造更多经济价值。[15]

HR 作为组织中人员信息的主要来源，也有助于识别内部人才，对整个组织中的职位进行补充。通过主动了解每位员工的技术、知识和能力并成为有效匹配人才与组织需求的专家，他们可以帮助挖掘人员的潜力并使人才能够流向组织需要的地方。这依赖于广为使用的技能和经验之外的大量技术和数据，包括员工的激情、地理偏好和能力。HR 在帮助组织找到最理想的人才方面发挥着关键的作用，无论候选人来自内部还是外部。人工智能（AI）和机器学习等推动因素逐渐开始提高 HR 部门的效率。正如 HR 顾问梅斯特（Jeanne Meister）所指出的那样，资本集团（Capital Group）已经在用视频面试平台等预测技术来无偏见地招募更多求职者。[16] 随着 HR 在敏捷世界中不断前进，这些发展还将继续。

5.4.2 设计有意义的薪酬、奖励及评价机制

传统的薪酬和奖励计划侧重于个人成就。为了进一步强调整体的和端到端的观点，薪酬计划需要进一步倾向于团队和组织所取得的成就，而非个人成就。当然，对个人的认可仍然非常重要，但这可能不是唯一的因素。

在设计更有意义的薪酬计划时，敏捷 HR 部门会寻找支持高绩效团队的方法，而不是针对个人进行优化。人会有情绪波动，总是带着"完全的自己"来工作。但总的来说，每个人都在以独特的方式做出自己的贡献。乔（Joe）可能是一位技术王牌，帮助解决了许多难题，而玛丽（Mary）可能是一位出色的沟通者，可以驾轻就熟地帮助团队里的每个人快速做到齐心协力。一项技能比另一项更重要吗？归根结底，我们是在努力优化团队的能力，以可持续的方式快速生产客户喜爱的、质量合格的产品。

也就是说，团队成员之间的个体差异确实存在，有时确实也需要认可有特殊贡献的个人。但是我们不希望把个人卓越作为绩效考核的唯一标准。换句话说，认可团队与个人业绩，需要有效的结合。

在我的职业生涯中，早期雇主采用的是季度目标和薪酬 60/20/20。市场上有竞争力的薪水，员工得到了公平的报酬。此外，根据公司在外部的表现情况来发放季度奖。如果达到公司目标，员工就有资格获得 100% 的奖金，通常约为工资的 10%。这是奖金基数。然后，员工获得基数的多少，60% 取决于团队是否达到目标，20% 取决于员工所在业务单元是否达到目标，20% 取决于员工是否达到个人目标。这样一来，便对支持团队和组织目标的达成有明显偏好，但对个体的贡献也做了考虑。

此外，在一年中，团队还可以角逐多个奖项和表彰。这些奖励通常是非货币性质的，可能是有机会参加某个特殊的培训课程，可能是参加某些有吸引力的会议或者为团队的敏捷仓获得很酷的摆件。为什么这样做而不是直接给奖金呢？研究表明，货币奖励往往是消极的激励，定义和实施其他更有意义的认可激励是 HR 可以帮助做的。例如，在诺基亚，如果团队达到当年早些时候所设定的目标，就可以在暑期得到额外的休假。这些激励措施对团队成员产生了真正的影响，不一定需要额外的金钱补偿。

5.4.3　创建更多的相关角色，定义更灵活的职业发展计划

职位、角色和岗位描述通常是静态文档，很少更新，并且需要经过严格的审核。虽然出发点可能是好的，但现实情况是，敏捷组织中的人会频繁改变其工作方式。结果，他们发现目前的岗位描述不足以涵盖他们所做的事，并且并没有对自己的职业发展提供任何指导。

在英特尔，我无法实现的目标之一是将"敏捷教练"或"产品负责人"等职位添加到传统的 HR 组织结构中。添加这些相对较新的职位，过程漫长而繁琐。相反，员工仍然扮演着类似的角色，如"项目经理"和"产品经理"。我确实在其他组织中实现了。请访问本书配套网站，了解敏捷角色画像的示例。

在敏捷组织中，HR 的一个角色是积极参与创建更有意义的职位和角色描述。为了帮助组织变得敏捷，HR 需要对工作描述重新进行设计，以此来推动更多实验并且减少不严格合规的工作任务。

一些组织甚至完全取消标准职位，鼓励员工提出职位来更准确地描述他们的工作。谷歌允许员工定义自己的职位（这项活动称为"工作重塑"），这是与经理进行小

组练习的一部分。在经理的支持下进行合作，工作重塑可以帮助确保角色保持最新及相关性。

密歇根大学教授及工作重塑概念创始人之一达顿（Jane Dutton）看到罗技和 VMware 等其他公司都接受了这一概念。"从长远来看，如果这种情况在工作中成为常态，可以使整个单位或组织更有效地运作，因为人们和工作之间有了更好的匹配。人们的适应性更强，可以增加最大的价值。"达顿在接受《快公司》（Fast Company）采访时如是说。[17]

就像工作可能需要重新设计以提高敏捷性一样，职业道路可能也需要重新设计。整齐、线性的职业道路不再适用于员工或雇主。敏捷组织需要确保人们可以根据三个因素轻松改变角色和职业：个人需求、业务需求和不断变化的市场条件。这将不再是一条直线轨迹，敏捷人士期望能够轻松定义明确的职业道路，因为他们总是在寻找更多的成长机会。这些机会是什么呢？是敏捷管理者、在当前范围内扩展现有职责或者完全转移到一个新领域？取决于个人，并且是他们作为专业人员发展能力的自然组成部分。[18]

5.4.4 逐步授权团队，赋能于人

HR 在让团队拥有决策权方面发挥着重要的作用。通过政策和内部程序，HR 可以影响组织中的其他部门做出日常任务（如购买决策和简单费用审批等）决策。

在我以前工作过的一家公司，HR 部门与财务部门合作，帮助制定了一套简单的指导方针，加快了许多决策的审批流程，以前通常需要几天或几周才能完成。针对不超过一定数额的费用（每年 5000 美元/员工），费用类型与会议和培训等相关的，个人就可以做决策。例如，如果一个人想参加一个费用为 2500 美元的 Java 会议，简单通知经理并让团队知道（通过充分的沟通来降低潜在的影响）即可。费用走团队渠道并在团队的价值流图中体现。所有费用和审批默认都由职能经理处理，但这只是例行公事。只要在设定的范围内，就可以信任员工在负责任地做事。事实上，专用于催办费用的资源成本远远超过固定的 5000 美元年度金额。

对于更大的金额，职能经理的权限是 10 000 美元。100 000 美元以上的金额需要得到主管级别的批准。一旦费用超过 100 000 美元，通常需要 VP 批准。

推动在边界内下放决策权有助于实现两个主要目标。首先，它加快了速度。大量的审批流程其实是在审批小事情。因此，在组织中推动下放决策权，我们没有在审批等方面浪费大量时间。像这样简单的工作从历时几天缩短到几分钟。

其次，推动决策权下放发出一个强有力的信号，表明组织信任员工是在做正确的事情。虽然费用金额适中，但这表明组织人员作为个体、作为员工都是受到充分信任的。在服务于这家公司的那些年，我不能肯定地说人们有滥用这个系统（我不认为他们这么做过），但它对员工的士气有正面影响，即便这个策略有错的小风险，也是值得的。[19]

5.4.5　HR：从控制型转变为解锁组织敏捷的关键

组织希望更加精益敏捷，因此 HR 会被认为是实现这一目标的战略合作伙伴。正如组织将重塑工作方式为"拥抱变化，精准执行"一样，人力资源也需要重塑，以提高组织的敏捷性。没有推动而且仍然坚持以降低风险为重点的 HR 有被淘汰的风险，因为未来的敏捷组织不需要这样多余的人。

小结

本章介绍人员在敏捷组织转型中的重要性。

我们一开始讲述了一个真实的故事，用来说明在敏捷环境中命令与控制式管理的缺点。我们展示了这个组织处理问题的特定方式：明确表示此行为已不可接受，这也是领导者在释放业务敏捷时需要发出的重要信息。

然后，我们描述敏捷环境中人员的相关特征，并介绍了成长型思维模式的概念和各种形式的多样性。不同的思维方式、对学习的承诺以及这些特征中所固有的实验因子是敏捷组织中人员所拥有的关键因素。接下来，我们研究了组织可以在敏捷环境中支持和培养人员的一些方法。

本章还概述了敏捷组织运营方式变化是如何影响到 HR 的。整个组织正在发生变化，HR 也必须如此。从传统的降低风险为目标转变为人才战略的推动者，HR 需要通过多种方式来改变焦点，确保成为公司变革的关键。最后，我们列举了 HR 的一些角色和相关活动来说明他们可以在哪些具体领域起到战略性意义和发挥影响。

问答环节

1. **怎样确定我是不是本章开篇故事中的"卡尔"？我怎么知道团队相当信任我并会坦诚说出他们的表现、日常挑战和需求？**

   坦率地说，提出这个问题的人，我就很确定不是"卡尔"。卡尔的部分原因在于他并不关心为他工作的人。他只聚焦于手头的任务，这对他的团队是不利的。但透明度这个更广泛的问题值得关注：关键在于您如何创造一个安全的环境，让人们愿意示弱并无顾虑地分享自己所遇到的挑战。

   关于这个话题，第 6 章还有更多论述，简而言之，作为领导者，首先从自己开始。如果打算创建一个开放和透明的环境，需要采取主动，以身作则。如果只是简单做个管理者，那么在您和员工之间就会有不均衡的权力差异。如果首先以身作则，在与所有合作中保持透明和开放，那么随着时间的推移，您就很可能在员工身上体验到相同的行为。证明您对他们是开放并分享信息的（即使这不一定是"好消息"）。让他们看到您愿意示弱，并且您并非总是要得到所有答案。接受批评并公开表扬。如果持之以恒，这些行动将产生影响。您将逐渐建立一种透明和信任的文化，在这种情况下，团队不会因为安全而准备两套剧本。

2. **在需要对齐的时候，背景或技能的多样性会不会带来风险，甚至可能导致事倍功半的结果？**

   不幸的是，多样性往往是一个充满政治色彩的话题，常常为这个本该理性对待且基于证据的讨论蒙上阴影。暂时不谈道德，我们已经有可靠的研究支持这样的事实，从长远来看，劳动力多样化的公司往往做得更好，有更好的财务指标和结果。可以在"更多资源"部分中探索其中一些资源。

   在这种情况下，更有趣的或许是从组织敏捷性的角度来探讨多元化所带来的影响。从本质上讲，在企业层面解锁敏捷不仅意味着执行经过验证的商业模式，还意味着适应不断变化的业务条件。

在实行经过验证的商业模式时，业务差异以及生产已知产品或服务的成本都在减少，这时，注重多样性的招聘策略可能不会提供显著的正向回报。毕竟，在这种情况下（对应于斯诺登的"简单和部分繁杂"的领域），主要关注的是执行已经解决的问题。事实上，在这种情况下，多样性不太可能带来巨大的好处，此时最好投资于自动化现有流程。

但是，在 VUCA（对应于斯诺登的"复杂和混乱"领域）不断增加的商业环境中，能够通过频繁实验来快速验证学习是非常宝贵的。这些实验需要创造力和创新，这是多样性特别能够创造价值的地方。

本书的一个中心主题是，商业环境中的 VUCA 特征越来越显著。因此，拥有一个能够采用这种新工作方式的内部操作系统是发展的必要条件。多样化的员工队伍是让这个内部操作系统顺利运行的一部分。

3. 如果因"价值观契合"而聘并反对因文化契合而聘，或者雇用的是没有受过传统培训或背景的人，我的团队是否会有无法顺利迅速合作的风险？

   我并不"反对"因文化契合而聘，我的意思是意识到一个人的自然偏见很重要，而努力寻找不同于公司典型人群的人会有所帮助。一个典型的例子是林肯（Abraham Lincoln）组建的内阁，他试图建立一个"竞争对手团队"。通过任命一些最坚决的反对者作为团队成员，林肯试图避免"群体思维"以获得最好的思想，无论政治派别或契合与否。

   这不容易。我们的大脑倾向于寻找"同类"想法并拒绝"异类"想法，也就是所谓的"确认偏差"[①]。虽然这可能是我们行为方式的一个自然倾向，但在经常出现扰乱和变化的商业环境中，这个概念是非常危险的。是的，我们需要向目标和使命对齐，但也需要能够说逆耳之言的人帮助消除偏见，在出错的时候告诉我们，并让我们知道错在哪里。培养多元化、创造力甚至有时候不和谐但可以帮助与"求同"思想做斗争的团队，不会太顺利或快速。它需要坚持不懈，精力充沛，能够先于个体需求之前专注于团队需求。

---

① 中文版编注：指个人无论合乎事实与否，都倾向于支持自己的成见和猜想，贬低或驳斥异见。

走出舒适区，投入时间和精力去追求，这不仅是值得的，还是解锁敏捷战略的重要组成部分。

更多资源

我建议进一步探索以下资源，更深入地了解本章中讨论的主题。

- Work with Google，网址为 https://rework.with google.com/
  谷歌以使用数据来全面跟踪工作方式而著称，这是个很棒的资源能让我们从这些非学术实验中受益，免费提供了对谷歌所追求的"让工作做得更好"的深刻见解。这些资源包含有用的博客文章及实践指南。推荐把探索这些宝贵资源作为组织改进工作的一部分。

- 《敏捷人力资源开发宣言》，网址为 http://www.agilehrmanifesto.org/
  风格与《敏捷宣言》相同（"我们认为这个比那个更有价值"），敏捷人力资源开发宣言是一个可以提醒我们敏捷思维对 HR 职能有影响的好资源。可以加入讨论组进一步探索。

- 就业和实践指导，网址为 https://www.autismandneurodiversitytoolkit.org/employment
  这是一个可以让人更加熟悉神经多样性相关挑战的工具包资源。该指南提供了如何更高效地雇用患有自闭症的人、如何在工作场所更好地支持他们以及如何提高互惠雇佣关系的机会等信息。这是一个很好的起点！

- Dweck, Carol. Developing a Growth Mindset（培养成长思维模式）（YouTube 观看地址：https://youtu.be/ hiiEeMN7vbQ）
  这是一个包含丰富信息的 10 分钟视频，解释成长思维模式如何影响到小学生的行为表现以及如何像抚养孩子一样来培养学生。在这段视频中，卡罗尔还解释了"尚未"（not yet）概念鼓励继续学习背后的科学。这是一个很好的课外作业！

- Herring, Cedric. Does Diversity Pay? Race, Gender, and the Business Case for Diversity（多样性有好处吗？种族、性别和商业的多样性案例。）美国社会学评论。2009.
  如果有兴趣深入研究背后的基础科学，就值得仔细研究这篇论文。结果表明，种族多样性与销售收入的增加、更多的客户、更大的市场份额以及更高的相对利润有关。性别多样性与销售收入的增加、更多的客户和更高的相对利润有关。

注释

[1] Leffingwell, Dean. *Scaling Software Agility: Best Practices for Large Enterprises*. 2007. Addison-Wesley Professional.

[2] 2010 年秋与莱芬韦尔的谈话.

[3] BezoS, Jeff. "2014 Annual Letter to Shareholders." https://genius.com/Jeff-BezoS-annual-shareholder-letter-2014-annotated

[4] Dweck, Carol S. *Mindset: The New Psychology of Success*. Ballantine Books(2007).

[5] Dweck, Carol S. and Hogan, Kathleen. "How Microsoft Uses a Growth Mindset to Develop Leaders. " *Harvard Business Review*. October 2016. https://hbr.org/2016/10/how-microsoft-uses-a-growth-mindset-to- develop-leaders

[6] Satya, Nadella. *Hit Refresh: The Quest to Rediscover Microsoft's Soul and Imagine a Better Future for Everyone*. Harper Business. 2017.

[7] Dweck, Carol S. "The Right Mindset for Success." Harvard IdeaCast. 2012. https://hbr.org/2012/01/the-right- mindset-for-success

[8] https://www.verywellmind.com/fluid-intelligence-vs-crystallized-intelligence-2795004

[9] https://www.mckinsey.com/business-functions/organization/our-insights/why-diversity-matters

[10] https://www.svb.com/uploadedFiles/Content/Trends_and_Insights/Reports/Women_in_Technology_Leadership/ SVB%20US%20Startup%20Outlook%202017%20-%20Public%20Policy.pdf

[11] http://www.businessinsider.com/peter-thiel-aspergers-is-an-advantage-2015-4?r=US&IR=T&IR=T

[12] https://www.forbes.com/sites/larsschmidt/2017/03/21/the-end-of-culture-fit/2/#7cd752251b10

[13] Edmondson(1999). "Psychological safety and learning behavior in work teams." *Administrative Science Quarterly*. June 1999. Also, http://www.businessinsider.com/amy-edmondson-on-psychological-safety-2015-11?r=US&IR=T&IR=T.

[14] 2014 年秋与谢里丹的谈话.

[15] https://hbr.org/2015/07/ace-the-assessment

[16] https://www.forbes.com/sites/jeannemeister/2017/11/09/the-future-of-work-how-artificial-intelligence-will-transform- the-employee-experience/#5ee0815b23c9

[17] https://www.fastcompany.com/3059345/why-innovative-companies-like-google-are-letting-employees-craft-their-own-jobs.

[18] http://www.nytimes.com/2012/01/22/education/edlife/a-sharper-mind-middle-age-and-beyond.html?mcubz=0

[19] Hunter, John E.; Schmidt, Frank L. "Quantifying the Effects of Psychological Interventions on Employee Job Performance and Work-Force Productivity." *American Psychologist*, Vol 38(4), Apr 1983, 473-478.

第 6 章

领导力

唐娜（Donna Potts-McKenzie）看起来有点儿紧张，以往常更紧张。当然，在两百多人面前演讲，有些紧张不安是很自然的。但她之前做过很多次，唯有这一次，直到现在她还在处理自己的紧张情绪。毕竟，对员工福利计划更新以及薪酬政策变化等做出解释，是 HR 总监的职责。这是她的本职工作！

为什么这次如此不同呢？也许是因为这次她也不知道该怎么说。以往，她总是为准备演讲而感到自豪，她有一个清晰的纲要，她能记住关键的要点，她也知道她最后会怎样以一个明确的行动倡议结束。但这次，她无法按照惯例行事。作为 NAVTEQ 敏捷季度大会的议程之一，她将上台演讲，从 HR 的角度发表不同角色在敏捷环境中会有怎样的变化。但她不知道该说些什么。因为这些都是未知的！

几天前，我见过唐娜准备这场演讲。她告诉我，她不知道应该说些什么。她知道公司敏捷转型后的工作方式可能会对人们的角色、奖励机制以及职业发展产生深远的影响。她知道这甚至会影响到要雇佣什么样的候选人。所有这一切都还在初期，她不知道这些变化将如何影响 NAVTEQ 的员工。她完全没有答案。现在，她需要提供 HR 部门的观点，站在几百人面前对大家说"我不知道"。

我的建议很简单，虽然并不能让她感觉好一些："告诉他们，您还不知道所有的细节。您认识到会有变化，您和团队的其他成员都在努力弄明白会有怎样的变化。但是您需要一些帮助和耐心，因为您可能会犯错。向他们示弱并坦言您还没有找到答案……

唐娜走上演讲台，食指轻轻拍了下麦克风，然后开始发言："我对我们的敏捷转型感到非常兴奋。事实上，我感觉像是我们正在创建一个全新的公司。我们所有人都参加了这个创建活动。但我也不得不承认，我同时也对这一切感到害怕，因为我们正在做很多改变，并且，我觉得自己可以控制的不如以前那么多。我正在努力。在转型的进程中，我期望大家都耐心点儿。"

唐娜继续解释 HR 如何成为 NAVTEQ 敏捷转型的组成部分，但她并没有任何具体细节可以提供。她让大家知道了自己的害怕。她很谦虚地认识到这对她来说是新的，她感到有些不安。

此后好几年，人们都还找到我并告诉我那一刻他们认识到 NAVTEQ 并不只是想要换个标签，公司是在承诺变革。尽管 NAVTEQ 很幸运能够拥有许多有能力的领导者，但之前从来没有人表现出这种谦卑并如此示弱。对员工来说，看到 HR 总监表现出经历变革时和自己一样的喜忧参半，完全出乎意料。这在领导者和员工之间创造出一种信任感和一致性，随着公司开始不断改进，这将成为无价之宝。

本章是关于领导力的，具体讲敏捷领导力到底与经典管理著作里的传统领导在理念上有什么区别。我们将探索领导力在启动组织变革及巩固变革成果方面的具体影响，包括在易变的、不确定的、复杂的和模糊的（VUCA）世界中最新的一些思考，并概述传统领导力在哪些方面区别于今天的领导力（在取得成功的必要条件方面）。在本章的最后，您将能够阐明敏捷领导力是什么，并认识它如何影响到具体的敏捷转型。

6.1 领导力的影响

作为全球最重要的管理思想家，柯林斯（Jim Collins）在20世纪90年代末开始着手识别真正卓越的公司具备哪些特征。为了实现这一目标，他和一个研究小组对1400多家高绩效组织进行筛查，将名单减少到符合其"卓越"标准的11家公司。他的"卓越"标准是，在一个重要的转折过渡期后，15年的股票回报率在市场的3倍以上。他在《从优秀到卓越》一书中描述了他的观察结果，后来该书成为有史以来最畅销的管理类书籍之一。[1]

虽然发现有好几个关键因素影响着公司的成功，但在更详细地研究这11家公司时，他发现所有公司都有一个共同的特质，他称之为"第5级领导力"。除了其他所有的因素，最高层表现出的领导力类型决定着公司是否能比同行取得更出色的财务表现。[2]

在研究柯林斯的第5级领导力之前，我们先看其他4级领导力的简要概述。这可能会有所帮助。

- **第1级：能力突出的个人** 这类领导者具有很强的能力，他们用自己的智慧、知识与技能、良好的工作习惯与工作作风，为创造价值做出贡献。然而，他们并不是伟大的团队成员，并且，他们并没有超越自己的潜力。
- **第2级：乐于奉献的团队成员** 这类领导者为实现集体目标贡献个人才智，与团队成员通力工作。然而，他们只是作为一个更大的团队的一部分参与，并且和任何其他能干的团队成员相比，对公司业绩的影响也并不显著。
- **第3级：有实力的经理人** 这类领导者能够以有效果和高效率的方式组织人员实现预定目标。他们能力超强，在执行明确目标方面表现出色，但不能激发团队的持续改进。
- **第4级：坚强有力的领导者** 这类领导者全身心投入，执着地追求清晰可见、催人奋发的愿景。他们还能够为员工注入一种自豪感，使其不断追求高绩效标准。
- **第5级：卓越** 这类领导者的领导能力处于巅峰，他们通过将个人的谦逊品质和职业化的坚定意志相结合，建立持续的卓越表现。他们鼓励员工不断改进，为失败负责，并在事情顺利的时候给予员工信任。他们同样也认识到运气也是成功的因素之一。

图 6.1 显示了五级领导力层次结构。

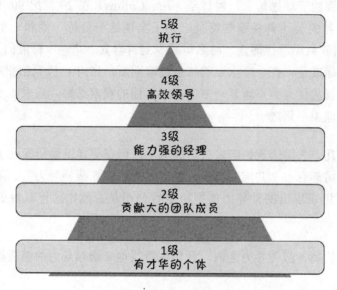

图 6.1　五级领导力体系

6.1.1　第 5 级领导力

柯林斯发现，在他研究的所有因素中，最顶级的领导水平最为重要。具体地说，第 5 级领导力对公司从优秀变成卓越至关重要。第 5 级领导力与其他级别有两个主要的区别。

- **个性谦逊**　个性谦逊的领导者表现出令人信服的平和。他们不寻求对成就的恭维或吹嘘。他们通常从容而冷静，主要依靠崇高的标准，而不是靠鼓舞人心的个人魅力来调动员工的积极性。也许更重要的是，他们把公司的利益（而不是个人的利益）放到第一位。勇于承担错误并慷慨地给予信任。
- **意志坚定**　第 5 级领导者为了取得最好的长期业绩，表现出不管多困难都会永往直前的决心。他们为建立一个长盛不衰的卓越公司树立标准。并在整个过程中认识到失败是不可避免的，而且也正是失败激发了员工对卓越的向往以及对工作方式进行持续改进。

6.1.2 第 5 级领导力=敏捷领导力？

柯林斯的研究引人注目，但它对敏捷领导者有用吗？有的。事实上，可能是必不可少的。敏捷领导者想要取得成功的话，就需要具备第 5 级的这些特征。例如，本章开篇故事中的 HR 总监唐娜就展现出了这些领导品质，她勇敢地让所有人知道她并没有想好所有事情但她公开承诺一定会完成，无论任务多么艰巨，她毫不畏惧。解锁敏捷需要重大的组织转型。需要在公司的各个层面进行转变，能够清晰表达"我们在一起"的领导者可以成为推动绩效成倍增长的放大器。

然而，挑剔的读者会对柯林斯的研究提出一些问题："首先，我们可以在多大程度上相信第 5 级领导力确实是公司业绩的核心组成部分？是不是也有其他几家成功的公司的领导者其实并不谦逊？另外，研究中提到的一些公司，比如电器城公司（Circuit City）和联邦国民抵押协会（Fannie Mae），现在已经成为历史，我们能相信这一研究结果吗？"

柯林斯在《从优秀到卓越》一书中提到以下 11 家公司
- 雅培公司（Abbott Laboratories）
- 电器城公司（Circuit City Stores）
- 联邦国民抵押协会（Fannie Mae）
- 吉列公司（Gillette Company）
- 金佰利-克拉克公司（Kimberly-Clark）
- 克罗格公司（Kroger）
- 纽柯公司（Nucor）
- 菲利普·莫里斯公司（Phillip Morris）
- 皮特尼·鲍斯公司（Pitney Bowes）
- 沃尔格林公司（Walgreens）
- 富国银行（Wells Fargo）

多年来，柯林斯一直在回应这种批评，他指出他的研究并不是想要预测将来会发生什么。相反，研究表明，在研究这些公司的 15 年中，第 5 级领导力是这段时间和这组数据的决定性因素。公平地说，电器城公司和联邦国民抵押协会在遇到麻烦时的领导力已经不同于柯林斯研究的 15 年期限内的。并且，要反驳柯林斯的理论，总是可以找到一个特例的，例如乔布斯，他可能拥有所有的优点，但绝对没有"谦逊"。

尽管有批评的声音，但柯林斯的研究仍然如此引人注目，原因在于，在研究领导风格及其对公司业绩影响方面，很少有研究能够比得上柯林斯的深度、广度和全面性。

除了定量观点，为了收集定性方面的数据，参与该研究的 22 名研究人员收集了这 11 家公司的 6000 篇文章，对公司参与者进行了 87 次访谈，并分析了公司的内部文件和公共分析师公开的报告。他们收集财务指标、管理人员的流动信息以及员工裁员和重组相关的公开通知作为量化的数据来源。然后，他们计算了各个公司 15 年的股票表现。

在综合所有这些数据并将其与关键因素相关联时，第 5 级领导力的特征在这 11 家卓越公司的领导风格与非卓越公司的比较中脱颖而出。事实上，研究人员最初试图避免这些结论，因为领导力通常被认为是"软技能"，他们期待能有其他"更硬"的因素发挥了更大的作用。但随着研究结果的明确，研究人员无法忽视数据的结果，而且，第 5 级领导力成为"在公司对照组中导致优秀与卓越分水岭最强大、最一致的因素"。[3]

对柯林斯研究的第二个批评是，研究时间跨度非常大。柯林斯开始于 1996 年，2001 年完成这项研究。尽管数据和结果可能在它们的时代令人信服且有效，但在一个变化来得非常快的世界里，很快会变成可以尘封的历史。

为了支持柯林斯的理论并将其应用于当今的敏捷领导力，我们需要一个更现代的研究来验证。它们还继续有效吗？我在莱卢（Fredric Laloux）2014 年出版的《重塑组织》一书中找到了答案。他的书中包括过去几年来企业管理中最令人心奋的领导力理论。[4] 下一节将仔细研究他的理论"青色领导力"（Teal Leadership），谈谈它的含义并将它与柯林斯的第 5 级领导力进行对比。

6.2　青色领导力

麦肯锡前合伙人莱卢在管理顾问工作中注意到一些东西的缺失：一百年前引入的管理结构和理论未能抓住当今企业的需求，导致员工敬业度低，离职率高，甚至高层管理也普遍觉得"空虚"。莱卢的观点有数据支持，根据盖洛普（Gallup）在 2016 年的一项调查，近 70%的员工在工作上缺乏参与感甚至主动远离工作，导致生产力下降、离职率增加和质量问题。[5]

莱卢努力理解这些挑战并期望能为客户找到更好的方法，他深入人类学的相关研究，学习人类历史中的组织范式。他的理论核心是：从一开始，人类就表现出分阶段发展其意识水平的倾向。每一个阶段都对应着一种协作和组织模式，这也是当前意识水平的表达。

他假设当前组织所面临的挑战是人类进入了一个新的意识水平阶段，但现有的组织模式不能充分满足我们的需求。因此，需要更复杂的组织和协作水平来填补这个新的发展阶段，他称之为"青色"（Teal）组织。[6]

在仔细研究青色及其对领导力的影响之前，简要总结一下表 6.1 中组织模式的发展历史以及莱卢定义的后续部分。

表 6.1 人类合作的进化突破

颜色	描述	主导隐喻	主要突破	目前实例
红色	- 首领持续运用武力来维持队伍的秩序 - 反应快、聚焦于短期 - 在混乱的环境下茁壮成长	狼群	- 劳动分工 - 命令式权威	- 黑帮 - 街党 - 部落武装
琥珀色	- 层级制金字塔中高度正式的角色 - 自上而下的命令和控制（做什么，怎么做） - 未来是过去的重复	军队	- 正式的角色（稳定、可衡量的等级体系） - 稳定、可复制的流程（长期视角）	- 天主教 - 军队 - 大多数政府机构（公立学校系统和警察部门）
橙色	- 目标是打败竞争者；赢利和增长 - 目标管理（命令和控制做什么；将如何做的自由留给员工）	机器	- 创新 - 责任 - 精英制	- 跨国公司 - 投资银行 - 实验学校
绿色	- 聚焦于文化与授权，以达成非凡的员工激励 - 利益相关者取代股东为主要宗旨	家庭	- 授权 - 平等 - 利益相关者模型	- 以理想主义做法而闻名的企业（Ben&Jerry's、西南航空、星巴克和美捷步）
青色	- 自主管理取代层级金字塔结构 - 组织被视为活的实体，以实现潜力为导向	活体	- 自主管理 - 完整性 - 进化宗旨	- 有少数几个先锋组织

6.2.1 红色：通过武力来领导

大约一万年以前，人类形成城邦及帝国的雏形，以保护其资源免受竞争对手的侵害。以武力征服为特征的军队开始存在，一些人能够以牺牲他人为代价来获得更多资源。只有强者才能幸免于难，命令和控制式管理是非常稀缺，而且这是一个零和游戏的世界。

6.2.2 琥珀色：通过命令来领导

公元前 4000 年左右，美索不达米亚平原涌现出国家官僚机构、农业社会和更加有组织的宗教。这对人类管理资源的方式产生了重大的影响。研究的是如何增加群体的效用，而不是个人。自我控制和克制被教导为美德，人们自我组织成清晰划分的层次结构，每个人都知道自己的位置和角色。这些管理结构的出现使人们共同创造了令人叹为观止的奇迹：大教堂、金字塔以及其他体现强大组织能力的产物是琥珀色社会工作方式的结果。

正如我们在本书中看到的那样，琥珀色领导力的元素仍然存在于今天的组织中。如果不确定性较低且资源优化非常重要，那么琥珀色组织仍然是一种有效的组织运营方式。军事组织和一些政府机构就属于这一类。然而，因为我们现在的世界表现出越来越明显的 VUCA 特征，所以要应对变化，这种结构很快会变得不充分和无效。

6.2.3 橙色：通过效率来领导

在文艺复兴时期，随着启蒙运动和工业革命序幕的推进，人们看待工作的方式从以农业为根源的工作转变为工业革命推动的、劳动力借助于机器来进行的工作，因此工作"高效"。成功不再由更高的权力机构来定义，实现利润和增长本身就是目标。通过这种思考，引入了一些关键的管理创新：创新，创建研发和营销等部门；责任，这意味着人们有责任在定义的范围内实现目标；精英制，每个人都可以升到组织的顶端，只要能展现相关的技能和做出贡献，与种姓或家庭关系无关。

正如我们在第 4 章所看到的，当今管理工作许多最流行的方式，例如职能型组织，是符合莱卢对橙色领导的想法的。过去的几百年，这种模式给整个社会带来了巨大的繁荣。但它也明显关注短期利润和资源开发而导致最终不可持续的经营方式。对首席财务官的一项调查显示，企业往往会减少研发投入，不惜放弃有利可图的投资以制定短期利润目标。[7] 2015年，全球最大资产管理机构黑石集团 CEO 芬克在给全球一些大公司 CEO 的一封信中警告说，缺乏长期视角会造成"创新投资不足、技术劳动力不足或必要资本支出不足"，因而无法维持长期增长。[8]

6.2.4　绿色：通过职责来领导

绿色领导认识到，从长远来看，橙色的剥削方式是不可持续的。绿色领导力重点关注责任和长期发展。虽然在这一类别中有几个非营利组织、环境和社会公益组织，但也有几家大公司将绿色观点作为其核心价值观的一部分。与侧重于战略和财务预算等更传统的橙色组织相比，西南航空公司、Rally 软件（后来被 CA Technologies 收购）和星巴克都是这种特别关注文化、指导、辅导和团队合作的典型组织。

绿色组织引入的一些创新包括员工授权和平等管理（每个人都有发言权并能以各种方式影响组织的方向）。

6.2.5　组织：由相互关联部分组成的有机生态环境

莱卢指出，尽管前面概述的四个类别描述了人类发展的不同阶段以及管理组织的相应方式，但所有这些类别都在不同程度上影响着现在的大部分大型组织。例如，还记得我在前言中讨论过的城市吧。城市是社会建筑，人员、资源和资产以有机、高适应性的方式进行组织，已经承受了数千年的巨大挑战，其中，可以看到红色（贩毒集团）、琥珀色（公立学校）、橙色（上市公司）和绿色（非营利组织）组织的迹象。

公司组织结构内部也是这样的。每家公司都在一定程度上体现了部分或全部这些类别。真正重要的是主导方式，因为它对公司的管理方式产生着巨大的影响。例如，在财富 500 强公司中，会计部门以琥珀色的方式组织，往往有明确的权限和独特的操作规则，营销部门的特点可能是包含更多员工赋能和创造空间这样的绿色功能。然而，处于支配地位的文化可能更像橙色组织，其目标管理和短期利润的动机占主导地位。

正如我们将在第 7 章中看到的那样，领导者奖励员工的行为方式有助于解释组织的价值观以及公司希望在哪方面进一步增强。根据莱卢的说法，组织的认知水平不能超越领导者的认知水平。

6.2.6　青色：作为一个有生命的实体

莱卢和之前的柯林斯一样，研究了许多公司，了解它们在瞬息万变的商业环境中如何应对眼前的挑战。他想知道发展势头良好的公司是否有明显的共性。他最终选定 10 家公司（最初是 12 家，但其中有两家公司在高管轮值后又恢复了原来的管理方式）。他深入研究他们的管理实践，并识别出一些关键的共性，这些共同点帮助他定义了青色组织，绿色的下一个进化版本。

莱卢注意到一些管理创新，他称之为"青色领导力组织特征"。

- **自主管理**　青色组织有很大程度的自主权，但只在组织范围内有效。自主管理并不意味着人们可以做自己想做的任何事情；它意味着等级制度基于一系列相互联系的结构而自然涌现，其中决策权流向有兴趣、有专业知识并且愿意负责某个特定情形的人。您可能还记得第 5 章中描述的社会民主制（Sociocracy）和合弄制（Holacracy）。
- **完整性**　青色组织认识到工作的目的不只是薪水；除了工作本身，还要有意义。此外，人们全身心投入工作。这意味着，除了简单地将"专业精神"带到工作中，还鼓励带上"所有的你"全身心投入。
  门罗创新是一家软件公司，总部位于密歇根州安娜堡，也是青色组织的一个典范。该公司完全赞同"全心而入"。当公司 CEO 谢里丹（Rich Sheridan）得知几名员工因为日托限制而无法上班时，邀请员工带孩子来上班。现在，门罗的几名员工带着孩子工作，创造了一个信任的氛围并增强了员工之间以及员工与公司之间的联系。谢里丹自豪地称这些孩子为"小门罗"，尽管他们的生产力仅限于午休、进食和偶尔的"大生意"。
- **进化宗旨**　青色组织认识到他们并不知道所有的答案。他们将不确定性纳入工作考量中。通过更少关注既定目标、激励措施和预算，更多关注随着组织感知和响应而不断涌现的内容，他们能够超越竞争对手。这种风格对领导层管理业务的方式产生了深远的影响；不是试图预测和控制将来要发生什么以及将资源集中到一个不确定的目标，青色组织的做法是尝试着感知业务环境揭示出来的认知来响应执行，而不是按商业计划采取行动。例如，在青色组织中，利润被视为一个滞后指标，它本身不是一个目标，而是做"正确的事"并完成作为组织使命的提供优秀客户体验的结果。巴塔哥尼亚（Patagonia）[①]是一家市值数百万美元的户外服装公司，它的核心使命是帮助提高环境意识，拯救地球。该公司也赚取利润，但这被视为一个很好的"副作用"。多年来，巴塔哥尼亚公司一直在不折不扣地真正采取行动，每年都将公司销售总额的1%捐赠给环保组织。[9]

6.2.7　青色组织：未来组织的蓝图？

莱卢的书获得了广泛的赞誉，在全球销售了几百万本，他清楚地表达了他对青色组织的看法。但是，他的理论也受到一些合理的批评。

> **莱卢在《重塑组织》一书中研究的十家公司**
> - 博组客（Buurtzorg）
> - ESBZ
> - FAVI
> - 海利根菲尔德（Heiligenfeld）
> - 晨星公司（The Morning Star Company）
> - 巴塔哥尼亚（Patagonia）
> - Resources for Human Development（RHD）
> - 雅音（Sounds True）
> - 升旭液压（Sun Hydraulics）
> - 合弄制（Holacracy）

首先，他详细研究的10家公司（见以下补充内容）中，没有一家是真正的华尔街公司。这意味着这种理论根本不适用于上市公司？还是意味着适用于10 000名员工以

[①] 中文版编注：又称"户外 Gucci"，全球最大的户外用品公司，创办于1975年，灵感来自于创始人伊万·乔伊纳德在安第斯山脉巴塔哥尼亚地区的登山经历。

下的公司？到目前为止，我们所看到的使用类似工作方式的公司的例子很少（如美捷步）、规模相当小（如晨星公司）或非营利组织。这本身没有任何问题，但青色组织是否能解决大多数现代管理挑战？

公平地说，莱卢的理论在管理思想领域还相当新，还没有机会进行大规模测试。对于希望推进公司状态的领导者而言，这是一个有效的关注点。

然而，只维持现有状态也不是解决方案。随着环境变化的持续加速以及员工在调查中表现出来的低参与度，公司确实需要找到更快适应的方法。事实上，柯林斯和莱卢所展示的核心理念——当前管理思想无法帮助我们应对当今的挑战——与2001年《敏捷宣言》签署人所表达的观点相呼应，只不过敏捷宣言是发布在软件开发的背景下，而非领导力或管理领域。

正如我们前面所讨论的，《敏捷宣言》本身就是对软件开发行业中这些挑战的直接回应，通过价值观和原则来明确表达工作方式应该如何改善。

对于领导管理层来说，如果考虑在当今环境中改变企业运营方式，是否有类似的指南可以参考？如果有针对领导力和管理思想的与《敏捷宣言》相当的东西，应该会有所帮助吧？

确实是有的，称为"超越预算"。

6.3 超越预算：一个敏捷管理模型

超越预算，尽管名字可能有些误导人，但实际上并非关于预算，它是一个支持适应性管理和人员赋能的模型。选择这个名称是想要说明当前的管理需要从传统的、自上而下的、有固定年度预算的管理系统发展为更新的业务运营管理方式。让我们一起仔细研究一下超越预算的来源并探索其核心原则以及这些原则如何帮助我们在敏捷环境中支持领导力的发展。[10]

6.3.1 超越预算的起源

霍普（Jeremy Hope）是一名作家并历任几家英国公司的财务总监。佛雷泽（Robin Fraser）是一名作家兼商业顾问。他们被推荐在 1997 年国际高级管理协会（CAM-I）会议上发言，讨论预算及其对业务表现的负面影响。虽然不曾见过面，但他们俩很快发现他们有很多共同的观点，于是开始讨论合作。1998 年，他们决定与必昂司（Peter Bunce，作为国际高级管理协会 CAM-I 成员管理多个研究项目）一起组建超越预算圆桌会议（Beyond Budgeting Round Taleb，BBRT）。BBRT 的研究引发了超越预算模型的发展，从而彻底改变了组织的领导和管理方式。[11]

6.3.2 超越预算：少一些自上而下的控制，多一些信任和赋能

霍普和佛雷泽（Hope 和 Fraser）认为，核心问题是尽管组织认识到需要更快适应、赋能员工并改善价值创造方式，但传统的预算流程及其驱动的文化和流程消除了任何更改的可能性。传统预算通常（现在仍然）基于 20 世纪的传统管理思想，尤其关注合规与控制，注定会破坏工作者、管理者、合作伙伴和客户之间的信任在知识型经济中，这部分犹为重要。

这里有一个简单的例子，跟一家公司的销售相关。按传统，销售人员需要做到一定的销售配额。做不到这些数字时，销售人员可以利用他们与客户的关系，要求他们订购他们最终将退回的商品。虽然当前季度的销售配额可能完得成，但这些数据都是捏造的，因为有些产品在下个季度肯定会作退货处理。相反，如果业务部门有望超出销售目标，那么销售人员通常会说服客户推迟到下一个账期下订单，即使这意味着公司的现金流会延期。这种以满足个人利益行事的游戏以不同的形式渗透到整个组织中。最终，预算成为常识业务方式的障碍，成为需要掌握的"游戏"，而不是创造商业价值的有效工具。

在一次对霍普的采访中，谈到开发超越预算模型的动机时，霍普做了如下详尽的阐述：

> "更多的是使用预算系统的方式而不是预算系统本身所造成的问题……让大量人员参与漫长的详细计划，然后再按照预算计划的节奏向前推进的这种过程，从我们的角度看来，不仅浪费了时间，还侮辱了他们的智商。"[12]

霍普和佛雷泽认为，解决这个问题需要一种全新的领导视角。于是，他们在 1998 年建立了 BBRT。他们开始找一些致力于解决传统管理结构固有问题的公司来开始研究。首先，找到样本公司并不容易。20 世纪 90 年代末，没有几个公司在实施这种创新管理。然而，经过几年对实现了高成长性公司的研究，他们认识到，与传统模式相比，这些公司的运营方式有两个根本的差异。

首先，这些公司使用的是应急管理方式。也就是说，公司在可能的情况下设定内部或外部的相对财务目标，而不是制定固定预算来做决策。其次，他们更倾向于采用动态和去中心化的决策模型。这些公司没有采用传统的、自上而下的决策层级，而是下放决策权给一线员工，由一线管理者和"听得见炮火的人"做出更多决策。他们还将业务和事件驱动的节奏引入管理流程。其中动态资源分配的实现方式类似于敏捷中的"持续交付"。年度预算中包含一大堆决策，因此，资源分配以更持续的方式进行，而不是每年一次。

这些主题，包括拥抱变化和赋能，都成为超越预算模型的核心。为了使模型有实用性和可操作性，霍普和佛雷泽与 BBRT 的其他成员一起总结了一套包含 12 条原则、帮助提供超越预算领导力和流程的具体指南（https://bbrt.org/the-beyond-budgeting-principles/），如表 6.2 所述。

表 6.2 超越预算：适应性管理模型

领导力原则	管理流程
1. 意义：围绕大胆而崇高的事业来吸引和激励人，而不是围绕着短期财务目标	7. 节奏：管理流程动态的围绕业务的节奏，而不只限于围绕财年的节奏
2. 价值观：通过共同的价值观和正确的判断来治理，而不是通过详细的规章制度	8. 目标：设置有方向、有抱负、相对的目标；避免固定的、多个层级级联的目标
3. 透明：为自律、创新、学习和控制而开放信息，而不是限制信息	9. 计划与预测：使计划和预测过程既精益又公正，而不是一个僵化的、政治化的动作
4. 组织：培养强烈的归属感，组织结构围绕着敏捷而有责任感的团队，避免层级控制和官僚作风	10. 资源分配：培养成本意识的心态，按需提供资源，而不是通过详细的年度预算分配
5. 自主权：信任团队，让团队成员自由行事，不要因为有人滥用自主权就惩罚所有人	11. 绩效评估：全面绩效评估，并为学习和发展提供同级反馈，而不只是急于衡量标准，也不只是为了奖励
6. 客户：将每个人的工作与客户的需求挂钩，避免利益冲突	12. 奖励：激励共同战胜竞争对手的成功，而不是针对固定的业绩评估合同

随着这些想法通过霍普和佛雷泽的《超越预算》一书得以传播，越来越多的公司开始分享他们的故事。瑞典商业银行（Handelsbanken）、全食（Whole Foods）和沃尔沃（Volvo）等公司报告称实施超越预算并取得了显著的成果。

BBRT 主席比亚特·伯格斯尼思（Bjarte Bogsnes），同时也是能源公司 Equinor（前身为 Statoil，有超过 20 000 名员工，市值 600 亿美元）的高级顾问，记录了一个非常成功的转型例子。伯格斯尼思在他的《实施超越预算》①一书中，描述了这家庞大的能源公司如何将预算的目标设定、预测和资源分配分成三个不同的流程。每个人都可以改善，不只是为了应对 VUCA 世界的需求，更是为了应对一个员工高能并有责任心的组织的需求。[13] 这意味着前面提到的"游戏"这个通常与传统管理系统相关的问题被最小化，人们可以更专注于完成工作。但超越预算不单是金融相关工具，更是一种思维方式。伯格斯尼思明确指出，使组织适应性更强的是对价值观和原则的清晰理解，而非某种具体技术。因此，超越预算不是可以按部就班的管理方法。相反，它是一个可以为管理层和领导者提供适应性更强、绩效更高的指南。

这种工作方式对学术研究也比较有效。2013 年，挪威教授包米斯特罗夫和卡鲍恩（Bourmistrov 和 Kaarbøe）在《管理会计研究》上发表了一篇文章，表明超越预算帮助改善了以不确定性和持续学习为特征的环境下的战略制定和前瞻性决策。将决策权交给一线的好处是，信息可以更快流动并增加反馈环："问题可以立即解决，并确保收入和成本的相关目标得以实现。这也为更快获知相应商业环境中的动态提供了机会。"[14]

超越预算是财务专业人员针对当前管理思想中的功能失调创建的，正如几乎同一时期《敏捷宣言》的目的是解决软件开发所面临的挑战。虽然这两个倡议的作者在创建宣言时不曾有过交流，但在语气和内容方面有非常明显的一致性。看起来，两个阵营都看到了挑战，都希望从自己的优势视角尽力移除障碍。释放企业的敏捷性，既需要超越预算的领导力和管理指导，也需要《敏捷宣言》所表达的对构建更好软件的洞察。

---

① 中文版编注：中文版由黄邦伟博士翻译，清华大学出版社出版发行。

6.4 传统 CEO 的末路？

超越预算和莱卢青色组织所包含的大部分思想表明，决策需要落到一线工作者层面。如果整个组织中每个人实际上都是领导者，那么还需要老板吗？敏捷组织不需要首席执行官（CEO）这个角色吗？

一些组织正在拥抱这一概念。Crisp 是一家领先的瑞典咨询公司，也是大多数客户眼中的进取型公司，决定完全取消首席执行官的职位。在此之前，Crisp 员工每年都通过投票产生轮值 CEO。当时的想法是他们需要一位最高层的领导。如果可能面临风险，必须有人做出决策，也必须有人负责。Crisp 属于尝试新模式并得到了蓬勃发展的公司，员工想要验证他们关于领导力的想法。他们真的需要有人成为"决策者"吗？2013 年，他们同意试着取消首席执行官这个角色。并且，此后一直没有回头。

从 Crisp 业务增长的健康程度和员工的敬业程度来看，这个实验似乎正在发挥作用。传统上由高管做出的决策现在由雇佣员工和董事会成员（也是 Crisp 员工）一起做出。2017 年 2 月接受 BBC 采访时，Crisp 教练桑德曼（Yassal Sundman）说，领导决策是一个协作过程。如果需要，员工就共同做出重大的战略决策，这作为定期内部会议的一部分。如果事情没有按照预期发展，他们就会改变行动方向。"我们说我们要做出这个决定，直到下次会议才有效。我们还在做实验中。"[15]

当然，Crisp 是一家规模较小的公司（约 40 人），与《财富》500 强公司相比，大多数"无领导"的组织规模都很小。一旦组织规模扩大，沟通固有的复杂性和对更明确边界的需求也会扩大。这种现实可能会使一个有 10 万人以上但没有明确领导者的组织变得不切实际。惠普公司（一家员工人数超过 130 000 名的跨国公司）的前任首席执行官惠特曼（Meg Whitman）认为，有很多出发点很好的人对公司应该如何发展提出了意见，但最终需要有决策者。"最终，在最高层，扮演决策者的就是我。"[16]

在组织的最高层是否需要一位正式的领导呢？这可能取决于公司的规模和文化。正式的领导可能可有可无，但是领导力显然不一样。领导力对敏捷转型成功有巨大的影响。如果没有必要的领导力来支持犯错、偶尔的失败并且勇于示弱，不可能产生什么有意义的改变。人们需要尝新的自由，不需要别人来规划他们的职业生涯。

唐娜（Donna Potts-McKenzie）的领导力在几百人面前表现出来，让他们知道她并不完全确定未来会怎样。但她并不孤单。如果没有首席执行官支持她并使她拥有允许不确定的安全感，她也没有足够的余地向公众示弱。唐娜的观点证实了该组织的其他成员如何感受并帮助达成共同承诺："是的，这将是艰难的；是的，我们承认我们现在不确定；但我们承诺一起解决问题。"无论是选定的一群人还是作为集体组织，团队的行为和程序直接反映了领导层所支持的观点和价值观。

6.5 敏捷领导力的三个基石

考虑这些研究以及我在小公司（< 40 人）和大型跨国集团（> 100 000 人）的工作经历，我注意到一些关键的领导力特征往往超越公司规模、文化和行业而存在。无论是由具体某个领导者还是通过整个组织展示出来，我发现下面三个领导力主题对解锁企业敏捷至关重要。

- **安全：在有意义的约束下完全自主**　柯林斯称之为"纪律"。莱卢称之为"自我管理"。共同点是，领导是成熟并有信心的，不必密切关注所有大小事，而是给员工提供在有意义的边界内完成工作所需要的自由空间。就像柯林斯在他的书中指出的："有了训练有素的员工，就不必在公司设置等级制度。有了训练有素的思想，就不需要在公司设置层层科室。只要行为遵守原则，就不需要加以过多的控制。"

- **意义：超越利润和收入**　莱卢专注于不只带着"专业精神"来工作，不要让整个人成为组织的一部分。换句话说，领导需要阐明超越利润的意义，让人们可以在更深的层次上建立联系。
  门罗创新的谢里丹（Rich Sheridan）很清楚驱动公司的意义：快乐。虽然起初听起来可能很老套，但他是非常认真的：

  > "在通用汽车长时间工作并不断努力升迁时，我的生命中缺少快乐。在外部奖励方面，我取得了成功，但我的内心实际上是空虚的。我不快乐。这就是我与商业伙伴一起创立门罗创新的原因。我们要创建一个组织，让人们可以在工作中体验到快乐，并且，我们要为客户创造产品和解决方案，同时也为他们创造快乐。"[17]

到目前为止，谢里丹的方法似乎非常适合门罗创新。自 2001 年成立以来，公司稳步发展，每年的利润都破纪录。并不只有门罗创新才这样。《哈佛商业评论》的一篇文章显示，85%的目标主导型公司每年至少增长 10%。[18]

- **涌现：拥抱变化**　根据柯林斯的说法，第 5 级领导拥有明显的谦逊品质。他们认识到自己并不知道所有的答案，他们甚至承认运气在成功中起着重要的作用。青色领导也拥抱不确定性。他们从一开始就假设自己是错的，但一旦组织有机会与环境互动并学习，答案就会出现。
  超越预算明确指出，做计划是一个持续的活动，而不是一年一度的事件。如果不将计划视为持续活动，学习就不会发生。没有学习，公司就无法适应不断变化的商业环境。组织不变，就会面临巨大的风险。但正如戴明（W. Edwards Deming）所说："变不变，可以选；但能否生存，没得选。"

"弱干预、赋能并通过实验拥抱不确定性"，这是柯林斯和莱卢理论中共有的三个主题。两位作者都发现，要使组织长期获得成功，这些核心原则需要根植于组织领导力的 DNA 中。当然，他们用不同的语言来描述相同的概念，但不知何故，这些管理思想家想法一致，尽管研究的是不同的公司，而且研究至少相隔 15 年。现在，商业的时钟转得更快已经有一段时间了，领导力思维却还没有跟上，这一点越来越明显。

小结

本章重点讨论领导力作为催化剂对解锁敏捷的影响。探讨了推动变革发生所需要的领导力行为，强调超越预算是一个用于 VUCA 世界的领导力模型。同时谨慎地指出，敏捷领导力没有一个"按图索骥"的方法。也就是说，具体的上下文决定着特定情况下哪种类型的行为才是适当的。

要产生持久的影响，领导行为必须与现有的组织文化保持一致。因此，如果不先理解特定组织文化的影响，任何致力于改变的努力都将难以为继。

下一章专门讨论这个重要的主题。我们将探讨文化是什么以及为什么它对制定变革转型战略（使其不至于与当前文化发生剧烈冲突）那么重要。我们还要探讨随时间推移的文化转变策略。在业务敏捷的五个维度中，可能没有哪个维度比文化更容易被误解，但它对转型工作成功的相对影响远远大于其他任何因素。我们接下来将介绍这个主题。

 问答环节

1. 为什么采用敏捷领导力思维如此重要？为什么一定要改变管理方法呢？

   如果采用更敏捷的工作方式对组织很重要，还必须采用与其一致的领导力思维方式。没有领导支持，不太容易使组织变得更灵活，行动更快。为什么？因为如果业务战略（由高层领导设定）与运营策略（在一线执行）不一致，战略与执行会马上割裂。

   例如，如果领导层定义的业务战略强调短期和季度收益，员工就不可能为创新和创造性的工作分配时间。毕竟，他们的激励、绩效度量和战略方向都集中在短期收益上。不确定的创新工作从员工的角度来说有很大的风险，因此不太可能完成。另一方面，如果领导层表现出与更敏捷的工作方式相关的思维方式并在阐明战略和目标时体现出来，员工就会有安全感并支持他们逐步转为新的工作方式。

   柯林斯的研究非常引人注目，在他研究的 15 年被选为"伟大"的公司中，最重要的因素之一就是第 5 级领导力。虽然这不是因果关系，但领导风格与绩效收益密切相关。仅凭这一点，就考虑将领导哲学进化为具备柯林斯所提出的"谦逊和坚定的意志"。

2. "决策权下沉，接近于一线工作，并且有理由地计划而不是每年做一次"，这些超越预算的原则是否适用于所有类型和规模的企业？

   敏捷不是可以变成的结果，而是可以不断改变的过程。换句话说，超越预算的指导中"决策权下沉到更接近一线工作和实施计划的人"往往是一个连续的活动，而不是绝对的。是否适用于所有类型的企业？是的，所有业务，无论规模大小，都将从这些类型的活动中受益。对于谷歌，看起来可能与通用汽车的情况不同吗？是的，非常有可能。而且这是预料之中的。在这种情况下，斯诺登的 Cynefin 框架是一个很好的指南，与简单领域相反，如果业务集中在复杂领域，就越能因为采用更敏捷的工作方式而受益。换句话说，所有组织都受益

于适应性管理模型（如超越预算）所代表的思维，但有一些组织更多受益于其独特的业务环境。

3. 如果与预算相关的目标不是我的关键指标，我该如何衡量成功？

   预算目标的根本目的是根据预算设定的时间来衡量是否按计划执行。因为有预算目标。但如果对产品、客户或其他外部因素了解很少，用初始预算设定的时间来衡量就没有意义。只有考虑不断变化的市场、客户需求和竞争行动等因素的进展指标，才有意义。超越预算建议将相对度量（如同行基准）视为更相关的进度衡量标准。

4. 如何在这种环境中成为有用的 CEO 或老板？

   虽然没有敏捷领导力的秘诀，但我们知道有一些探索型的领导愿意拥抱这些有助于组织在 VUCA 世界中取得成功的想法。创建一个环境，让员工感到可以安全犯错（并从中吸取教训），灌输明确的超越货币性目标的意义，并对不断变化的业务条件保持开放的态度，这是敏捷业务环境的基本特征。在这种环境中成为高效的领导者，意味着阐明战略时采用的语言以及用于激励员工的奖励、表彰和客户的互动，以此来诠释安全、赋能和组织学习的价值。但"言必行"往往最有效。比如，我们在本章中了解到，领导在面对不确定性时的示弱行为很可能是让员工有安全感的有效方式。

更多资源

我建议进一步探索以下资源，更深入地了解本章中讨论的主题。

- Sheridan, Richard. *Joy Inc. How We Built a Workplace People Love.* Portfolio. 2013. 中文版《最有效的干法》，谢里丹的书非常个人化，讲述了他在工作中是如何寻求快乐的，带着我们回顾了他与他的好朋友及商业伙伴一起创建一家小型软件公司的过程。在书中，他详细介绍了一些轶事以及有助于创造客户价值并逐渐接受敏捷的基本原则，逐步形成敏捷的工作方式。建立在精益敏捷原则之上的门罗方式（Menlo Way）简单而朴实：快速失败（学习）、使员工能够做正确的事情并不断努力改进工作方式。我强烈推荐这本书！

- Bogsnes，Bjarte. *Beyond Budgeting: Unlocking the Performance Potential*. 2nd Eidion. Wiley. 2016. 中文版《实施超越预算》
  伯格斯尼思是超越预算方法的早期采用者，也是超越预算运动的先驱之一。在本书中，他带领我们踏上了他在挪威能源公司和后来的挪威国家石油公司转型为高适应性管理思想的变革之旅。他对旅程的描述不仅包含大量信息，而且还很有趣，一如伯格斯尼思非正式和会话式的小品文风格。如果要找领导力转变的实际例子，应该看这本书。
- Podcast:"How I Built This with Guy Raz."Patagonia: Yvon Chouinard. *http://one.npr.org/i/504852483:505017995*
  这个 NPR 播客系列非常棒，特别针对想要了解领导力和创业的人。在这一集中，尼塔格尼亚（Patagonia）的创始人乔伊纳德（Yvon Chouinard）描述了公司的成立、他的领导哲学以及尼塔格尼亚取得成功的一些关键要素。乔伊纳德就像是一个您喜欢喝着咖啡跟他聊任何事情的人。他的播客证明了好内容必受追捧。绝对值得你花 30 分钟时间！

有关本章的其他资源，请访问 www.unlockingagility.com。

注释

[1] http://www.jimcollins.com/article_topics/articles/good-to-great.html

[2] Collins, James C. *Good to Great: Why Some Companies Make the Leap…And Others Don't*. Harper Business. 2001. 中文版《从优秀到卓越》

[3] https://hbr.org/2005/07/level-5-leadership-the-triumph-of-humility-and-fierce-resolve

[4] Laloux, Fredric. *Reinventing Organizations*. Nelson Parker. 2014.

[5] http://news.gallup.com/reports/199961/7.aspx

[6] https://www.strategy-business.com/article/00344?gko=10721

[7] https://faculty.fuqua.duke.edu/~charvey/Research/Published_Papers/P89_The_economic_implications.pdf

[8] http://www.businessinsider.com/larry-fink-letter-to-ceos-2015-4?r=US&IR=T&IR=T

[9] "How I Built This with Guy Raz." Patagonia: Yvon Chouinard. http://one.npr.org/i/504852483:505017995

[10] https://www.competence-site.de/the-origins-of-beyond-budgeting-and-of-the-beyond-budgeting-round-Taleb-bbrt-interview-with-jeremy-hope/

[11] Hope, Jeremy and Fraser, Robin. "Beyond Budgeting: How Managers Can Break Free from the Annual Performance Trap." Harvard Business Review Press. 2003.

[12] https://www.competence-site.de/the-origins-of-beyond-budgeting-and-of-thebeyond-budgeting-round-Taleb-bbrt-interview-with-jeremy-hope/

[13] Bogsnes, Bjarte. *Implementing Beyond Budgeting: Unlocking the Performance Potential*. John Wiley and Sons. 2008. 中文版《实施超越预算》

[14] Bourmistrov, Anatoli and Kaarbøe, Katarina. "From comfort to stretch zones: A field study of two multinational companies applying 'beyond budgeting' ideas." Management Accounting Research. 2013.

[15] http://www.bbc.com/news/video_and_audio/headlines/38982715/what-if-we-had-no-ceo

[16] http://www.bbc.com/news/video_and_audio/headlines/38982715/what-ifwe-had-no-ceo

[17] Sheridan, Richard. *Joy, Inc.: How We Built a Workplace People Love*. Penguin. 2013.

[18] https://hbr.org/2017/11/the-best-companies-know-how-to-balance-strategy-and-purpose

第 7 章

文化

房间里很快就挤满了人。大家都很想现场参加业务部门的季度回顾与展望会。通常情况下，特别是必须步行一段路才能到达会议地点时，人们往往选择电话会议，但眼前这个演讲，几乎所有人都认为需要现场参加。理由很充分，因为这是新任总监第一次为下一季度制定战略重点，想要把公司业绩提升到一个新的高度。

没有人知道他要讲什么，但无论什么主题，都必须解决眼前的"拦路虎"：产品质量正在走低，必须有所改变。在过去的 6~9 个月，开发工作一直举步维艰，进展缓慢，而且团队已经筋疲力尽。有人开始走捷径，不严格遵守开发标准而影响到了产品质量。上个季度的生产缺陷超过了两年的总和；第 4 级投诉（就是那种"让老板在晚上接电话"的缺陷）在数量上在公司 25 年的历史里创了新高。

会议即将开始。大家开始安静下来。新任领导走上讲台，直奔主题："我想要澄清一点，质量第一，"他说，"除非符合高质量标准，否则我们不会向产品环境部署任何东西。即便这意味着会错过发布日期，我们也在所不惜。如果这意味着某些客户会在短时间内对我们表示不满，我们也愿意接受。我们不想只是为了满足发布日期而发布软件，质量是重中之重。"

房间里很快炸了，响起一阵阵的嗡嗡声。新任领导显然非常看重质量。高管的立场如此鲜明，的确让人精神一振。他传递的信号很清楚："如果产品不够好，就不可以发布。"就这么简单。工程师喜欢这样的信息，终于有机会把工作做好，而不是为满足日期而在仓促发布后追加补丁了。有些人甚至还想知道最后是否还有机会处理受到技术债拖累的遗留代码。

会议结束了，大家在走回办公区的路上还在热烈地交谈。一些乐观的声音在人群中此起彼伏。"看起来有些变化正在发生。""终于有人打破这个恶性循环了。"但当团队正打算投入工作的时候，无意中听到一位经理在走廊里不屑地说："嗯，这虽然听起来的确不错，但相信我，不会有任何变化的。这一幕我见得多了。到最后，胜出的总是发布日期。我在这个地方工作了 14 年，从来没有听说过因为质量问题而耽误发布的，除非系统根本无法运行。"

他注意到人们开始放慢脚步关注自己。这似乎让他来劲儿了，他变得有些小激动："我们总能想方设法满足发布日期，即便知道事后会付出代价。我们一直来都是这样的。说的可以比唱的好听，但我现在并没有看到这种变化。抱歉，伙计们，我只是想提醒大家，事实如此。"

大约六个月后，时间证明这位经理的愤世嫉俗是有根据的。尽管尝试了一些不痛不痒的新的开发实践，但质量仍然是个问题。当团队提出对满足当前承诺日期的担忧时，却被告知"不管怎样，先想办法让系统工作起来"，而不是解决问题的根本原因，因为延期可能会错过发布日期。

新任领导的意图非常好，但还没有等他的新角色发挥作用，所有的事情又故态复萌，被打回原形了。质量作为营销口号很重要，并在愿景陈述中占有显著的地位，但并没有被"照进现实"。上任后不到 14 个月，这位新任领导就黯然离开了公司，公司的质量问题并没有任何明显的变化。

不幸的是，这并不是故事。我几年前合作过的一家公司就是这样的。

有高层领导支持，为什么还是没有变化呢？类似的情况将来如何应对？

从本质上讲，没有变化的原因可以概括为一个词：文化。敏捷五个维度中的最后一个，相比其他任何一个维度，文化能发挥更大的作用，并且或多或少还影响着另外四个维度。本章将探讨文化是什么，研究它如何影响组织的变革能力，探讨改变现有文化的具体策略。

7.1 文化的深远影响

究竟什么是文化？麻省理工学院教授及最著名的组织文化思想家之一，沙因（Edgar Schein）如此定义：

> "特定组织在处理外部适应与内部融合问题的过程中所学习到的、由组织自身所发明与创造并发展起来的一些基本假设模式，这些基本假设模式能够发挥很好的作用并被认为是有效的，因而可以作为与这些问题相关的正确感知、思考和感受传授给新的成员。"[1]

文化影响着员工在组织环境中的思考、行为和感受方式。这意味着，引入的工具或技术，展示的领导力，甚至组织设计，如果与公司文化不一致，任何变革管理工作都可能是短暂的、肤浅的。就像组织"抗体"攻击变革的抗原一样，文化设定了公司"如何工作"的不成文规则，任何偏离都很难生存。

例如，在我本章开篇分享的真人真事中，该组织多年来一直奉行销售驱动型文化。公司的首席执行官来自销售部门，之前的前任首席执行官也有销售背景。到本季度末"满足份额"的想法渗透到组织上下，错过发布日期是不可接受的。质量被视为一种重要的竞争优势，但绝不可能达到满足销售承诺的高度。因此，尽管有新的领导力，提出了新的工作方式以及改善的流程和工具，但为提高质量而可能错过发布日期，这样的想法并不现实。

公平地说，对公司而言，这种销售导向型的文化多年来一直都挺好。收入稳步增长，创新则通过战略收购来实现。问题在于，由于始终关注短期收益，日积月累，公司欠下了大量技术债务，几乎不可能改变并做出可预测的调整。如第 2 章所述，缺乏可持续的步伐使组织变得脆弱。因此，当领导层认识到必须进行变革并引入新的总监以帮助实现重点聚焦于质量时，他们可能已经做了最好的打算。遗憾的是，总监还没有来得及开始基本上就已经输了，因为销售优先的文化长期以来一直在主动抵制构建高质量的软件。

7.2 我们如何体验文化

沙因（Schein）指出，文化是一系列共同的经历积累而成的，并且，这种文化背后的价值观可以通过多种形式表现出来。例如，精心设计的工作空间、着装规范和品牌（彰显他们想要用来体现其文化的价值观）。这些表现形式都是高度可见的，每个人都看得到。

苹果公司花了大约 50 亿美元来建造它的苹果园区（又名"飞船"）[①]。这一跨国科技巨头对细节的关注也反映在建筑中，就像体现在其产品中一样。有时，这种对细节的关注会导致施工周期的紧张和延误，例如，花好几个月时间来讨论建筑物中的标志。苹果希望外观上极简，与其设计理念相吻合。消防部门则出于显而易见的原因，希望某些东西在紧急状态下更为明显。"我从来没有在一块标识牌上花过那么多时间。"参与苹果园区项目的一位消防队长告诉路透社，他有点儿火大。[2]

沙因将这些可见的表现形式称为"工件"：文化的第一层次，是外显的产品，虽然可以观察到，但可能很难解释。沙因的文化第二层次是信仰与价值，采用更内向的视角，包括组织所表达的哲学、思维方式和价值观。[3]虽然不可见，但可以从员工解释个人的工作及其工作方式推断出来。例如，谷歌将"不做恶"作为公司的行为准则。[4]根据创始人布林和佩奇（Sergey Brin 和 Larry Page）的说法，该座右铭旨在禁止利益冲突并鼓励客观性。座右铭不只是一个吸引人的口号，它还会对人们的工作

[①] 中文版编注：2004 年开始酝酿，2009 年聘请建筑师诺曼·福斯特之后正式启动，2017 年最终落成。这是乔布斯生前的最后一件作品。乔布斯与建筑师团队的会谈往往长达五六个小时。公共空间有 500 张橡木大桌子，是向荷兰桌椅家具老字号 Arco 定制的。

方式产生真正的影响。据说,公司有个工程师在一场取消某一产品广告提议的争论中引用这个座右铭,获得了高管们的支持![5, 6]

文化的第三层次是基本假设和价值观。它深深植根于组织中,构成公司文化的本质。这些假设指导着员工行为及其工作方式,这一点,员工通常自己意识不到。很多人认为,优步(Uber)根深蒂固的大男子主义文化和联合创始人卡兰尼克(Travis Kalanick)"不择手段"是该公司工作环境恶劣的根本原因,工程师福勒(Susan Fowler)这样描述公司环境的。[7]尽管表面上有积极的工作环境和不容忍不当行为的行为准则,但潜在的文化是性骚扰不断、领导恐吓以及不择手段。在这里,道德被诅咒。随着最初的真相被曝光,一些对问题商业行为的报道先后出炉,卡兰尼克最后被撤职,公司文化进行全面整改。[8, 9]

图 7.1 说明了沙因看待三个层次的文化水平的视角。文化的本质体现在组织的基本假设中,对此,员工往往意识不到。组织的目标和战略通过员工所支持的价值观来表达,工件和行为是可以轻松观察和识别的。[10]

图 7.1 沙因的文化模型聚焦于从可见到隐含的三个层次,员工对最里面的那一层没有意识,正如我们在优步所看到的那样,员工的假设、想法和感受并不那么容易获得;然而,它们最终定义着组织文化的本质并推动着员工进行日常决策和解决问题。关注文化的表现形式,例如布置精美的办公室或鼓舞人心的口号,可能会产生误导,捕捉不到文化的真正核心

这就是组织文化可能难以正确识别的原因，除非加入组织已经有一段时间了。

7.3 施耐德文化模型

如何理解组织文化呢？顾问兼学者施耐德（William Schneider）发现了一种文化分类方法。他认为，要做出有意义的组织变革，一个重要的能力是识别当前的主导文化。他的书 *The Reengineering Alternative* 基于其他几位作者的工作，创建了一个企业文化模型，用于帮助识别组织中占主导地位的文化类型。[11]

施耐德确定了四个主要类别：合作、控制、能力和培养如图 7.2 所示。

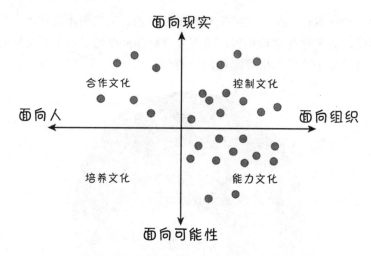

图 7.2　施奈德文化模型及来自研讨会参与者的画点投票

接下来，仔细研究这四个类别，并列举出每个类别独有的一些特征。了解组织在这个文化框架中的位置可以帮助我们在进行组织变革时做出更接近于现有文化的决策，减少人们对变革的抵制。

7.3.1　合作文化："我们因一起工作而成功"

在施耐德文化模型的左上象限（参见图 7.2），是他所称的合作文化。这种特殊类型的文化以达成共识为导向，工作方式以团队为基础。在这种类型的文化中，个人很少因为自己的技能、知识和能力而被提升，因为集体成功比个人进步更重要。只要个人能够从中学习并且最终使团队受益，个体犯错也是可以的。在这种文化风格中，施耐德指出："所谓成功，就是将一群人聚集在一起，组建一个团队，相互之间建立起积极的情感关系，并互为幕僚和资源。"[12]

通常，这种文化类别的代表组织包括家族企业、医疗保健、娱乐和私人服务企业。合作文化中的典型领导是教练，他能够以每个人的独特特征为基础，引导每个人作为团队的一份子充分发挥各自的特长。

表 7.1 描绘了合作文化在各个方面的特征。

表 7.1 合作文化

方面	特征
领导力聚焦	团队建设者，教练
管理风格	融洽，民主
组织形式	组或者群的集合
员工角色	合作。成为团队合作者，利用他人作为资源
任务聚焦	通才
权力/权威的本质	关系
决策方式	实验。多轮头脑风暴。信任
变革管理方法	团队发起变革。有改变的意愿
关键范式	协同。平等主义
氛围	团队精神/志同道合

以合作文化为特征的公司有户外零售商 REI[①]。该公司采用的是一个合作结构，利润与其成员所有者分享，旨在促进平等的环境。REI 文化深受"户外生活是生活得很好"这一信念的影响，因此公司员工都愿意分享对户外生活的热情，并合力促进对

---

① 中文版编注：1938 年创办于华盛顿州西雅图。2018 年年销售额达到 27.8 亿美元，净收入为 4 710 万美元，会员分红和其他奖金为 2.04 亿美元，分别增长了 6%、54%和 4%。新注册的会员数量增加约 100 万名，会员总数达到了 1 830 万。这一年，向非营利组织捐赠 840 万美元。

环境的管理。这种激情延伸为快乐的员工：自 1998 年以来，REI 每年都能入选《财富》杂志年度 100 家最佳雇主。[13]

7.3.2 控制文化："我们因控制并一直保持而成功"

施耐德把控制文化放在右上象限中。在这种环境中，客观性和经验主义至关重要。不鼓励情绪和其他主观元素；相反，数据和客观信息是做决策的主要依据。

这类组织往往是公用事业单位、日用品、国防和制造业这类成熟行业中的成功公司。可预测性和尽可能减少不确定性的能力是这个行业的游戏规则。基于这种文化的领导有令人难以忘怀的头衔，领导的决策很少有人质疑，而是在整个组织结构中逐级传递。

控制文化各个方面的特征如表 7.2 所示。

表 7.2 控制文化

方面	特征
领导力聚焦	权威/指令。保有权力
管理风格	保守。政策和过程导向
员工角色	合规。遵守角色的职责要求
任务聚焦	个人在一个功能范围内工作
权力/权威的本质	角色/职位
决策	很通透、周全。推动确定性
管理变革的方法	授权。抵制变革
关键规范	命令。确定性
氛围	严肃。冷静

传统上以控制文化著称的典型组织是军队。在影响决策方面，军官的军衔和他在等级体系中的位置非常重要。命令不是"建议"。根据具体规定，必须要贯彻执行。当需要快速且毫不犹豫地做出决策时，这种文化具有明显的好处。例如，在没有明确行动计划的情况下，如果无法快速响应，可能会对涉及自然灾害或救援行动造成严重的后果。

7.3.3 能力文化:"我们因最出色而获得成功"

在图表的右下象限,是能力文化。这种文化的特点总是向往做到最好,做出丰功伟绩。这些环境通常具有极强的竞争性。无论是特定的产品、工艺、技术还是服务,卓越的性能才是最重要的。

在这种环境中,令人敬畏的头衔或出色的团队教练在领导者眼中可能并不会受到特别的重视。相反,这种文化是纯粹的精英管理体制。作为房间里最聪明的人很重要,谁有最聪明的想法和最开创性的创新,谁就赢得了胜利。以此类文化为特征的组织包括智库、研究机构、著名大学和许多咨询公司。

能力文化各方面的特征如表 7.3 所示。

表 7.3 能力文化

方面	特征
领导力聚焦	标准制定者。监督者
管理风格	任务驱动。理性/分析
员工角色	成为专家。独当一面
任务聚焦	专家
权力/权威的本质	专长
决策	非常善于分析。形式逻辑
管理变革的方法	目标推动变革。改变的意愿
关键规范	职业化。精英制
氛围	竞争。快节奏

能力文化的一个例子是谷歌。该公司为雇用最聪明的人而感到自豪,他们的面试过程因为特别具有挑战性而臭名昭著。"估一下飞机中能塞入多少个网球",谷歌面试官可能用这个难题来筛选候选人并衡量候选人是否能够在压力下保持清晰的思维。唉,就连得到面试机会也得先解谜。2011 年,谷歌匿名发布了一个简单的广告牌,上面写着"{欧拉常数 e 中的连续数字中找到第一个 10 位数的质数}.com。"找到质数的人得以成功访问 7427466391.com,进入该网站后发现还得解决另一个方程式,走到最后,才能得到在谷歌总部接受面试的机会。[14] 尽管这种文化注重能力,

但值得注意的是，因为意识到绩效不单是纯粹高智商的结果，所以谷歌近年来慢慢转而开始考察更广泛的技能。[15]

7.3.4 培养文化："我们因培养为实现共同愿景而努力的人而成功"

左下角是培养类型的文化。培养文化的特点是深刻的信念和对事业的坚定承诺。这种文化与能力文化或控制文化形成鲜明的对比，后者依赖经验主义和经过验证的数据来做出决策。培养文化认为，只有为了共同目标而努力并在此过程中培养人才的组织才能获得成功。

这种文化类别的领导通常具有超凡的魅力并善于鼓舞和激励。他们能够让人相信这是一份共同的事业并愿意一起努力实现它。此类组织通常是艺术公司（管弦乐队和艺术画廊等）、某些媒体公司（尤其是视觉设计）和宗教机构。

表 7.4 描绘了培养文化各方面的特征。

表 7.4 培养文化

方面	特征
领导力聚焦	催化剂。赋能/支持
管理风格	人的驱动力。培育
员工角色	表达自我。愿意改变，发展，成长
任务聚焦	功能主义。通才。专家
权力/权威的本质	魅力
决策	参与式。有机/进化
管理变革的方法	拥抱/假设变化。变化是自动的
关键规范	人文。增长与发展。犯错误的自由
氛围	活泼。关怀

培养文化的一个例子是乔布斯时代的苹果公司。乔布斯完全凭借其个性和魅力的力量，创造了一些所谓的"现实扭曲场"，让员工相信他们可以实现看似不可能完成的任务。特里伯（Bud Tribble）是 Macintosh 计算机的元老级工程师，他这么解释乔布斯对新员工产生的影响："只要他在，几乎可以说服任何人。他不在时，他的影响力会逐渐消失，当然没有人知道要花多少时间。"[16] 今后不太可能看到苹果公

司的产品系列有显著改变了，从 Mac 到 iPad 和 iPhone，因为现在没有乔布斯在苹果工作期间那些忠实的追随者了。

7.4 文化对持续变革的影响

沙因和施耐德的文化模型非常重要，因为它们为我们提供了可用于理解组织文化的工具。如果不理解这些明显及有形的文化表达方式及其潜在的价值观和假设，人们可能会冒险发起不太可能坚持或无效的变革。

如果与之前没有合作过的组织一起工作，我会花些时间观察他们的工作方式，以此来了解其有形文化表达下的意义。公司的价值观如何？通过工作方式来表现自己？哪些地方与其声明的价值观看上去不一致？当没有人在监督时，哪些更深层次的假设在指导着员工的行为？

为了理解我的初步观察，我通常会与员工一起举办"文化工作坊"，帮助他们认识他们是如何从自己的角度来看待组织的。借助于施耐德文化模型和简单的画点投票，员工可以建立一个他们眼中的组织"地图"。

例如，我的一个合作客户希望我帮助评审转型策略。和领导一起看过拟定的策略后，我认为它虽然看似合理，但非常激进。客户希望在两个季度内对四个业务部门进行大规模变革。我希望能和参与计划转型的一个业务部门的员工进行沟通。后来，我们举办了一个工作坊，在工作坊上我介绍了施耐德文化模型，最终让他们在地图上"投票"画出他们眼中的组织。（参考图 7.2，这是工作坊上参与者投票的结果。）

虽然这肯定不是一项科学研究成果，但员工创建的这个地图与我的观察和沟通结合起来，有助于我了解公司的文化。显然，这属于典型的控制文化，我的观察也证实了员工的反馈。然而，控制文化将为转型带来挑战。敏捷工作方式定义了更多的协作、更快的反馈循环并专注于技术卓越。为了最大限度地减少敏捷文化与当前文化之间的潜在鸿沟，我们决定将更多时间用于领导力培训并且将工作重点放在一个（而非四个）业务部门上，以便我们可以随着时间的推移学习和调整转型策略。今天，这个国际保险业的客户正在向全球的分支机构推广敏捷。

在识别敏捷与现有组织文化的兼容性时，了解公司的文化背景并准确识别出公司完全处于控制象限，会非常有用。

在 *The Reengineering Alternative* 这本书里，施奈德表示，所有文化本质上都是平等的，一种特定的文化对应于一个特定的、适合自己的背景，每种文化都有自身的缺点和好处。[17] 例如，我们在第 2 章里描述的传统层级管理思想就与控制文化非常般配。在这些环境中，消除差异和提高可预测性至关重要：明确的管理指令和每个人都遵循的详细程序有助于加强这种文化。

如果公司处于年复一年只有增量变化的行业，那么"控制"可能听起来也像是合理的。如果运作得好，为什么要通过影响文化变革来破坏现有的运营方式？对于这种思路，我所能想到的问题是现在哪里还有什么"稳定"的行业。当然，有些行业比其他行业更容易发生变化，但正如我们在第 1 章所讨论的那样，没有哪个行业能够维持不变。所有的行业都被裹挟着进入 VUCA 时代。

当施奈德在 20 世纪 90 年代发展他的文化模型时，某些行业可能确实没有明显受到持续变化的影响。因此，继续强化特定文化背景可能是有意义的。但今非昔比，无论业务环境如何，拥抱敏捷的工作方式都是符合组织最佳利益的。

毫无疑问，变得敏捷并不意味着所有公司都要效仿誉满全球的谷歌和 Spotify。但确实意味着**所有公司，无论哪个行业，都要有意识地努力创造一个适应能力更强的环境**，在整个企业中做流动优化，进而在快速变化的大环境中蓬勃发展。不鼓励实验且等级森严并充满政治的环境下滋生的文化将难以接受更敏捷的工作方式。换句话说，文化**不是**生而平等的。有些文化比其他的更能适应动态的商业环境。沙因说得好："能够更容易地接受不确定性的组织文化，天生就更有更强的适应能力。"[18]

改变组织文化

如何着手改变组织文化呢？改变文化不是微不足道的小事，也无法通过管理层的授权来实现。但是，管理层可以在创造文化变革的环境中发挥重要的作用。接下来，我将概述领导影响文化变革的一些方法，并详细介绍一些具体策略来帮助大家创建一个更敏捷的组织文化。

变革绝不是容易的或是可以一蹴而就的。文化是长期学习的结果。一个组织在不断解决各种挑战的过程中，以不同方式做出决策就是在"积跬步"，定义组织文化的具体内容。在本章开头的例子中，公司文化主要是以销售为导向，所以基于这样的思维模式，满足客户的交付日期最重要，其次才是质量。尽管新任总监热情洋溢地呼吁变革（并真诚地尝试），但在几个月后，组织最终还是故态复萌，回到原来"在这里如何做事"的标准概念。

领导者如何在组织中做出有意义的文化变革并防止历史重演呢？如何引入新的经验和相关学习，使得组织逐步改变对特定挑战的看法呢？对此，沙因给出了两种影响文化变革的主要方式：要么**激进危机**，要么**渐进进化**。根据我在大大小小组织所经历的变革，两个策略都是有效的，但具体场景很重要。

激进危机式文化变革

迫在眉睫的危机能够使得大家把精力集中在转型上。如果组织能够识别出业务战略和运营方式受到明显的威胁，那么整个企业就可能获得广泛的支持并最终改变现有文化的基本假设。当前运营方式从本质上受到威胁，在这样的情况下，员工认为以往的工作方式不够用了，必须得改。正如沙因所述："组织可能会反复尝试用以往有效的方式解决问题。"[19]

这种应对紧急危机的经历有助于创造变革的动机，让人们抛弃曾经认为无懈可击的假设，营造一个成熟的变革环境。约翰·科特（John Kotter），《领导变革》一书的作者，也是哈佛商学院的一位教授，他将危机描述为创造一种"紧迫感"，是思想、情感和行为的结合，使得组织中的每个人都以变革为中心。[20]

NAVTEQ 是数字地图和定位服务的先驱，其前任首席执行官拉里·卡普兰（Larry Kaplan）就通过紧急危机来让大家"忘记老习惯"。2009 年，卡普兰获悉谷歌将要在谷歌地图中发布免费的 turn-by-turn 导航指示。他意识到公司的基本商业模式面临威胁。NAVTEQ 再也无法继续保持现在每年发布一次的地图更新发布频率。对于新进入者，要想取得竞争优势，必须采用更快、更具适应性的运营方式。作为这次危机的直接结果，卡普兰要求我制定一个全面的敏捷转型战略，该战略的实施资金来自"加速上线"这个企业目标。

经过仔细讨论，卡普兰及其管理团队针对这个外部威胁以及 NAVTEQ 无法再沿用员工习惯的运营方式在公司内部做了一次公开坦诚的沟通。通过一系列全员大会、定期的电话会议以及来自所有业务领域的观点分享，整个组织敏锐地意识到公司业务所面临的潜在危机以及应该如何适应和发展。

结果呢？NAVTEQ 的员工发自内心地质疑现有的假设，并以开放的心态去寻找新的竞争方式。当敏捷工作组（AWG）开始识别出敏捷转型的障碍并帮助人们改善工作方式的时候，员工们充满热情地推动着组织各个层面的变革。在接下来的 36 个月中，公司业务几乎都有了焕然一新的改变，支持更灵活的工作方式。随后，他们成功地继续保持并扩大在汽车导航市场市场的领先地位。如今，五分之四的汽车导航系统都是由 HERE（NAVTEQ 前身）提供的。[21]

像 NAVTEQ 那样，在面临一个紧急的外部威胁时能够和员工明确沟通，是营造变革环境的有力方式。迫在眉睫的危机最终会带来解决眼前挑战的新方案并开始塑造新文化。

请注意，组织不会因为领导要求变就能变。组织会因为领导**创造了一个可以催生变化的环境**而改变。员工有权挑战现有约束并停用现有"完善"的流程。例如，在危机发生之前，NAVTEQ 习惯于使用瀑布式关卡驱动的项目管理模式开发产品。员工自行调整，后来完全用敏捷流程取而代之，新的流程更适合用于对速度和适应性要求非常高的环境。结果，产品上线速度提高了 300%，解决紧急缺陷所需要的时间缩短了 1/4。

但如果不那么容易看到一个明确的显性危机，怎么办？如果组织表现相当好（至少目前如此），这种成功是否会危及到自满和倾向于重复做更多事情呢？沙因认为，更有意识和有计划的文化变革也是可能的，但前方高能预警，务必谨慎。

渐进进化式文化变革

领导如何在没有紧急危机的情况下实现文化变革呢？领导是否可以找到其他方法来实现众志成城？沙因认为，答案是肯定的。首先，要认识到当前文化发展的根源，这一点至关重要。随着时间的推移，当一个组织在解决业务问题时，组织成员会了解到某些方法和决策标准往往会导致成功的结果。这些学到的行为逐渐成为深刻的假设，构成组织文化的基石。随着时间的推移，沙因指出："哪怕假设难以置信，成员也会根据它来设计自己的行为。"[22]

然而，当需要改变这种文化时，实现转变的一种方法是引入一系列新的挑战，然后逐个解决。这个问题应该反映公司未来要解决的问题。例如，如果组织想要从根本上改善客户关注度的问题，领导就可以单独建个工作组，为他们提供资金来应对这一挑战，并授权团队以自己的方式而不是使用公司现有的流程来解决问题。如果工作组最初无法解决问题，公司可以给它留余地，让他们反复尝试，直到成功为止。当工作组确实找到可以改善客户关注度的方法后，可以通过各种方式提供支持以使新的工作方式更有效，并再次重复这一过程。

随着时间的推移，工作组自己的工作方式用得越多，新的行为就越能够内化到小组成员中。很快，成员提出新的假设，新的组织文化应运而生。领导如何将这种新的文化传播到工作组之外并推广到整个组织呢？不是将这些工作组成员分散到组织中，而是将他们逐渐从当前业务单元转入新的组织文化中。随着时间的推移，原来的组织文化逐渐消失，新的组织文化将成为主流，这是一种更适合迎接未来挑战的文化。

这种方法需要时间，但可能非常有效。通用（GE）就是一个例子。这家拥有 125 年历史的公司非常清楚，自己需要改变运营方式，了解自己开发的产品对客户是否有吸引力。简而言之，他们需要有实验心态。我们在第 2 章介绍过莱斯（Eric Ries），他成立了一个团队，由来自公司各个部门的少数思想领袖组成。这些人负责在整个组织中注入敏捷和精益创业思维。

团队的首次尝试是以更敏捷的工作方式造一个法式中开门冰箱。团队被指定实现几个雄心勃勃的目标，而且实现这些目标的时间窗口也很短：3 个月内完成样机并准备好在 12 个月内投入量产。该团队以跨职能的方式工作，从一开始就汇总了销售人员、制造工程师和众多客户的意见。虽然最初的尝试并没有受到客户的青睐，因为"不锈钢太暗，灯光很差"。但经过几次快速修改，客户开始回应。当 GE 在 2015 年发布第 10 个版本时，客户反响非常热烈。这些快速发布的版本帮助团队取得了成功。[23]

过去，GE 大约 5 年修改一次产品。现在通过建立快速反馈环，GE 可以每年发布新版，以响应快速变化的客户偏好。当时，首席执行官伊梅尔特（Jeff Immelt）喜欢看到这一成果并向莱斯提出挑战："我们如何将实验和学习扩展到整个公司的日常工作中？"埃里克和他的团队培训了更多人，并不断地帮助和指导员工在工作中采用这种新的方式。该计划命名为 Fastworks，在三年的时间里，推广到 GE 的所有部门。虽然伊梅尔特于 2017 年 10 月离任首席执行官，由佛兰勒里（John Flannery）继任，但 Fastworks 计划仍然在继续。[24]

我们将在下一节中看到，逐步改变文化的另一种方法是检查组织当前的激励结构，并识别出它们驱动的行为类型（以及文化）。

通过建立业务敏捷度量来实施文化变革

沙因向我们展示了文化是随着时间推移而不断学习的结果。了解这一点后，我们如何才能获得相应的经验和行为来实现更敏捷的工作方式呢？要想鼓励塑造适应性文化的行为，一种方法是确保组织奖励制度向我们希望看到的行为看齐。遗憾的是，根据我的经验，组织建立的绩效考核系统往往适得其反。为此，只能确保我们在跟踪和度量正确的行为与结果。

21 世纪头个十年的初期，我的雇主中有管理层想要推动下属一个大型客户支持中心提高效率。客户支持的成本很高，因为需要一些训练有素的呼叫中心客服人员回答专业领域的问题。由于呼叫中心本身并不创收，是纯粹的成本中心，因此，问题解决得越快越好。

当公司考虑改善客户支持呼叫中心的运营时，平均呼叫处理时间是一个相当普遍的目标。从数据上看，管理层得出结论：某特定呼叫中心小组的客服人员花了太多时间来解决客户电话投诉。领导层为这个团队设定了一个非常有挑战的目标：在未来三个月内，平均客诉处理时间要减少 20%。如果员工达到这一目标，将来有机会升职和获得丰厚的奖金。

从表面上看，通话时间看起来可能是一个用于度量呼叫中心效率的有意义的指标，因为如果客诉得到更有效的解决，组织就可以减少客户的平均等待时间，以更快的速度解决更多的客诉，最终客户也会感到更快乐。但实验过程并非如此。该小组确实达到了领导层更快平均客诉处理时间的目标，但调查显示客户并不满意。而且，令人惊讶的是，组织在客户支持上投入的资金更多了，对客户来说整体"解决问题的时间"也大幅增加了。

怎么会这样呢？为了了解减少平均客诉处理时间为何最后造成如此多的问题，我们要从更高的层次来了解公司的客户支持流程，这样做可能会有帮助。

客户支持电话分为多个类别。最简单的请求（例如简单的密码重置）只需要 30~45 秒钟即可解决。更复杂的请求（例如与硬件不兼容相关的故障排除问题）可能需要几分钟时间。在跟踪处理客诉所需要的时间时，客服人员会在收到客诉时创建支持单。支持单的创建时间就是计时开始时间。问题解决后，客服人员将支持单置于"完成"状态，同时停止计时。

但是，如果发现问题需要更复杂的协助并超出 1 级客服人员的能力，客服人员可以将问题升到下一级别。在这种情况下，是 2 级客服人员，一般由规模相对较小的但参加过更多培训且拥有更多经验的客服人员组成。发生这种情况时，原始（1 级）客服人员将支持单置于"升级"状态，支持单上的计时也被中断，因为就该级别呼叫中心客服人员而言，问题已经得到"解决"。

知道这一点后，您大概猜得到当领导层宣布减少客诉平均处理时间的目标后所发生的事情：当 1 级客服人员估计需要更多时间来解决问题时，很快会将客诉升到下一级别，不管他们自己是否能够处理问题。在减少平均客诉处理时间相关的激励政策颁布之前，1 级客服人员会与客户合作解决问题，即使可能需要几分钟。现在，随着新的激励措施发布，他们甚至不会有丝毫犹豫，因为这会增加他们的平均通话时间。取而代之的做法是，迅速更频繁地将问题升到 2 级。

将呼叫转到 2 级，这是呼叫中心客服人员确保其平均客诉时间减少的有效方式，但带来了一些严重的副作用。客户会因转到另一个部门而感到郁闷。而且，由于该公司的 2 级客服人员相对较少，因此该级别所对应的客户平均等待时间大幅增加，同时还导致一些 2 级客服人员不得不额外加班处理额外的客诉。结果，产生一大堆表示不满的客户。在三个月结束时，呼叫中心完成了缩短平均客诉处理时间（实际上缩短超过 35%）的目标，但最终结果与领导层想要达到的目标并不一致。毋庸置疑，一旦结合客户满意度调查结果，这个激励计划并没有起到应有的效果。

在指标方面，有一个有趣的现象：要小心度量。因为**度量什么，就能得到什么**。作为长期影响文化变革的一部分，度量标准可以成为一种强大的工具。但如果实施的时候不负责任，它们也非常有害。[25] 在详细说明助力敏捷转型的一些指标之前，我认为有必要澄清如何在敏捷组织中有效使用度量指标。

7.5 业务敏捷相关度量的特征

如果希望执行有意义、可衡量的变革，要记住一个最重要的原则：避免无意义的指标。"虚荣指标"是个术语，用于描述可能看似不错但无益于推动任何具体行动或提供洞察的指标。很多公司都会采用的一个虚荣指标是度量其网站的访问人数。尽管有很多人访问网站看起来不错，但是除非这些用户真正采取什么行动，否则拥有很多网站访问人数并不意味着什么。

同样，在考虑奖励并推动更具适应性文化的行为度量指标时，确保这些指标能超越虚荣并具体化，这是非常重要的。我是莱斯（Eric Ries）提出的 3A 的粉丝，即有意义的度量指标都具有三个特征：可执行（Actionable）、可使用（Accessible）和可审计（AudiTaleb）。[26]

7.5.1 可执行

简而言之，度量应该能够辅助决策，它们应该帮助我们决定采用这种方式而不是另一种。很多时候，度量指标只是为了让我们看起来不错或者是为了讲个故事，但并不帮助我们做出有意义的决策。可执行的指标可以消除噪音，让我们考虑优先级，以便我们做出艰难的选择。

例如，跟踪有多少人接受过测试驱动开发（TDD）培训可能看似不错，但这些数据归根结底是个虚荣指标，因为这个数字无助于我们做出决定。500 名工程师中有 200 名参加了培训，这一事实除了证明我们已经完成很多培训之外，还能告诉我们什么呢？

但是，进行简单的拆分测试，不同的用户组使用产品给定功能的不同版本，我们就可以跟踪并比较质量或客户体验的差异。这就是可执行的度量。了解每个版本的执行情况有助于我们确定哪个版本更有吸引力，我们因此也能够做出明智的决策，指导下一步行动。

7.5.2 可使用

有意义的指标需要尽可能容易访问，让组织中每个人都可以用。如果结果隐藏在某个很少被共享的报告中，收集这样的数据就没有什么意义。相反，确保指标对组织中的每个人都高度可见，所有员工都可以从信息中学习并了解它如何影响自己的工作。

例如，作为改善其部分产品客户满意度下降的行动之一，企业安全软件公司 McAfee 承诺在整个企业内共享净推荐值（Net Promoter Scores，NPS）数据。净推荐值（NPS）是一种通用的用来跟踪客户推荐产品程度的行业标准，能反映客户满意度。领导层希望每个人都能看到他们正在开发的产品是如何与客户合作的。对每种产品的表现保持透明，有助于激励员工更深入地思考如何改善整体客户体验。在全公司范围内推动共享这些度量数据的过程中，我辅导的一个 MaAfee 产品组在一个季度内将 NPS 分数提高了 5 个多点（总分为 16 分），在如此短的时间内取得这样的进步，是非常令人瞩目的（通常，在一个季度里任何 NPS 改善超过 10%都被认为是非常好的）。[27]

7.5.3 可审计

度量标准经常都有争议，有时可能会挑战固有的组织信念，因此，如果受到质疑，它们是否是可信和可审计，就非常重要。确保这一点的最佳方法是数据收集自动化，不需要人工干预或者借助于很少的人工干预。自动化降低了出错的可能性并提高了有效性。它还有助于减轻收集数据所带来的不便。

幸运的是，大多数客观数据（通过订阅实时数据）相对容易收集，但有一些信息（比如客户满意度）是比较主观的。但为了打消顾虑，要给怀疑者提供审查源数据的机会，这样做可能有所帮助。如此，除分数外，他们还可以查看来自用户的没有被过滤的评论。

7.5.4 额外的启发

在逐步形成推动合适的行为来实现更敏捷的文化时，制定 3A 指标（可执行、可使用和可审计）是个很好的开始，但在实施业务敏捷指标以推动有意义的变革时，还要记住另外三个指导原则。

- **限制指标数量**　我知道这个建议听起来可能违反直觉，拥有的指标越多，洞察就越多，不是吗？我不同意这个看法。太多指标很快就会因为信息过载而压倒关注指标的人。太多信息实际上会导致对信息的漠视，最后根本无法产生有意义的变化。我有个客户的质量部门把每个业务线约 35 个指标收入报告中，每周都要进行评审。结果，不仅收集和评审这些指标需要很长时间，管理者往往还会选取一些正面的数字，断章取义来佐证"他们的发言"并使其负责的业务看起来很好。

  我建议将关键业务的敏捷指标限制在 4~6 的范围内，然后确保整个组织都能看得见这些指标。组织不需要一直用这 4~6 个度量指标；就个人而言，我喜欢轮换并逐步演化度量项，以确保相关性并避免过时。

- **看趋势，而非绝对数字**　业务敏捷涉及不断改进工作方式。因此，当我们收集指标时，绝对的数字固然有趣，但趋势数据更有助于我们了解变革是否真正在产生影响。更快的反馈环可以帮助我们随着时间推移收集到更多数据，并帮助我们更快获得更细微的状态变化。

  还要记住，一些指标是滞后的，因为它们可能不会改变，直到其他潜在因素发生变化。例如，将净推荐值得分（NPS）视为衡量客户参与度的指标。如果质量是 NPS 没有达到目标的关键原因之一，那么改变工程实践以在源头内建质量、提前测试以及增加测试自动化覆盖率可能最终增加 NPS。但是，看到这些变革的成效需要时间。所以，即使引了更强大的工程实践，NPS 分数在短期内仍然可能继续下降，但放到长期来看，现在所做的改变将显示出积极的结果。

- **保持整体性聚焦，度量竞争项目**　在一段时间内查看各个独立指标以探索其趋势，这固然重要，但从整体上一起考虑各种指标以规避忽视更大组织利益的风险更为重要。就如我们在第 2 章所概述的那样，解锁业务敏捷是平衡产品构建和产品创新之间的关系，确保这些产品对客户有吸引力，以高质量和可持续的方式进行并优化流动，以最大程度减少最初想法和客户交付之间的摩擦。

专注于单一指标可能会影响到这个平衡，因为可能会导致顾此失彼的结果。例如，如果我们专注于提高质量，以交付完美的软件产品，毫无疑问，生产时间就会增加。

此外，交付一个并不能吸引客户的"完美"产品并不是企业的优秀战略；最好能够兼顾以可接受的质量水平交付和足够快速交付。

7.6 有意义的业务敏捷度量示例

在第 2 章中，我们解释了解锁敏捷的一个基本挑战是如何平衡下面三个杠杆：
- 做正确的事情；
- 以正确的方式做事情；
- 用正确的速度做。

实施一系列业务敏捷度量是逐步激发行为的一种方式，并且随着时间的推移而逐步孕育出到适应性组织文化。虽然没有一套完美的度量指标体系，但图 7.3 及后面的详细介绍是我作为组织教练时所发现的比较有效的例子。利用这些度量，同时考虑上一节中讨论的启发式方法，有助于从平衡、全面地角度来思考企业敏捷。

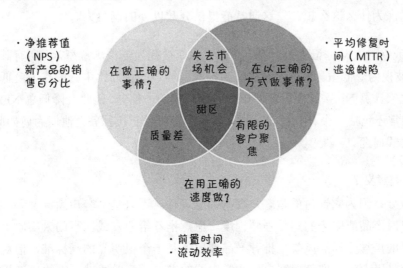

图 7.3　全面竞争性指标的趋势有助于提供一个有意义的持续改进视角并推动更敏捷的工作方式

7.6.1　度量指标，有助于支持做正确的事情

构建出客户喜爱的产品和服务，对企业的成功至关重要。这听起来很明显，但维持健康的用户驱动并不轻松。这不仅涉及持续验证当客户需求变化比以往任何时候都快时仍然兑现承诺，还意味着要投资未来：试验和识别新客户、产品和市场。尽管有无数指标可以帮助我们推动这种组织行为，但我发现有两项特别有用：NPS 和新品产生的销售数据。

净推荐值（NPS）

NPS 是商业战略规划师和畅销书作家赖克哈尔德（Fred Reichheld）21 世纪初发表在《哈佛商业评论》的文章中提出的，文章标题为"您需要增长的一个数字"。它是衡量客户参与度和忠诚度的有效方法。现在，超过三分之二的财富 1000 强企业都在运用这个指标。[28, 29]

它是如何计算的？NPS 调查问卷是向客户提出一个简单的问题："您向朋友或同事推荐我们公司/产品/服务的可能性有多大？"客户的评价范围为 0 到 10，其中 0 表示"非常不同意"，10 是"非常同意"。问卷通常还包括一个额外的、形式不限的问题："您为什么这么想？"这通常能提供分数以外的洞察力。

回答 10 或 9 的人被标记为推荐型，回答 8 和 7 被视为消极满意型，而所有其他回复（6~0）被视为贬低型。然后通过从作为推荐型客户的百分比中减去作为贬低型客户的百分比来计算 NPS；消极满意型作为回应总数的一部分，因此会降低总 NPS 得分。此外，通常还包括一个补充评论字段，以便客户可以直接回答"他们为何如此回应"这个开放式问题。

它为什么有意义？

NPS 很重要，因为它针对的是客户参与度的准确性。不只是"客户满意度"，NPS 代表了客户对产品或服务的感受强烈程度。愿意推荐给朋友或同事的人实质上是愿意承担自己的声誉受损的风险。推荐产品或服务是一个很明显的高标准，但对盈亏情况的影响是巨大的：推荐型客户是非常忠诚的客户，可以通过积极的口碑相传和社交媒体推广来增加市场份额。反之亦然。擅长社交媒体的贬低型客户可以迅速传播

他们对产品的嫌恶,对销售产生巨大的负面影响。

它会影响什么组织行为?

NPS 易于掌握,且可以快速可视化组织能够使客户满意的程度。当在一组平衡的组织级别指标中采用时,NPS 的趋势有助于组织将注意力聚焦在客户身上。通过检查客户的补充评论,团队可以了解客户对设计、性能和易用性等元素的具体感受。

新产品的销售百分比

跟踪过去三年推出的产品或服务产生的总销售额百分比有助于衡量创新。跟踪此销售数量可衡量组织创新的程度以及产品组合的新鲜程度。其重要性将在后面的章节中进行详细阐述。

它是如何计算的?

计算新品销售占比非常简单:只需要确定总销售额中的哪部分来自三年前还没有的产品或服务产品。根据美国生产力和质量中心(APQC)进行的一项研究,如果 30% 销售额来自新品,则被认为是优秀的。行业领先者会接近 40%,落后者则徘徊在 20% 左右。[30]

它为什么有意义?

业务敏捷既需要探索,也需要创收,探索新的商机,能够适应不断变化的市场条件,以可预测的方式交付高质量的产品。通过查看新品的销售占比,可以了解创新和寻找新商机的程度。如果产品组合变得陈旧,就需要将产品开发战略重新定位于更多创新上。APQC 的研究结果很明确,在保持创新产品组合的公司中,新品的利润贡献率超过 40%,其他公司则不到 30%。

它会影响到哪些组织行为?

只发出依托现有成功产品的信号是不够的,该指标有助于在领导层面逐步形成持续改进的思维模式。3M 被广泛认为是世界上最有创新的组织之一,他们使用的关键指标之一是新品的销售占比。有时也称为"活力指数",3M 用这个指标来推动整个公司的创新,并激励员工始终思考下一步行动。[31]

7.6.2 度量指标，用于支持以正确的方式做事情

对客户至上的行为进行奖励，这很重要，但如果这些收益要以牺牲质量为代价，那么任何成功都将短暂如昙花一现。正如本章开头例子中那样，如果不考虑质量因素，关注客户需求和兑现承诺将是不可持续的。因此，以正确的方式做事情，不仅是指构建符合并超出客户期望的高质量产品，还涉及以适应性的方式运营以及在长期经营过程中不会减速。在这个上下文里我发现有用的两个指标是平均修复时间（MTTR，Mean Time To Recovery）和逃逸缺陷（Escaped Defect）。

平均修复时间（MTTR）

MTTR 是系统由故障状态转为工作状态时修理时间的平均值。它提供一个清晰的系统性能视图，展现组织对意外事件的响应速度，反映累积的技术债务，并提供一个可以体现团队自豪感的视角。

它是如何计算的？
通过测量系统从故障到恢复工作状态所需要的平均时间来计算 MTTR，包括故障通知、故障分析和解决方案部署到生产环境所需要的时间。

它为什么有意义？
检查组织在一定时间范围内的 MTTR 趋势，可以深入了解组织的许多方面。如果 MTTR 趋势逐步走低，通常表明团队正在认真对待技术债务，有望在系统发生故障时迅速恢复。MTTR 随着时间的推移而逐步降低也表明了团队内部的技术成熟度和自豪感，出现问题后，及时找到根本原因并予以修复，以免日后再次发生，系统将比以往具有更强的韧性。[32]

值得注意的是，目标并不是零故障。因为那是不可能的，而且，在复杂的系统环境中也并不可取。相反，敏捷团队期望系统失败，然后快速检测故障并建立恢复程序，从而缩短恢复时间。

一些公司甚至有意"创建"失败，经常性地测试自己的敏捷程度。例如，奈飞就创建了一个名为乱世猴（Chaos Monkey）的工具，可以用来模拟某些虚拟机的故障，

目的是测试工程师处理故障并使服务恢复正常的速度。³³ 该公司认为，在一个"安全失败"的环境中吸取教训比在《怪奇物语》首映时经历昂贵的失败更高明。

它会影响哪些组织行为？

最重要的是，MTTR 推动了"快速失败"的心态，而这是业务敏捷的基础。在 VUCA 世界中，失败是不可避免的。敏捷组织通过从事件中学习，改进系统并快速恢复来充分利用这种特性，同时又不会对组织造成重大的损害。因此，MTTR 是一个很好的指标，用于指明技术架构以涌现式设计的程度。它还表明团队如何从失败中学习和改进，因而也是技术敏捷的重要标志之一。

逃逸缺陷

从团队手中"逃脱"并进入生产环境版本中的缺陷通常称为"逃逸缺陷"。开发过程中发现的缺陷不计算在内，因为这只是在开发进行中。然而，一旦软件投入到生产环境，我们的目标就是没有重大缺陷。逃逸缺陷是软件质量的有用标志。³⁴

它是如何计算的？

逃逸缺陷是这样计算的：在一个给定时间范围内在某个版本中发现的缺陷之总和。

它为什么有意义？

如前所述，错误的数量本身固然重要，但了解趋势更为重要。随着时间的推移，逃逸缺陷率下降，表明团队正在不断改进工作方式和提高质量水平。

重视该度量还可以节省资金并保护品牌。生产环境中发现的缺陷修复起来成本很高，通常会产生额外的工作（向客户解释，接听客服电话，发布修复，等等）。它们还可能伤及品牌，导致的财务损失远远大于缺陷本身所造成的直接影响。

它会影响哪些组织行为？

逃逸缺陷总数表明我们的系统存在缺陷。我们的实践和流程创建了缺陷并且未能检测出来，最终允许它在生产环境中暴露在客户面前。深入研究并找出造成缺陷的根因及其逃逸的根因，我们可以从错误中吸取教训并改进系统。通过将逃逸缺陷视为学习的机会，我们可以借此不断改进工作方式，并创建更有弹性的系统。

7.6.3 度量指标，用于支持以正确的速度做事情（流动）

在企业层面上，解锁敏捷涉及提高组织的学习速度。敏捷组织认识到，竞争优势是短暂的，变化的速度日益加快；更快学习并适应不断变化的市场是敏捷的关键要素。学习速度在很大程度上取决于优化整个组织价值流动的能力。如第 2 章详细描述的那样，这涉及许多因素。有助于明确重点聚焦的两个度量指标是交付周期和流动效率。

交付周期

交付周期是指从客户提出需求到需求被满足所经历的时间。这个度量指标非常简单而强大，能表明组织能够以多快的速度在各个业务部门和部门之间流转并最后提供端到端的价值。[35]

它是如何计算的？

交付周期从记录需求时开始，到需求被满足时结束。因此，包括组织处理请求时发生的等待时间和其他延期。图 7.4 说明度量交付周期时所包含的内容。请注意，等待时间总是比实际处理请求的时间长得多。

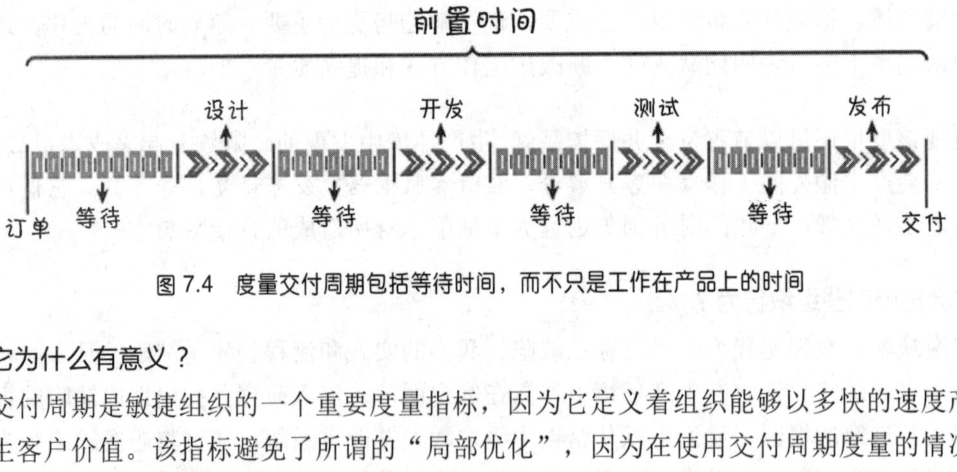

图 7.4 度量交付周期包括等待时间，而不只是工作在产品上的时间

它为什么有意义？

交付周期是敏捷组织的一个重要度量指标，因为它定义着组织能够以多快的速度产生客户价值。该指标避免了所谓的"局部优化"，因为在使用交付周期度量的情况下，参与创造价值的组织中所有部分都需要齐心协力。也就是说，如果产品管理团队以某种方式超级有效并且以比开发团队更快的速度准备工作，那么开发团队造成

的瓶颈就会成为大家的问题；在开发团队忙于其他工作的同时，交付周期时间仍然被累积计算在内。

根据我与几百个团队合作的经验，等待时间和瓶颈（即工作已经在工作队列里但还未开始的时间）通常占交付产品总时间的 75%～85%。换句话说，在改进组织学习和加快产品上线时，首先要关注的一个问题是消除阻碍团队从端到端角度开展工作的障碍。

它会影响哪些组织行为？
如前面的示例中所述，当产品管理团队意识到承担更多新的工作无法最大化利益时（因为这只会使开发的工作队列更长并且增加延期），团队会想法解决根本原因，即开发团队的工作速度为什么比组织的其他部分慢。这种类型的协作是持续改进思维的核心，对解锁业务敏捷至关重要。（回想一下，我们在第 2 章讨论了组织可以采取具体行动来优化价值流动。）

流动效率
虽然交付周期体现了组织创造价值的速度，但流动效率定义着价值流中的浪费程度。提高流程中的流动效率，从而减少不增加价值的工作，大大降低组织的交付周期及更快创造价值的能力。

它是如何计算的？
流动效率的定义是为产品增加价值所需要的时间在创建该产品所需要的总时间中的占比。[36]它确定**实际花在产品上的时间**与在从需求请求发出的那一刻起到最后交付价值所花费的总时间（交付周期）的百分比，如图 7.5 所示。

$$\frac{工作}{工作+等待} \times 100\%$$

图 7.5 计算流动效率百分比只是将产品上的工作时间与产品生产中的总时间（交付周期）相除

它为什么有意义？
流动效率很重要，因为它可以量化系统中固有的浪费。它与交付周期度量类似，但更具体。交付周期衡量团队共同创造价值所需要的时间。流动效率阐明了实际创造价值所花费的时间,而不只是等待或做不增加价值的工作。依据我的经验,"正常"的流动效率大约为 20%~25%,有充分的改进空间。(高绩效组织的流动效率通常为 65%~80%。100%的流动效率并不是一个理想的目标,因为没有留余地。)

它会影响哪些组织行为?
与交付周期一样,流动效率有助于增加来自不同组织单元的团队协作和沟通。如果不打破功能性孤岛并与业务单元的上游和下游团队合作,根本无法提高流动效率。

因此,流动效率是一个非常有效的指标,可以用来促进团队之间的协作,尤其是被纳入管理人员奖励考核标准时。以前,管理人员可能受益于只做自己特定群体的"优化",不管这些"优化"如何影响整个生产过程,由此而导致整体次优化问题。当流动效率被纳入奖励体系时,这种适得其反的行为不再得到任何奖励。

也许最重要的是,流动效率使组织清楚了解了改进投资的最佳着力点。如果组织以 15%的流动效率运行,那么如果希望进行有意义的改进,减少流程中的浪费来专注于提高这个百分比即可。要做到这一点,与其试图加快现有流程,不如集中精力减少这 85%的等待时间和不增加价值的浪费。

流动效率有助于将行为引向更多流动优化,而非资源优化。因此,它能引导公司从计划驱动的顺序管理思维转向更敏捷的工作方式。

7.7 绩效系统的转变→行为转变→文化转变

度量指标在文化背景下的重要性不容小觑。用来评估工作方式的度量指标会影响工作方式并最终塑造出企业文化。可以用沙因和施耐德定义的模型来描述文化,但不能快速识别不可见的基本假设,因为这些基本假设是员工理解"我们如何在这里工作"的重要组成部分。

我的经验是,转变为更敏捷的工作方式会从根本上影响现有的文化。如何影响以及影响程度有多大,取决于公司当前的文化。要想开始有意义的文化转变,最务实的方式是着手转变系统本身,即采取什么方式来评估工作。通过利用前面讨论的度量指标(并考虑与公司背景相关的其他度量指标。我给出的并不详尽),我们将随着时间的推移影响行为，最终改变作为组织文化基础的基本假设及在此基础上的行为规范。

这不是一个快速解决方案，文化转变不会在数周和数月内完成。但即便需要时间，也创造了可持续性，确保组织有机会以自己的形象塑造文化，对更大的转型战略进行了巩固。因此，这不是要采用 Spotify 模型或实施一个框架，而是根据自己独特的组织环境来逐渐发展出具有个人特色的解锁敏捷的"正确姿势"。文化是这种努力的核心。

小结

本章首先概述沙因（Edgar Schein）给出的组织文化的定义和影响。接着探索施耐德（William Schneider）的文化模型，帮助你了解如何更轻松地识别文化的具体特征。然后，仔细研究如何影响和改变组织文化以支持更敏捷的运营方式。

我们探索了文化转变的三种方式：
- 通过应对危机；
- 通过渐进进化；
- 通过建立业务敏捷度量。

文化包括员工在长时间内通过学习行为形成的深层次假设。通过实施有意义的业务敏捷度量标准来衡量正确的事情并鼓励敏捷行为，从而改变评估流程的方式和思维方式。

本章最后概述了一些度量指标，这些指标不仅支持敏捷的整体观点，还有助于推动催生组织文化更敏捷的行为。[1]

---

[1] 中文版编注：关于敏捷文化的全面阐述，请参阅《敏捷文化：如何打造优秀的高效能团队》，译者方敏。

 问答环节

1. 如何搞清楚我们的公司文化？

    尽管有许多文化模型可选，但我发现沙因和施耐德的工作成果特别有用，因为它们可以拿来就用并且非常实用。可能最重要的原因是它们可以帮助我们更好地观察自己的组织文化。在尝试更好地了解公司的文化时，我的建议是最好把自己训练为一个敏锐的观察者。在这方面，沙因可以提供帮助。公司通过展示什么来宣传它的文化？它现在的价值观和信仰是什么？哪些行为和工作方式与这些价值观是矛盾的？在组织中得到提升晋升和奖励的是哪些人？他们为什么会得到提升和获得奖励？有哪些不成文的潜规则是老员工从工作中学会的？

    如前所述，员工很难真正了解自己组织属于什么文化，因为它的层次很深，很难被识别出来。多关注周围的环境，寻找不那么明显的线索，都有助于更好地了解文化。此外，我发现，访问其他公司并了解他们的文化也非常有帮助。欣赏另一个公司的文化时，更容易看出使自己公司显得独特的要素。我建议加入当地的敏捷线下活动小组（Agile Meetup，几乎遍布世界各地），与当地有激情的敏捷成员建立连接，并问是否可以在午餐时间拜访他们的公司。敏捷圈里的人往往都是乐于助人的，毕竟我们通过互相帮助和支持来茁壮成长，因此，您可能很快就能通过访问当地的公司，了解，至少粗略了解一些不同的组织文化。

2. 如果我们公司属于控制文化，是不是不太希望转变为更协作、敏捷的工作方式？

    贵公司的文化是多年来学习行为的结果，并随着时间的推移不断加强和巩固。正如施奈德所说，他在模型中定义的不同类型的文化本身并不分"好"或"坏"，但是，确实某些类型的文化比其他文化类型更难转向更敏捷的工作方式。

    要回答这个问题，我首先想问贵公司为什么想要转为更敏捷的工作方式？贵公司试图解决什么问题？贵公司的控制文化并不是偶然发生的，它是多年运营的结果。好好想想这一定是个问题吗？它适合贵公司吗？如果有问题需要解决，可能是质量问题，可能是员工离职率正在攀升，也可能是产品上线不够快，那么，组织内部就可以聊一聊敏捷的工作方式会有哪些帮助。但是，如果贵公司做得很好（无论是感知还是现实），试图从根本上改变工作方式将是一场很难

打赢的硬仗。

让我们假设贵公司有一个独特的控制文化，领导层认识到需要改变目前的工作方式来适应当下的商业环境。在这种情况下，便有一个很好的机会做敏捷转型，不过可以采用一种不太激进的转型方式。从小规模开始，例如一次做一个业务单元或部门。参考一下敏捷的五个维度，在这个组织中，可以开始改变哪些元素以鼓励更敏捷的工作方式？也许可以升级工具和技术以减少人工输入和延期。可以考虑调整团队的物理位置以建立更紧密的团队协作。培训中层管理者，让他们掌握精益的基本原则，让他们理解如何权衡资源优化和流动优化。高管教练和拜访做过敏捷转型的同行，可能有助于提升领导力。看看他们有哪些经验和教训可以分享？着眼于逐步改变评估如何更敏捷的一些指标，并且始终坚持一边做一边学。

使用这种方式时，需要注意，要从当前着手。我们不只是简单实施框架或聘请咨询公司来教每个人"变得敏捷"。相反，我们认识到自己所处的环境，认识到组织需要解决哪些挑战，然后应用敏捷和基于流动的思维来解锁业务敏捷。这可能不会在一夜之间发生，但这种基于目的的转型方法恰好是可持续的、有结果并尊重现有文化的。我从未见它失败过。它总能带来出色的效果吗？也许不能。它并不是灵丹妙药。有些是需要解决的重大组织问题，但这些问题不会因为工作方式的改变而消失。但是，从考虑到环境因素开始然后再聚焦于要解决的问题，我从来没有碰到过经历如此变革之后还想要回到从前的公司。在我看来，这就是值得庆祝的进步。敏捷不是让你能够变成的结果，而是让你变得"更有进步"，即今天的您比昨天的您更敏捷。

3. **在哪里可以读到更多关于成功转变文化以支持敏捷工作方式的公司案例？**

   组织变革不容易，在面对风险和挑战时，很容易让人气馁。幸运的是，也有许多鼓舞人心的故事，记住这些故事有利于帮助忙乱的你变得从容。在下面的"更多资源"部分，我列出了我最喜欢的两个故事：韩国三星电机（Semco）和美捷步。

更多资源

我建议进一步探索以下资源,更深入地了解本章中讨论的主题。

- Schein, Edgar. *Organizational Culture and Leadership*. San Francisco: Jossey-Bass Publishers. 1988.
  中文版《组织文化与领导力》这本书被许多人视为组织文化的经典著作。虽然它是一本技术性非常强的书,不一定很容易读,但值得一试,因为它详细介绍了领导者在应用文化原则实现组织目标时所发挥的作用。推荐!

- 创始人的来信—An Owner's Manual for Google's Shareholders,网址为 https://www.sec.gov/Archives/edgar/data/1288776/000119312504142742/ds1a.htm#toc59330_1
  谷歌创始人佩奇和布林写的这封长信读起来令人愉快,也是公司领导人阐述公司意图的典范。在信里,他们明确表示他们打算专注于长期的发展,两位创始人已经放弃了2004年当年的短期利润:"……我们可能会做一些我们认为会对世界产生积极影响的事情,即使短期的财务回报不明显。"读起来很有趣!

- Focused Objective Blog—Troy Magennis,网址为 http://focusedobjective.com/
  马戈恩尼斯(Troy Magennis)是敏捷度量领域的权威,这个网站是一个宝库。有充满洞察的博客文章、免费工具和关于度量的精彩观点,想要找到有意义的指标来度量进展而想要任何负面影响的人都应该访问一下这个网站。

- Semler,Ricardo: *Maverick: The Success Story Behind the World's Most Unusual Workplace*. Grand Central Publishing. 1995.
  中文版《塞氏企业传奇:最不同寻常的成功企业的故事》,这本书描述了三星电机公司(Semco)以非传统方式运作的故事,非常有启发性。对三星电机的运营方式及其作为团队的适应过程的描述幽默有趣。当然,瑟勒的一些想法非常激进,工资对所有人来说都是透明的!但三星电机的变革故事非常值得一读。

- Hsieh,Tony. *Delivering Happiness: A Path to Profits,Passion and Purpose*. Grand Central Publishing. 2010.

中文版《三双鞋》。谢家华（Hsieh）是美捷步的首席执行官，该公司以打造持续聚焦客户的文化而闻名。2009年，当贝索斯提出收购该公司时，谢家华的条件是延续其文化和管理团队。这本书非常励志，涵盖谢家华从一个早期创业者到一家独角兽公司CEO的经历，是一本以重新定义买鞋方式为商业亮点的个人传记。它会带来很棒的阅读体验！

注释

[1] Schein, Edgar. *Organizational Culture and Leadership*. San Francisco: Jossey-Bass Publishers. 1988.

[2] https://www.reuters.com/article/us-apple-campus/channeling-steve-jobs-apple-seeks-design-perfection-at-new-spaceship- campus-idUSKBN15M0CM

[3] Schein, Edgar. *Organizational Culture and Leadership*. San Francisco: Jossey-Bass Publishers. 1988.

[4] https://en.wikipedia.org/wiki/Don%27t_be_evil

[5] https://www.sec.gov/Archives/edgar/data/1288776/000119312504142742/ds1a.htm#toc59330_1

[6] https://abc.xyz/investor/other/google-code-of-conduct.html

[7] https://www.susanjfowler.com/blog/2017/2/19/reflecting-on-one-very-strange-year-at-uber

[8] https://www.managementtoday.co.uk/uber-s-culture-wont-change-travis-kalanick/leadership-lessons/article/1443807

[9] https://www.nytimes.com/2017/02/22/technology/uber-workplace-culture.html

[10] Schein, Edgar. *Organizational Culture and Leadership*. San Francisco: Jossey-Bass Publishers. 1988.

[11] Schneider, William E. *The Reengineering Alternative: A Plan for Making Your Current Culture Work*. McGraw-Hill Education. 1999.

[12] 同前.

[13] https://www.rei.com/about-rei/business

[14] http://www.businessinsider.com/what-google-can-teach-us-about-solving-problems-2011-7?r=US&IR=T&IR=T

[15] https://www.nytimes.com/2016/02/28/magazine/what-google-learned-from-its-quest-to-build-the-perfect-team.html

[16] https://medium.com/@jhargrave/how-steve-jobs-created-the-reality-distortion-field-and-you-can-too-4ba87781adba

[17] Schneider, William E. *The Reengineering Alternative: A Plan for Making Your Current Culture Work*. McGraw-Hill Education. 1999.

[18] https://thehypertextual.com/2013/01/17/edgar-schein-organizational-culture-and-leadership/

[19] Schein, Edgar. *Organizational Culture and Leadership*. San Francisco: Jossey-Bass Publishers. 1988.

[20] Kotter, John P. *Leading Change*. Harvard Business Press. 2012.

[21] https://www.here.com/en/company/about-here-technologies/about-us

[22] Schein, Edgar. *Organizational Culture and Leadership*. San Francisco: Jossey-Bass Publishers. 1988.

[23] Power, Brad. "How GE Applies Lean Startup Practices." Hbr.org https://hbr.org/2014/04/how-ge-applies-lean-startup-practices(访问时间为 2017 年 11 月 17 日).

[24] http://gereports.ca/fastworks/

[25] https://hbr.org/2010/06/column-you-are-what-you-measure

[26] Ries, Eric. *The Lean Startup: How Today's Entrepreneurs Use Continuous Innovation to Create Radically Successful Businesses*. Currency. 2011.

[27] https://www.questionpro.com/blog/nps-considered-good-net-promoter-score/

[28] Reichheld, Frederick F. "The One Number You Need to Grow." hbr.org. https://hbr.org/2003/12/the-one-number-you-need-to-grow(访问时间为 2017 年 11 月 17 日).

[29] https://www.bloomberg.com/news/articles/2016-05-04/tasty-taco-helpful-hygienist-are-all-those-surveys-of-any-use

[30] Cooper, Robert G. and Edgett, Dr. Scott J. "Benchmarking Best Practices Performance Results and the Role of Senior Management." http://citeseerx.ist.psu.edu/viewdoc/download?doi=10.1.1.590.6072&rep=rep1&type=pdf

[31] http://www.machinedesign.com/goldense-research-product-development/top-5-rd-product-development-metrics

[32] ThoughtWorks. "Focus on Mean Time to Recovery." thoughtworks.com https://www.thoughtworks.com/radar/techniques/focus-on-mean-time-to-recovery(访问时间为 2017 年 11 月 17 日).

[33] https://medium.com/奈飞-techblog/the-奈飞-simian-army-16e57fbab116

[34] Derby, Esther. "Metrics for Agile." estherderby.com http://www.estherderby.com/2011/10/metrics-for-agile.html(访问时间为 2017 年 11 月 17 日).

[35] leankit. "7 Lean Metrics to Improve Flow." leankit.com https://leankit.com/learn/kanban/lean-flow-metrics/(访问时间为 2017 年 11 月 17 日).

[36] LeanKanban. "Flow Efficiency: A Great Metric You Probably Aren't Using." leankanban.com http://leankanban.com/flow-efficiency-a-great-metric-you-probably-arent-using(访问时间为 2017 年 11 月 17 日).

第 III 部分
解锁敏捷

第 III 部分重点关注我们如何把前几章中学到的转化为具体的转型策略。我们将介绍敏捷工作组（AWG）、创建敏捷运营模型并提供一个作为转型路线图一部分的组织障碍待办列表的示例。

第 8 章　建立组织级别的敏捷工作组
第 9 章　业务敏捷的运营模型
第 10 章　解锁敏捷：战略路线图

第 8 章

建立组织级别的敏捷工作组

建立一个组织级别的敏捷工作组（AWG）作为敏捷转型的引擎，是一项非常重要的任务。鉴于其重要性及其对组织的影响，团队成员必须具备必要的特征/知识和组织权威。本章概述 AWG 的主要目标以及组建时需要考虑的因素。我准备展现如何在这一过程中借助于外部顾问，让他们帮助界定内部变革代理人的招聘和考虑 AWG 在组织结构图上的位置。在本章的最后，您将具备必要的背景知识来组建 AWG 和开始执行转型策略。

8.1 敏捷工作组的使命与意义

AWG 是一个专门的变革代理团队，负责消除整个企业的敏捷障碍。让我们来看看为什么有必要组建这样一个团队来帮助企业全方位转变为更敏捷的工作方式。

建立 AWG 的一个关键原因是它本身就是执行领导层支持转型的可见而具体的证据。转型失败最常见的原因是，执行领导层的支持不明显，不足以支持真正的落地。当然，当组织刚刚开始致力于实施一种新的运作方式时，无疑都会觉得新鲜，但随着变革的影响扩散到整个组织，"安常习故"的力量会迅速摧毁进展，除非每个人都真心觉得"我们都要全力以赴。"

除了充分体现执行层的承诺，AWG 还要在组织内建一个敏捷卓越中心。整个组织中可能会有一些敏捷爱好者，但组建一个 AWG 有助于聚焦敏捷和精益思考，方便大家获取相关信息。对于组织普遍缺乏的专业领域，雇用外部顾问和公司是有意义的，但敏捷专业知识的核心应该集中于 AWG，以便组织不至于受到投机型顾问的影响或者与不了解组织业务和文化的外部资源联系在一起。AWG 结合了复杂的敏捷思维和对业务领域的深刻理解，这种强大的组合足以使其成为一个真正意义上的引擎驱动企业实现敏捷转型。

虽然 AWG 执行的具体活动因为相关组织的独特背景而有很大的差异，但也有下面几类典型。

- **与后勤设备管理部门一起重新设计办公空间**

    正如我们在第 4 章所学到的，成员之间的协作沟通能够增加能量和参与度，团队绩效因此也会更好。通常，团队的工作空间不是为增强沟通而是针对使用面积来进行优化的。尽管团队可以自己进行一些微小的改动以增强协作，但一旦改动涉及需要重新设计办公空间，团队成员的位置移动或需要审批预算或其他需要管理层签字时，很快就会遇到障碍。

    AWG 有执行层领导的支持，可以有效地与后勤设备管理部门合作，以确保团队获得想要的工作空间。我们在本书前面看到一个例子。这些重新设计通常需要投入大笔资金，往往超出团队可以自己解决的范围。

- **与 IT 部门就工具治理和支持进行合作**

    敏捷关系到团队和个人之间的无缝协作。需要用工具来确保有效沟通和信息流动，在大型组织中，这一点尤其重要。基础架构、待办列表管理和测试套件，这些都是在团队和部门协作所需要的工具和技术。此外，团队需要选择切实有效的工具，IT 需要保持整个企业的一致性，以进行合适的软件版本控制、工具支持和供应商管理，两者必须保持平衡。

    针对 IT 治理需求与团队的工具有效性需求，AWG 在连接双方需求方面发挥着重要的作用。为了确保组织能够"求大同，存小异"，AWG 可以帮助组织调和控制与协作。例如，在 McAfee，我们在某个时间点曾经一度运行 50 多个测试框架。每个框架在组织内都有拥护者。AWG 配合 IT 和团队领导的工作，确保 IT 能够更轻松地管理和支持，同时也让团队感到自己的意见有受到充分尊重而被列入框架选用考量。最终，测试框架被整合到 10 个以下。

- **与人力资源部门合作，为敏捷角色和岗位建立职业发展道路**

  更敏捷的工作方式工作需要传统组织中以往从未定义过的新的角色和职责。例如，ScrumMaster 这个角色通常就是一个从未定义过的新角色，就是工程师、分析师或其他更传统岗位正式角色之外再叠加团队 ScrumMaster 的责任。叠加职责和岗位可能是使 ScrumMaster 角色"适应"传统 HR 岗位设置计划的一种便捷方式，但这并不是一种可持续发展的长久策略，不足以在组织内部培养教练能力。

  承担 ScrumMaster 关键角色的人应该像传统职位一样享有职业道路和组织权威。AWG 在与 HR 合作定义相关职业道路方面发挥着重要的作用，可以让组织招募到最优秀的 ScrumMaster，指导他们并在团队尝试更敏捷工作方式的时候为他们提供必要的支持和建议。

以上可以帮助您了解 AWG 的一些工作概况。表 8.1 提供了我合作过的公司中 AWG 所做的一些事务。

仔细考虑一下表 8.1 中的例子，我们会得出一些结论。

- **AWG 不是 PMO**

  项目管理办公室（PMO）是传统项目管理方法领域众所周知的单元。其使命主要是标准化和管理业务流程，所以，项目管理办公室在组织中发挥着重要的作用。然而，从前面的描述中我们应该清楚标准化和管理并不是 AWG 的工作。确实，它提倡整个组织都使用共同语言，但它不是一个治理机构。相反，AWG 是一个战略与变革单元，是一个纽带，一边是执行领导层所表达的战略意图，另一边是一线工作人员对该战略真正含义的领悟。虽然 PMO（项目管理办公室）仍然在敏捷组织中发挥作用（专注于更敏捷的流程并且在治理方面具有更大的尺度），但它并不是组织变革的推动力。相反，PMO 是把新的工作方式定义为流程，并努力帮助消除它与现有流程之间的差距。因此，AWG 有助于启动和推动变革，PMO 有助于创建适合公司独特背景和业务领域的有意义的边界和结构。

表 8.1　AWG 在敏捷五个维度的工作概貌

技术	组织设计	人员	领导力	文化
与 IT 部门合作升级基础架构，以缩短端到端的交付周期；更快的周期	与后勤设备管理部门合作重新设计工作空间以促进更好的协作	与人力资源部门合作，创建更多针对团队的奖励和表彰程序	拥抱超越预算的领导力价值观和原则	识别有意义的度量指标，以影响学习文化及做更快的验证
工具管理和支持；在管理可变性的同时平衡定制化需求	尝试新的组织结构（合弄制和 Spotify 模型等）	为敏捷岗位（如敏捷教练和产品负责人）设计正式角色和职业发展路径	1 对 1 领导力咨询与辅导	讨论并沟通我们想成为一家怎样的公司
支持继续学习程序"培训讲师"（train-the-trainer），日常工作辅导，思想领导	与后勤设备管理部门一起平衡深度聚焦工作与高度协作工作对"工作区"的不同需求	促进成长型思维和多样性发展	与财务部门合作计算整个投资组合的延期成本；推动经济学视角	减少对失败的恐惧；推动实验作为指导下一步工作的自然方式
设计和实施新的培训和课程	设计和实现流动优化的组织结构	设计灵活的工作模式；支持分布式团队	与同行组织建立和发展外部的伙伴关系	帮助定义组织绩效衡量标准；对整体进行优化

- **AWG 是个孵化器，可以促进整个企业的敏捷领导力**

  AWG 成员来自企业的各个部门、业务单元和团队。他们用自己的专业知识和组织影响力来帮助团队以更敏捷的方式工作。当然，团队及其教练有能力处理不超出其范围的问题，但解锁解锁组织敏捷还需要超越团队并通盘考虑整个组织。AWG 承担的正是这个角色。

  这也正是敏捷领导者的本分。但随着组织开始逐步解锁敏捷，领导者就像团队一样需要支持，以求进一步成长和发展。因此，AWG 的使命和目标取决于组织在解锁敏捷过程中所处的阶段。

  已经以敏捷方式开展工作的组织（如美捷步、巴塔哥尼亚[①]和财捷[②]等公司

[①] 中文版编注：Patagonia，创办于 1972 年，总部位于加州图拉。这家户外用品零售店的创始人是一名铁匠，最早的生意是制造攀岩器材到优胜美地的岩壁现场去售卖。

[②] 中文版编注：位于硅谷山景城，成立于 1983 年，是一家以财务软件为主的高科技公司。2012 年全球员工为 8200 人，收入 41 亿美元 。1988 年，它的主要产品 Quicken 成为市场上同类产品中最受欢迎的。1993 年上市，目前涉足新的领域，比如帮助病人看懂医疗账单或农户追踪商品价格的手机应用程序。2019 年 10 月，入选《财富》杂志"2019 未来 50 强榜单"。

以及本书中提到的其他公司），可能不需要我们这里描述的正式的 AWG。因为敏捷已经体现在它们的日常工作中。但对于大多数公司，AWG 仍然是一个必要的内部引擎，可以用来加速解锁敏捷。随着组织的发展和变得更加敏捷，AWG 成员往往可以在整个企业中扮演不同的领导角色，因为他们的技能、知识和能力通常代表着敏捷领导力的典型特征。更多相关内容，本章后面还要阐述。

下面让我们仔细看看这个关键群体的人都具备哪些特征。这个专注于建立一个更敏捷组织的团队需要哪些成员？

8.2 敏捷工作组的特征

打个简单的比方，AWG 就是组织的 ScrumMaster。它负责最终消除整个业务敏捷的障碍。为了取得成功，AWG 必须包含一些关键特征，如图 8.1 所示。我们在接下来的章节中还要进行详细描述。

图 8.1　AWG 的特征，AWG 成员是高绩效者，还包含成功变革代理人所具备的一些关键特征

8.2.1　技能互补

具有 T 型技能，是指至少精通一个领域但在其他许多领域也也具备一定能力的人。具有 I 型技能的人，是指在某个领域非常强但在其他领域能力弱的人。与 I 型技能

形成鲜明的对比,具有 T 型技能的人能够使他们在团队里有效地取长补短。正如我们鼓励产品团队的成员拥有 T 型技能使其可以递增和迭代交付客户价值一样,AWG 成员,也需要物色具有类似特征的人。[1]

组织变革所涉及的技能、知识和能力不是任何一个人就能拥有的,所以整个团队在技术、组织设计、人员、领导力和文化等方面都需要有成员代表。此外,由于该团队代表整个组织,所以需要由公司不同部门的人组成。为了帮助获得整体视角,在建立 AWG 时,需要考虑工程和产品管理以外的人员,例如销售、市场营销、HR、财务和 IT。

有多样化、互补的视角对 AWG 的成功至关重要。例如,在企业敏捷先锋 Salesforce.com,它的 AWG(称为"企业教练团队")成员就是专门招募的,旨在吸引来自不同教育背景、不同经历和兴趣的人。敏捷交付高级总监兼集团负责人科里尔(Kelly Currier)如此解释:"作为领导者,我想培养健康的辩论和来自各个方面的疯狂想法,因而想要建立一个足以包含不同优势和技能型人才的环境。在一个每个人的想法都差不多的房间里,不会产生任何深刻的对话,自然也无法引发创新。团队需要在性别、种族、信仰、思想、背景、阅历和技术专长方面呈现出多样化,为大型组织提供支持和启发。"[2]

8.2.2 敬业

AWG 成员全身心投入组织转型工作。这意味着没有中庸或妥协,AWG 成员完全致力于团队的使命。完全致力于 AWG 工作作为一个核心特征有三个重要原因。

首先,专职 AWG 本身就是执行层支持敏捷转型的明确标志。组织转型失败的一个关键原因是缺乏执行领导层的支持。虽然许多人都在谈论这个话题,但谈到做出艰难的决定并需要真正投入金钱和时间时,高管们在面对推动更多职能部门和从根本上改变组织运作方式如何选择时,经常犹豫不决。设立一个专门的 AWG,可以表明高管对待转型的态度是认真的,同时还有助于实现真正的改变。作为必然结果,如果高管不愿意投资专门的团队,通常表明缺乏支持,并且往往是变革管理失败的标志。然而,AWG 的"双启动操作结构"确实也接收兼职成员;我们将在本章的后面部分介绍。

其次，相比焦点分散的团队，全心投入的人更有成效，行动更迅速。针对多任务和任务切换的负面影响的研究表明，优先级冲突多的团队最终做得更少。他们需要更多时间来完成工作，而且，即便完成了工作，质量水平也比较低。组织转型对组织至关重要，所以 AWG 需要专注于这项工作而不是其他任何事情，这也很重要。[3]

短期效果也值得强调。较短的反馈环可以使 AWG 和组织实现更快的学习，因而更快地验证、实验并进一步适应公司环境中的变化。在更广泛的背景下，速度也至关重要，特别是转型处于起步阶段时。如果没有早期令人信服的证据来证明成效显著，转型很快就会失去组织的支持而停滞不前。专业团队更有能力快速达成一些有意义的结果。

第三，一个专门团体需要"利益共享，风险共担"。《非对称风险：风险共担，应对现实世界中的不确定性》一书的作者纳西姆·塔勒布将"利益共享，风险共担"的概念称为"激励和抑制因素的平衡"。如果想要分享利益，那么也需要分担风险。AWG 也不例外。教练虽然有最好的出发点，但如果项目失败或者他们的工作与目标南辕北辙，带给教练的负面影响会很有限。不管是好是坏，教练都会继续下一个任务，工作结果如何，他们自己从来不曾真正直接感受到。然而，对于 AWG，受变革影响的人必须接受新的工作方式。积极的变化对 AWG 成员具有重大的既得利益。毕竟，他们是组织中不可或缺的一部分，因为他们的唯一身份就是 AWG 成员，如果做得不成功，他们也不能简单地回到自己的"日常工作"。正如组织的其他成员一样，也是要分担转型的利益和风险的。[4]

8.2.3 博闻，见多识广

AWG 成员需要对两个知识领域有深刻的理解：敏捷和精益思想；组织文化和历史背景。

为什么他们需要深入了解精益敏捷的价值观与原则呢？因为希望转型团队能够理解细微差别并避免简单粗暴地解读敏捷。组织变革非常复杂，无法提炼成单一框架或简单的操作指南：AWG 成员需要了解《敏捷宣言》背后的价值观以及精益思想和流动优化背后的哲学，需要认识到敏捷是一种思维方式而不是一个简单的流程或方法。AWG 要处理的大多数挑战在认证课程中并没有得到任何针对性的解决方案。

相反，对敏捷和精益思想有深刻的理解之后，一个理想的 AWG 才能够将这些原则灵活应用于组织的独特背景和文化中。

AWG 成员还需要深入了解组织本身的文化和历史并从根本上认识它们之于员工的意义。组织文化深刻影响着转型工作，只有组织中工作年限长的人才能完全意识到转型意味着什么。这也是让外部顾问来领导 AWG 不可取的主要原因之一，因为他们对并不了解组织的特殊情况，而且，提出的只是在相对理想场景下可能完全合理的建议和决策，但可能不符合当前组织的具体场景，盲目实施的话，反而有害。

8.2.4 值得信赖

AWG 成员代表高级管理层和普通员工之间的联系，任务是消除组织敏捷的障碍。可以想象，这个特殊的位置可能面临很多剑拔弩张的场面，因为他们需要经常挑战并从根本上改变人们以往的工作方式。因此，AWG 成员必须获得相当大的组织权威。在理想情况下，他们在组织中担任过各种角色和职责，通过以往的表现证明自己是权威的。这种信任是有影响力的，当人们在理解变革由组织内部驱动的时候，他的角色就是"我们的人"而且他还在寻求了解公司的独特性，此时，变革会变得不那么可怕，阻力也会随之变弱。

这里有一个例子。在迪尔（Deere）公司，霍多夫（Chad Holdorf）先后担任过好多个角色，并且，在他负责领导公司的敏捷转型工作之前，就已经证明自己是个效率高且合作能力强的同事。霍多夫认为，他有很多人际关系以及大家见识过他在各个职能部门中表现出来的工作能力，这是他能够成功领导迪尔实现敏捷转型的两个原因。霍多夫受到青睐的另一个因素是，在领导更大规模的变革之前，作为迪尔员工，他已经连续几年获得过内部的认可。拥有内部组织权威，有助于建立信任并弱化变革来自于外部强加的看法。

8.2.5 谦逊

AWG 成员都是谦逊的领导。如果 AWG 成员不理解组织变革只能通过倾听、理解及彼此尊重来实现，变革工作很快就会被认为是自上而下的强推。

服务型领导的概念在敏捷社区被用滥了，脱离了其原来的意义。但以服务他人的思想去领导是 AWG 的关键要素，有此思想的人不选择加入是因为他们想在自己的职业生涯中得到进一步提升，或者因为他们想在组织上获得更大的影响力。AWG 这个团队由深刻理解并欣赏变革有意义的个体组成。变革只发生于受变革影响的人看到有需求并且有动力改变自己的工作方式的时候。因此，AWG 成员都是出色的沟通者，他们在开口说话之前会选择倾听。他们喜欢学习，他们明白教人永远不是一厢情愿的事情。他们也明白自己并不知道所有的答案，所以就选择互为幕僚，共享权威。因此，AWG 成员一般都不会说："您错了，让我告诉您正确的方法。"相反，他们会问："哪些事情阻碍您把工作做得更好，更有意义？"或者"您的工作如何帮助我们的公司实现承诺？"或者"我们的产品或服务如何帮助客户创造更多价值？"引导学习是一项合作性活动。谦逊的变革领导者知道如何退后一步去引导其他人前进。

8.2.6　热情拥护

最后但也许最重要的一点，是 AWG 成员都是敏捷及其所在公司的坚决拥趸。他们坚信拥抱变化优于控制变化。他们认为迭代的、基于发现的工作方式优于计划驱动的、基于预测的工作方式，并且，他们并不害怕在需要时戴上一顶销售的帽子。他们是啦啦队吗？当然，可以这么称呼他们。因为他们满腔热情地相信，相比总是试图预测未来走向，应对不断变化的市场环境从本质上前景更光明。但是，虽然他们可能是这个事业的热情支持者，但并不是说他们是狂热分子。他们尊重以往把公司带到现状的思维、流程和方法，并且，他们认识到没有"包治百病"的灵丹妙药。事实上，正如我们在本书前面指出的那样，意识到有些环境和领域以敏捷方式工作可能会增加不必要的成本和降低收益（例如在斯诺登的简单情境中），与理解敏捷的适用场景和时机同等重要。

AWG 的核心是推动有意义的变革，帮助企业适应变化的经营环境。AWG 意识到，公司需要成为一个学习型组织，不断根据反馈来改进运作方式。这些反馈形式可以是客户销售数据、团队回顾或根据地理位置细分的产品原型的相关用户反馈。无论来源如何，都是关键信息。只有考虑实践验证后的数据，组织才能更快地学习并以迭代的方式改变策略。实践出真知，而不是相反。

同样，AWG 成员也是公司的佼佼者，而不只是局限于转型方面。他们深信组织的使命并且是组织忠实的拥趸。您应该知道这种类型，他们很自豪地在衬衫上印上公司的徽标，为正在实施的新举措而感到兴奋。

这些敏捷的捍卫者和他们供职的公司结合在一起，形成一个强大的组合。毫无疑问，一旦变革的阻力开始增大，变革变得艰难，AWG 成员就需要有如此澎湃的热情。相信正在努力的目标（组织敏捷）及其服务对象（他们的公司和员工），将成为保持团队参与敏捷转型的重要动力。

8.3 外部咨询师的角色

了解 AWG 需要的特性之后，向外部咨询师寻求帮助就显得很诱人。毕竟，专业顾问不就恰恰可以完全提供这种服务的吗？不幸的是，并不简单，因为企业级别的敏捷转型，没有"正确的姿势"。必须对公司文化施加影响，才能使变革坚持下去。因此，外部顾问在某些方面有其独特的不利条件，没有积累必要的文化资本知识，后者是了解公司变革背景的前提。

不过，顾问仍然可以在 AWG 和整体转型工作中发挥重要的作用，特别是在早期形成过程中。选择 AWG 的标准很高，组建这个团队可能很有挑战。因此，聘请具备专业知识的外部顾问来填补一些知识空白，同时在内部物色合适的人才，两者结合起来就很有意义。同样，虽然具有内部视角至关重要，但也有必要避免内部的团队迷思和回音室效应。获取外部观点，将其纳入团队考量以确保思想的多样性，这是可取的。

例如，在 NAVTEQ，AWG 最初聘请吉米洛（Drew Jemilo，当时是外部顾问，现在是 Scaled Agile, Inc.的负责人）担任团队的产品负责人。Backlog 中有一个高优先级条目就是找一个内部产品负责人来代替他。吉米洛认为，这是使 AWG 持续运作的重要部分，因为过分依赖外部顾问而不增加内部教练的能力，很可能会成为一种负担。事实果然如此。在 AWG 首次发布之后，该团队能够确定一名内部候选人，最后由他负责带领未来几年的 NAVTEQ 转型。

显然，外部观点有时会有帮助，但要避免把转型完全外包出去。我很理解，对于敏捷转型，对变革望而生畏的企业可能很容易花钱让"专家"来解决。是的，我也知道，著名咨询公司那些精美的小册子上印着一些令人信服的成功故事。但我还没有看到哪个组织的成功转型完全是由外部咨询公司来驱动的。根据我的经验，完全外包根本不起作用，至少不是长期的。因为解锁敏捷需要组织从内部改变并从根本上改变工作方式。这种改变不是简单地被告知要做什么或指定来一套"最佳实践"。它指的是学习并找到更好的合作方式，在某些方面回归到空杯心态，忘记多年以来从商学院和整个职业生涯中所学到的内容。

8.4 组织结构与敏捷工作组

在企业层面解锁敏捷，需要非传统的、人性化的、价值驱动的、以流动为导向的工作方式。这种工作方式反映了 AWG 在组织结构中的位置。通过结合层级和基于网络的组织结构中的要素，AWG 在允许改变和检测组织内"弱信号"的同时提高速度和增强紧迫性。在下文中，将仔细研究如何建立 AWG 在组织中的影响力。

作为一个组织单元，AWG 有三个独特的特征，明显有别于大家可能熟悉的更传统的组织单元：

- 系统整体视角；
- 寿命短暂；
- 双启动模式。

接下来，我们将看看这三个特征并研究为什么每个特征对变革的成功至关重要。

8.4.1 系统整体视角

正如组建团队时设定的，AWG 的使命是消除组织敏捷的障碍。因此，工作组必须能够捕获组织的端到端视图，并不限于任何一个职能区域。我经常听到组织变革工作源自于 IT、工程或运营的例子。虽然可以理解，但这会导致过于专注于一个职能区域而限制了整体上对组织产生影响。我们的目标是为 AWG 找到一个自然涵盖端到端视角的"原点"，使其看起来拥有端到端的视角。

例如，企业战略影响到整个组织。为 AWG 在企业战略中提供一个"原点"，还有一个好处，企业战略的制定者从端到端做组织变革时往往具有必要的长期战略视角。

在诺基亚的 HERE 定位服务部门，AWG 起源于研发工作的一部分，但当敏捷是整个公司的目标而不只是与工程相关时，AWG 被转移到战略与执行部（企业战略的一部分）。Malwarebytes①的首席财务官福克斯（Tom Fox）当时是 HERE AWG 的执行层的发起人，他非常欣赏新组织的汇报结构影响到整个集团能力。福克斯说："当 AWG 不再被视为 IT 部门来的而是被纳入战略和整体角度来考量时，我们的敏捷转型有了明显的好转，增长势头喜人。"[5]

8.4.2 寿命短暂

随着 AWG 在组织内部成功解锁敏捷，专门成立一个团队来完成这一使命的需求将逐渐消失。这正是应该的，AWG 的使命是帮助消除组织敏捷的障碍。当持续改进变成常规业务的一部分时，AWG 就不必作为一个专门的组织单元存在，团队成员将被组织的其他部门吸收。

尽管这种自然结局最初可能难以被 AWG 候选成员接受，但他们根本不必担心没有岗位。他们作为团队成员，掌握的技能、知识和能力以及他们将要建立的跨职能连接将使他们在组织内各个战略领域极具价值。团队解散后 AWG 成员所担任的角色取决于个人独特的背景和技能，典型职位包括工程经理、首席产品负责人、敏捷项目经理和系统架构师等。

"有计划地废弃"这种方法和团队层面的 ScrumMaster 一模一样。虽然可能需要几年的时间，但一个拥有持续改进思维的高绩效团队最终会比专职 ScrumMaster 更长久。ScrumMaster 要么转到另一个需要他的团队，要么在组织中担任另一个需要 ScrumMaster 这样具备重要协作和沟通技巧的关键角色。

---

① 中文版编注：全球知名的恶意软件防御和修复解决方案厂商，2008 年创办于加州圣克拉拉。

8.4.3 双启动模式

AWG 组织结构的特点是作家兼哈佛商学院教授科特（John Kotter）描述的组织"双启动模式"。在他的 Accelerate[8] 一书中，科特解释了有效的变革管理工作不仅需要具有效率和执行速度的层级结构组件，还需要一个"社会网络"来实现有机变革和基层影响。[6,7] 图 8.2 说明了 AWG 如何成为一个全职、敬业的员工以及兼职志愿者组成的网络，志愿者将 50% 的时间用于组织改进待办列表。

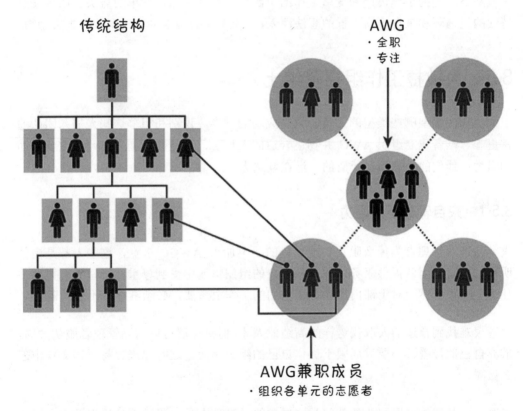

图 8.2　AWG 在企业战略（或类似）中拥有其"位置"，以拥有组织的端到端视角；兼职成员在组织的各个领域里做贡献，促进多元化的组织视角

组建 AWG 的灵感来自科特，包含两个组件。如前所述，AWG 的全职成员也在组织的层级结构里，理想中属于企业战略。兼职成员通过虚线与全职人员对齐，并利用

社交网络通过影响力与亲和力将 AWG 与组织的其他成员连接起来。

AWG 兼职成员与全职成员有相同的基本使命和责任，面对同一个组织改进待办列表。然而，不同之处在于，他们将至少 50%的时间用于 AWG 工作，剩余时间用于日常工作。与全职成员相比，虽然这种双重职责可能减慢他们的速度，但他们为 AWG 和组织提供了独特的价值，因为他们可以持续为相关变革给出反馈。

同样重要的是，AWG 兼职成员可以使工作组保持诚实并挑战现状。科特指出，将关系网络达到的工作设计为变革工作的一部分，有助于保持变革的势头。如果没有持续的反馈环和来自不同人群的想法注入，一旦初始能量耗尽，转型就会失去动力。

8.5　为敏捷工作组招贤纳士

了解 AWG 需要哪些类型的人员，只是成功的一半。识别和招募这些人加入团队通常更难。准备建立组织 AWG 并物色合适的人员时，可能会遇到来自两个主要方面的阻力：他们的经理和（矛盾的）潜在候选人。

8.5.1　来自管理层的阻力

很容易理解管理者为什么阻止表现出色的手下加入 AWG。毕竟，这些人都是岗位明星，一直为团队提供服务，并且在各自的组织单元中受到尊重。管理者想要留住住这些人很自然，对于部门的业务，他们的工作很重要，必须继续，不能间断。

尽管很难找到合适的人取代这样的高绩效人才，但执行层可以激励管理者服从大局，放弃自己的最爱，不要只局限于优化自己的组织单元。这听起来容易，在实践中怎么做呢？

当时，诺基亚的位置和业务部门是这样做的。管理人员的奖励不是只来源于实现部门特定目标（例如减少逃逸缺陷的数量），很大一部分来源于端到端的交付周期能减少多少。因为减少交付周期这个只有通过与其他组织单元的合作才能实现，这样一来，不同组织单元之间的协作就变得非常重要。在诺基亚，当管理人员知道自己的人会被招募到 AWG，他们明白，尽管暂时失去了一个很有价值的团队成员，但这个变化最终可以使整个组织受益。AWG 的成功有助于管理者创建一个更快、响应力更强的组织这一更大的目标，这对他们的奖金和整个公司都有积极的影响。

8.5.2 潜在候选人的犹豫不决

想象一下，您发现了一个完美的 AWG 候选人，尽管候选人对改变并对组织有益很有兴趣并且看上去很兴奋，但她就是不愿意加入。怎么办？最重要的一步是了解候选人犹豫不决的原因。根据我的经验，根本原因在于：不确定的职业道路、对变革的抗拒之心以及对转型缺乏信心。以下是解决办法。

- **不确定的职业道路和对变革的抗拒之心**

    组织变革相对普遍，但与此努力相关的职业道路则不然。此外，正如前面所强调的那样，AWG 成员的长期目标实际上是让自己变得多余，把自己做没，就像好的顾问或者好的医生那样。考虑到这一点，在目前岗位上做得成功（并且有明确的职业道路）的人能不犹豫吗？

    和 AWG 候选人聊天的时候，我会问他们五年后想要做什么？在回答这个问题之前，请回想一下五年前做了什么认为自己今天会做的事情。对于候选人，这个问题有助于他们理解自己其实并不知道未来会怎样，因为这是一个自由命题。然后，我指出 AWG 可以为他们职业生涯的下一步做好准备。AWG 生涯将为他们带来如何建立高效灵活组织的杰出体验，无论他们最终在哪里，相关的经验与技能都是有价值的。在我的职业生涯中，我一直是许多 AWG 团队的 PO。我看到自己的团队成员相继成为财富 100 强公司的高级经理、项目经理和工程总监，当然，也有很多成了外部顾问。需要说明的是，成为 AWG 的成员并不适合所有人。这往往意味着小心翼翼地蹚出一条新的道路，并率先致力于帮助组织做得更好。对一些人来说，这听起来很恐怖，让人望而却步。这没关系，因为对少数人来说，这是个难得的挑战，他们可以通过这种方式对自己关心的组织产生有意义的影响。这正是理想的候选人！

- **对转型工作缺乏信心**

    如果仔细观察，转型中的组织就会不断提供信息，帮助您衡量转型工作所取得的进展。如果感到潜在候选人对加入 AWG 犹豫不决是因为对变革没有信心，就要重点关注这个重要的信号。如前所述，AWG 是执行层领导表达支持的一种形式，它是由执行层成立并支持的。AWG 是他们向整个组织发出的信息，即改变目前的运营方式对组织经久不衰至关重要。然而，如果员工不相信组织这一次转变是认真的，那么所有一切都是空的。如果解锁敏捷只被视为海报上的流行语和一时流行的时尚，这种努力注定会失败。当您感到组织中对转型的力量和执行的承诺表现犹豫时，就该加倍努力，提供高度可见而明确的信号。例如，当 NAVTEQ 进入其转型关键阶段并开始发力时，AWG 感到组织支持正在减弱，迫切并需要能量加持。当时的首席执行官卡普兰（Larry Kaplan）表现出他的热情并同意参加每季度的全员大会，向组织（以及可能怀疑的直接下属）展示高管坚定不移地支持这些转型努力。让卡普兰表态支持并通过行动和言语来展示他的承诺，这在组织变革呈现出疲态时继续维持发展势头发挥了重要的作用。您可能会想起第 6 章中 HR 部门唐娜（Donna Potts-McKenzie）那场有影响力的演讲，当时，卡普兰的每一步都是瞄准这个方向的。

由于不确定组织对变革工作的承诺而犹豫不决的候选人，可以帮助你注意到需要认真对待。公司对转型的态度绝不应该受到质疑。遵循 NAVTEQ 的例子，正面解决问题，甚至允许高管表明他们事先并不知道所有答案，但仍然致力于实现变革，这种方式有效，可以确保潜在候选人（以及组织中其他人）放心做好 AWG 的工作，因为有执行高管"背书"。

8.6　AWG 到底意味着什么？

简而言之，AWG 是敏捷和精益领导者的孵化器。内化的技能、知识和能力及其作为敏捷工作组成员的独特经验，都是 AWG 成员从事未来工作的资源。随着企业变得更加敏捷，他们不仅会成为组织领导岗位的优秀候选人，也可以准备到其他寻求 VUCA 领导力的组织出任战略带头人。越来越多的组织开始建立解锁敏捷的目标，会非常需要有这方面经验的领导者。

毫无疑问，如果在找稳定、可预测和线性的职业发展道路，就不要选择加入公司 AWG。然而，转型工作本身并不是按计划驱动的，我们在本书中已经看到所有行业都在经历重大的变革。AWG 只不过是体现了企业当前的运营环境非常复杂。

但是，如果目标是接受改变并精准执行，如果希望成为加入组织未来的运营并使员工感觉他们的工作更有意义，那么从我的角度来看，很少有职业可以获得更高（相对于加入 AWG）的推荐值。加入 AWG，可以让你获得必要的工具、经验和实践知识，助力你在日益加速的商业环境中成为高效率的领导者。

我早就明白这一点。我在 2010 年决定加入 NAVTEQ 的 AWG，此后一直没有后悔过。[8]

小结

AWG 是帮助组织消除障碍的引擎。这对组织的变革工作至关重要。建立 AWG 时，请确保在团队成员中寻找以下特征：技能互补、身心投入、知识渊博、值得信赖、谦虚谨慎和热情拥护。外部顾问可以在组建和成为团队成员方面发挥重要的作用，但要确保不要简单将转型工作外包，组织必须是转型的责任人，主人翁的感觉必须渗透到整个组织中。

AWG 在组织中需要有合适的位置来自然地观察整个系统，企业战略就是拥有这种视野的一个例子。将这种结构与基于网络的兼职人员方案相结合，可以实施短期方案，实现有机反馈和输入。在组织内招募 AWG 时，要认识到两类角色（候选人及其直属领导）的抵制情绪。本章提供了可以解决这些挑战的一些实用策略。

准备好组建 AWG 之后，我们来解决组织转型的下一步。敏捷组织是什么样的？拥抱机会和精准执行需要哪些基本的要素？接下来，我们就介绍相关的主题。

问答环节

1. 我听说这些变革努力当是有机生发的。为什么不能顺其自然地发生？

    对于已经以敏捷方式开展工作的组织，这是正确的，因为人们认识到需要做出改变并且有权做出必要的改变，他们都理解，在构建一个更具弹性的组织的同时，待办列表中的其他优先事项也会随之而变。

    然而，在更传统的组织中，由于组织结构和文化而导致变革举步维艰时，AWG

就是一种有效的方式，可以启动更自然生发的组织敏捷。WG 不是一个永久性结构，它是一个变革的加速器，如果没有它，在传统公司结构中解锁敏捷会花太长太长时间（如果有那么长时间的话）。

2. 为什么组织会让优秀的人加入 AWG 而不是聚焦于其他的工作上？

这要从组织待办列表的角度来看。如果要优先考虑想要完成的各种任务和项目，并且改变组织运作方式来应对当下不断变化的商业环境恰好是列表中的头等大事，让最优秀的人来完成这项工作有没有意义呢？我见过一个常见的失败模式是建一个无权的变革管理团队，由不愿意做这类"特殊项目"的人组成团队。对变革管理工作而言，这无异于死刑判决，对被迫安插到项目中的可怜人来说，将是他们事业中的最后一站。

AWG 恰恰相反，它以资金的形式明确表明执行层的支持以及组织承诺提供最佳人才组合。

3. 怎么知道是否有合适的团队人选？

在构建 AWG 时，本章前面提到的特征可以作为一个有用的指南，但单个团队并不能立即满足所有这些特性。团队随着时间的推移而发展，绩效也会不断发展。简短的回答就是 AWG 并没有"合适的人选"这样的定义，但如果是公司的"明星员工"并且理解敏捷和精益思想，就说明您已经走在正确的道路上。从能争取到的最好资源开始，并在此基础上不断进化。

更多资源

我建议进一步探索以下资源，更深入地了解本章中讨论的主题。

- John Kotter. *Leading Change*.
  中文版《领导变革》。在变革管理方面，科特（John Kotter）是个传奇。他在《领导变革》一书中详细介绍的变革 8 步框架一直是我的灵感来源，我在大规模组织转型方法中采用了他的许多想法。这本书采用的是容易理解的非技术风格，能带来令人愉快的阅读体验。任何真资格的变革代理人都该读一下！

- Blas Koz. https://agileleanlife.com/
  说实话,在研究这本书之前,我从未听说过科兹(Blas Koz)的博客。他对 T 型技能的全面分析给我留下了深刻的印象,但等我看到博客其他的内容时,我惊喜地发现还有大量有用的信息。他简直是罗宾斯(Tony Robbins)与资深敏捷教练的合体,他的博客绝对值得一看。
- Taleb Nassim. *Skin in the Game.*
  中文版《非对称风险:风险共担,应对现实世界中的不确定性》。我是塔勒布的粉丝。他的最新力作也没有让人失望。虽然也许不像他早期的作品(《黑天鹅》和《反脆弱》一直是我的最爱)那样足以改变生活,但他的最新著作展示了如何将个人风险作为创造重大影响的重要驱动因素。塔勒布的写作风格轻松随意,语言丰富多彩。来到塔勒布的世界,您不会感到平淡。

注释

[1] Yip, Jason. https://medium.com/@jchyip/why-t-shaped-people-e8706198e437

[2] 2018 年 3 月与凯利(Kelly Currier)的谈话.

[3] Giang, Vivian. https://www.fastcompany.com/3057192/these-are-the-long-term-effects-of-multitasking

[4] Taleb, Nassim Nicholas. https://medium.com/incerto/what-do-i-mean-by-skin-in-the-game-my-own-version-cc858dc73260

[5] 2018 年 3 月与汤姆(Tom Fox)的对话.

[6] Kotter, John. https://hbr.org/2012/11/accelerate

[7] Kotter, John. *Accelerate: Building Strategic Agility for a Faster-Moving World.* 2014. Harvard Business School Press.

[8] Hesselberg. Jorgen. "AWG–A Sustainable Engine for Enterprise Agile Adoption?" https://www.agilealliance.org/awg-a-sustainable-engine-for-enterprise-agile-adoption/2010.

第 9 章

业务敏捷的运营模型

早会通常都不太让人兴奋,但这次不同。我要和英特尔安全公司的新任高级副总裁布莱恩·戴(Brian Dye)会面,讨论敏捷转型战略,并帮助澄清他可能遇到的问题,因为我们正在合力实现公司的新目标。

这位新任高级副总裁精力充沛。在公司负责人克里斯·扬(Chris Young)向他伸出作为其左膀右臂的橄榄枝后,布莱恩离开思杰公司(Citrix)[①]加入我们。很好理解为什么克里斯会选择布莱恩帮助制定成为"财富 2000 强头号安全合作伙伴"的战略。

[①] 中文版编注:一家致力于云计算虚拟化、虚拟桌面和远程接入技术的高科技企业,总部位于佛罗里达。思杰解决方案已经被 40 多万家企业采用,包括 99% 的《财富》100 强和 98% 的《财富》500 强。

布莱恩非常聪明，拥有麻省理工学院的工程学学士学位和斯坦福大学的工商管理硕士学位。他在安全行业拥有丰富的经验，曾在安全领域两家公司 Veritas 和 Symantec 担任十多年的高管。他还有一种不可思议的能力，能将任何复杂问题拆分为基本部件，并准确识别出问题的核心。简而言之，他是能够化繁为简的领导者之一，拥有我一直羡慕的技能。

现在我就要和他见面，详细讨论我们的敏捷转型策略。我很高兴与他分享我们一直在做的事，并展示我们在敏捷转型过程中所取得的一些重大成果。但最重要的是，我很好奇他会向我提出哪些问题。鉴于他过去十年与硅谷顶尖公司合作的经验，他肯定知道有关企业转型和大规模变革管理的所有知识。他还有哪些不知道的需要我帮助澄清呢？

当我和他一起浏览材料时，明显感到我们很快就要同频共振了。他很赞同我们专注于组织的整体优化而非局部优化的做法。他感到我们能够更快地适应，他注意到我们聚焦于质量的战略开始初见成效。来自客户的反馈和我们的关键绩效指标表明事情正朝着正确的方向发展。

"尤里根，这些很棒。我希望能看到更多，"他说，"让我知道我怎么帮助加速你们已经取得的进展，这是我们战略的关键推动因素。"

布莱恩稍有停顿，这很少见。他说话快在公司中很出名，如果不专心，你很可能会错过一两句话。

"不过，我确实有个问题要问你。这也是我原来在其他公司一直在做的事情，但我还没有一个好的答案。"我凝神做好准备。是什么问题在困扰他？

"看，我认为敏捷就是快速响应，在源头建立质量并支持高绩效团队完成工作。这些我都明白。但是，以敏捷的方式工作并没有帮助我推动创新并同时实现现有的客户承诺。你知道，我的客户和合作伙伴需要对我们的产品路线和交付能力充满信心。与此同时，我希望能够推动创新，并确保我们不会受到一些小型创业公司的干扰。现在，似乎会顾此失彼。如何才能变得更加敏捷，帮助我们适应行业内正在发生的所有变化并且帮助我们更有信心落实到日常的运营中？"

我和布莱恩的谈话是几年前的事，但他提出的是一个更有广度但又很重要的问题。

当大型组织的目标是转变为更敏捷的工作方式时，认清组织的运营背景至关重要。一部分业务要在极端不确定的情况下运营，需要对想法、概念和业务模型进行持续验证。斯诺登在 Cynefin（库尼芬）模型中将其归为复杂域和混沌域。然而，企业的核心（实际赢利和资助创新的部分）主要是在繁杂域和简单域。商业模式已经通过了验证，客户发现公司的价值主张很有吸引力，这是如何履行客户承诺的问题。

业务敏捷并不是在这两种运营模式之间进行选择，而是对两者进行合理的平衡。我将组织敏捷视为有能力快速适应不断变化的市场条件，但同时也包括有能力在易变性、不确定性、复杂性和模糊性（VUCA）水平已知和可管理的域向客户做出承诺。

在本章中，我将描述敏捷组织如何将两个看似相互冲突的目标以变革和有的放矢地执行结合起来，并举例说明一些组织是如何成功实现这一目标的。在本章的最后，您将充分理解每种模式共存所需要的条件以及在组织中解锁敏捷时具体可以参考的示例。

9.1 解锁敏捷：拥抱变化，精准执行

一家公司在取得一定程度的成功并已经证实其价值主张与目标客户产生共鸣之后，其运营模式的影响往往遵循可预测的路径。逐步建立合适的组织结构，以优化相应产品的交付，从而降低不确定性和提高效率，进而提高盈利能力和缩短产品上市时间。第 4 章中有其中一些组织结构的例子，它们很受欢迎，并且在可以抓住当前市场机会的环境中运作良好。

然而，挑战在于这些结构可以优化稳定性并在更大的规模内创造价值。当然，只要这些资源优化的结构符合当前的客户需求，就能很好地运行。但是，当客户需求发展或者更大的商业环境发生变化时，这些结构就会成为适应变化的障碍。它们不可避免地制造筒仓和限制信息流动，从而成为创新的障碍。然而，这些限制是精确做资源优化的组织结构的结果，在明确定义的、清楚表达的价值主张上执行。除此之外的任何事情都会让人分心。

产品路线在没有与客户或开发团队交互的情况下确定，这个事实是许多组织可能看似敏捷但实际并未解锁敏捷的真正原因，即使他们的产品开发单元可能在团队级别

表现出敏捷。团队正在快速迭代，他们继续改进工作方式，产品负责人积极与团队互动。然而，组织的运营目标是控制对现有计划的偏离，因为这必然会降低执行速度、降低工作效率并冒着发不出高管奖金的风险。因此，组织不是不断适应一直在变化的市场条件和倾听新的客户需求，而是忠实地执行 12~18 个月前做的计划。

这种困境并不罕见。企业总是不得不优化资源（盈利能力）而不是优化流动（客户价值）。今天的差异在于变化正在以前所未有的速度发生。客户的要求很高，超过以往任何时候，竞争对手进入这个不断变化的市场的壁垒越来越低。有一段时间，亨利·福特放言客户可以买到他们想要的任何颜色的汽车："只要它是黑色的。"① 毕竟，福特已经发现了一个市场合适且没有真正可替代的产品。但今天，客户期望有近乎于无限的选择，并且可以从您或您的竞争对手那里获得。

那么，公司如何在这些运营方式之间取得平衡？他们如何既支持有利润且以效率为导向的执行方式，同时也包含变革并适应不断变化的客户需求？

成功的敏捷组织同时支持两种工作方式。图 9.1 是一个概要视图，这是既拥抱变化又能精准执行的组织。企业投资组合包括两个不同类别的工作：经过验证的业务模型并受益于减少可变性的工作（创收）以及从不确定性中获益的潜在的破坏性工作（探索）。您会注意到工作的比重遵循我们在第 2 章介绍的杠铃策略。

在下一节中，我们将更详细地描述这一运营模型。我们将说明在履行对市场、客户和合作者的承诺时创建创新引擎有何意义。一个成功所需要的结构与另一个成功所需要的结构完全不同。解锁敏捷意味着能够平衡两种工作方式。

---

① 译注：亨利·福特有句名言："任何顾客都可以随心所欲将这辆车漆成任何颜色，只要它是黑色的。（Any customer can have a car painted any color that he wants so long as it is black）"这句话的背景跟福特的 T 型车相关。T 型车是世界上第一种以大量通用零部件进行大规模流水线装配作业的汽车，它的目标市场是美国的中产阶级。T 型车的起初售价是 850 美金，同期与之竞争的车型通常售价为 2000 至 3000 美金。到 20 世纪 20 年代，由于生产效率的提高和产能扩大，价格已降至 300 美元（考虑到通货膨胀，大概相当于今天 3300 美金）。福特公司生产的大多数 T 型车都是黑色的。在 1908 年至 1914 年间，福特公司也生产过其他不同颜色的汽车，但在 1915 年至 1925 年间，为了提高生产速率，福特公司只用价格低廉、干燥迅速的日本黑涂料（后替换为低氮硝化纤维素亮漆）。

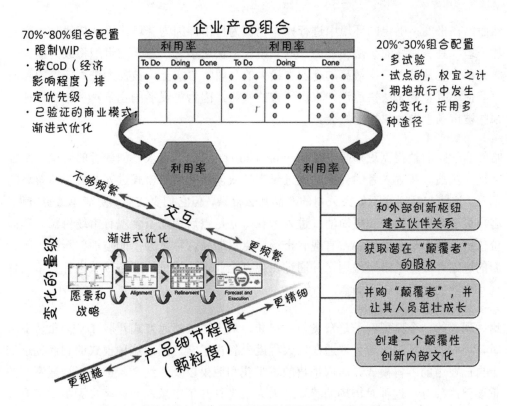

图 9.1 解锁敏捷，意味着能够平衡创收和探索两者之间的关系

9.2 探索：拥抱变化的引擎

商业环境属于斯诺登复杂领域，关于 Cynefin（库尼芬）的更多信息，请参见第 2 章，例如新产品开发，VUCA 特征尤其显著，因而不可能提前预测。没有多少市场调查或 SWOT 分析可以帮助做出更好的决策；在进行实验并观察发展动态之前，没有人知道（给定假设的）答案。这种不可预测性既令人感到自惭形秽，又让人觉得极其自由。

令人惭愧的是，多年来已成体系的专业知识、资源和技术在这种环境中已经失去了竞争优势。事实上，经验反而可能有害无益。因为，从根本上改变既定的组织结构在文化上可能是不可接受的或者在经济上行不通。

然而，在极度不确定的环境中进行操作也极为自由，因为赛场比以往任何时候都更加平坦。具有最好的想法和能力，能从错误中快速学习，这样的组织将成为赢家，它并不一定是进入门槛最高的行业中最大的公司。事实上，被视为进入门槛的障碍可能使现有企业无法快速识别来自下方的威胁，因为更灵活的竞争对手往往能抓住那些被市场主导者忽视的机会。

哈佛商学院的教授克里斯滕森（Clayton Christensen）[1]引入"创新者的窘境"来描述这一挑战。新进入者的目标是通过新产品或创新的商业模式进入业务中被忽略的部分。这些产品往往不如大公司的产品那么复杂，但它们更实惠、更简单或更方便。客户更喜欢更低价格和更简洁。进入者获得立足点后逐渐蚕食现有市场份额并移向价值链上游，最终取代并占有现有市场。克里斯滕森称之为"颠覆性创新"，因为新的进入者改变了游戏规则，并通过在现有企业无法较量的业务领域进行竞争，使现有企业的优势转化为弱点。[1, 2]

这种现象的一个典型例子是奈飞与百视通。奈飞通过邮递方式开展 DVD 租赁业务时，当时的市场领导者百视通在很大程度上忽视了它，因为这种模式的利润远远低于自己在用的零售模式。店内销售的爆米花和糖果以及滞纳金，都是百视通利润的重要组成部分。这种对市场的感知能力为奈飞打开了市场，允许客户无限期拥有一定数量的 DVD 并无须缴纳滞纳金。这家新公司就这样消除了客户租赁 DVD 的主要痛点。客户不再需要跟踪"归还日期"，在租赁新的 DVD 时还回 DVD 即可。百视通的店铺需要在房地产领域的大量投资和沉没成本，改用类似租赁模式难度太大。于是，它迅速失去市场份额。百视通在 2010 年宣告破产。[3]

拥抱变化不只是指快速应对不断变化的市场。还需要有意识地试验并聆听"微信号"，识别出那些客户被过度服务的潜在中断区域。要创建允许这种工作方式的业务环境，需要尽可能少的结构、尽可能多的自由和快速学习机会。

这种工作环境是什么样的呢？一种方法是在组织内部建立一个创新中心，与组织的

---

[1] 中文版编注：全球最有影响力学的管理学者，哈佛商学院教授，白宫学者，仅用 6 年时间就获得哈佛商学院终身教授职位。遗憾的是，克里斯坦森教授在 2020 年 1 月 23 日在波士顿去世，享年 67 岁。

其他部门分开，不受其约束或阻碍。

在诺基亚，我在柏林创建的"孵化组织"是敏捷转型的一部分。该组织的设计与创业公司非常相似，成立小团队的目的是执行公司认为有吸引力的任何新想法、商业模式和技术。诺基亚的目标是提供"刚刚够"的资金，使团队能够快速验证是否有令人信服的客户需求、我们提出的产品是否解决了这一需求以及最后是否能够以经济可行的方式做事。

图 9.2 说明了如何建立创新计划。孵化器发起许多小型实验，然后经过一系列类似"风险投资"的融资决策，最后做出"坚持、转型还是放弃"的决定。

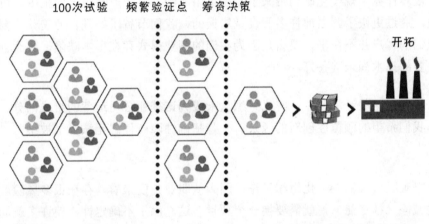

图 9.2 快速失败：我们努力开展许多小型且实惠的实验，验证是否需要进一步投资（以及后期扩张）

总目标是创建一个可重复的流程，用于识别、验证和启动新的增长业务，这些业务不仅可以成为诺基亚业务和产品创新的重要来源，还有助于在组织内部开发有价值的技能。关键的想法是尽快采取多个"门框内射门"，越快越好——通过快速性失败来验证概念。我们知道这些产品概念是令人难以置信的难以推测，大多数人都不会将其纳入公司正式的产品组合。

我们通过组建 3~4 人的小团队来实现这个过程，我们分配内部教练来指导并领航团队，解决各种组织障碍。组建任务并非想象中那么简单，尽管"孵化团队"并不受限于诺基亚常规项目的许多要求，但总需要对企业政策和法规进行管理，以便团队可以在尽可能少的繁文缛节的约束下完成工作。

在最初的概念阶段后，团队将通过定期的"验证"与小组创新产品领导者会面，跟踪进度并根据需要调整资金。当团队可以验证他们兼顾客户产品匹配以及之后的产品市场匹配时，就可以快速增加资金并过渡到整个产品投资组合中。

从许多方面来看，诺基亚的孵化组织都取得了成功。它推动了一种新的思维方式"跨越组织的许多领域"这有助于我们更好地表达"常规"产品团队的价值。它还帮助我们快速失败，因为我们从花哨的幻灯片和商业计划上喊停了许多看起来很炫结果却不切实际或在真实客户测试时没有人表现出有明显的兴趣。

当然，很难计算不规模化确切带来了多少费用节约。鉴于产品组合的范围，可以公平地说，通过更快了解之前许多假设是错误的，我们节省了好几百万美元，要么是因为我们的客户并不在乎，要么是因为我们的商业模式存在根本缺陷，要么创造该产品必要的技术尚未准备好。

然而，尽管有这些经济利益，孵化组织从未成为诺基亚公司运营的组成部分。它从未成为我们希望的颠覆性创新的源泉。一些基础性障碍使它无法完全被纳入"诺基亚方式"。

首先，很难吸引人们到孵化组织工作，因为从职业角度来看，存在很多风险。如果项目被喊停（很可能），就需要换一个项目。这充满了不确定性，使许多就职于诺基亚这种大公司的人感到不舒适。当然，您并不会失去工作，但在根据既定公司历史绘制职业轨迹的人看来，加入孵化组织被认为是一项冒险的举动。

其次，虽然我们能够识别并验证一些引人注目的产品概念，但要成为诺基亚产品组合的一部分，这个概念需要有几亿美元（如果不是几十亿美元）的市场潜力。在考虑真正创新且未经验证的概念时，这是一项艰巨的任务。即使在被证明与产品市场匹配之后，许多想法仍然徘徊在概念阶段，因为从财务角度来看这些想法究竟能带来多少利益并不明确。

这些类型的挑战绝非诺基亚所独有。我的经验是，在航母型企业中集成创新中心非常有挑战，曾经帮助一个公司取得成功的既定流程和政策在走向更成功的路途中往往会成为阻碍创新蓬勃发展的关键因素。

我们以英特尔为例。在 21 世纪初期，这家全球最大的微处理器制造商建立了一个"新业务计划"（NBI，New Business Initiatives），与诺基亚的孵化组织相比有许多相同的特征。尽管产生了一些有趣的想法和取得了有限的成功（如其中之一的无线标准 WiMax），但 NBI 始终无法成为英特尔的创新引擎。

部分核心问题与公司如何在内部管理财务有关。英特尔前首席执行官巴瑞特（Craig Barrett）在哈佛商学院案例研究中描述了将创新产品转变为更大的企业产品组合为什么需要高级管理层做出非常困难的决策：

> "……即使一个副总裁将一个有丰厚利润的高收入 NBI 业务引入他的部门，他仍然需要弄清楚如何支付其费用。他的预算不会因为想要获得 NBI 初创业务而自动增加。因此，接受一个 NBI 小组往往意味着关闭其他的，解雇一些人或者须做出其他艰难的选择。除非有巨大的战略承诺，否则很少有副总裁会这样做。而且，即便有承诺，做起来也很痛苦。"[4]

从本质上讲，这会要求副总裁牺牲部分现有的、经过验证的产品组合来接受有巨大潜力的投机概念，但很少有具体证据表明该概念一定有意义。不难理解为什么副总裁并不那么热衷于承担这样的风险。最终，英特尔中止了 NBI 计划。

诺基亚和英特尔的例子说明大型成功企业内部创新中心所面临的巨大挑战。事实上，通过更快验证概念、帮助推动更具创新性的文化和培养内部人才，可以实现可观的效益。但是，尽管内部创新中心可能会鼓励渐进式创新，但它们很少能够促进破坏性创新，打破游戏规则并引领全新市场和技术的那种。

这是否意味着大公司从根本上就注定会失败，无法以正确的方式拥抱变化呢？这是否意味着企业环境本身是实现组织敏捷性的障碍？并非如此。根据我的经验，大公司其实可以创建一个创新投资组合并从 VUCA 明显的环境中受益，但前提是它们看起来也"身在此山外"，而非在他们自己的环境中。接下来，我将阐述斯坦福教授和连续创业者布兰克（Steve Blank）确定的四种策略，这些策略已被证明可有效促进颠覆性创新，即便是大型的成熟企业。[5]

1. 与外部创新中心建立伙伴关系

创新中心是对技术、业务和共享物理空间中的投资资源的地域性聚集，旨在加速创新和创业。创新中心起初是一个与硅谷精神相关的概念，但现在已经扩散到世界各地（通常在城市中心）。大公司可以通过资助方式与创新中心合作，以换取新的人才和创意。[6]

图 9.3 说明了实体公司与外部创新中心之间的互利关系。

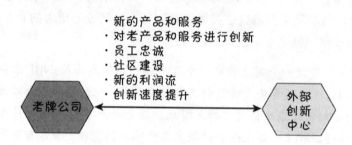

图 9.3　实体公司与外部创新中心的关系

例如，StartupLab 是奥斯陆的一家新公司孵化器和加速器，由大公司、政府和成功企业家联合资助。它的目标不只是帮助新公司取得成功，还致力于帮助推动其大公司合作伙伴的创新活动。

2. 获取潜在颠覆者的股权

大公司凭借当前的商业模式拥有既得利益。毕竟，它是有利可图的，它是可规模化的，并且它是成功的。发现由小规模初创公司引入的新想法时，大公司最初可能很容易选择忽略，因为利润通常较小，市场可能看起来微不足道（与其现有业务相比），而且大公司现有的基础设施可能不支持这种新的运营方式，或者也可能被允许的协同很有限。然而，忽视来自下方的挑战可能是危险的。在当今瞬息万变的商业环境中，新贵可能迅速成为市场的领跑者。例如，优步在 2010 年推出服务，到 2015 年，纽约市的优步汽车数量超过了注册运营的出租车数量。

在实施现有商业模式同时拥抱这种潜在颠覆，一个办法是获取潜在颠覆者的股东权益。这确保了现有公司（大公司）可以受益于潜在颠覆式创新者引入的任何技术和业务创新，这些创新在大公司内部发展可能是不切实际的。

图 9.4 说明了一种方法，在这种方法中，一家规模较大的知名公司对潜在的破坏者拥有所有权，以获取其知识产权（IP），创造新的收入来源，并有效地避免被颠覆。

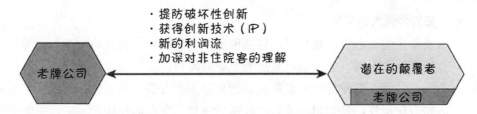

图 9.4 如果不能打败他们，就加入他们：通过获取潜在颠覆者的股权来获得外部创新

例如，英特尔收购数字地图和定位服务公司 HERE 的 15%的股权，作为对自动驾驶汽车、物联网技术和大数据处理之未来的战略赌注。[7] 随着这个高度动荡的商业环境不断发展，英特尔与谷歌、特斯拉和苹果等硅谷其他公司竞争，希望确保它在机器学习和地图等领域占有一席之地。投资是否有回报，还有待观察，但在当时，此举被众多投资者视为对无人驾驶汽车未来的有效对冲，这一投资的前景相当不明朗。[①]

3. 并购颠覆性竞争者，推广他们的文化和人

2009 年，当亚马逊决定以 8.5 亿美元的股票和现金收购美捷步[②]时，投资者并不清楚为什么这家全球最大的电商想要买下一个专门卖鞋的、薄利的电商。从全品类电商的角度看，美捷步绝对不是亚马逊的重要竞争对手，收购时收入只有 10 亿美元，仅占亚马逊 240 亿美元年收入的一小部分。[8]

但亚马逊在美捷步看到了其他一些东西，首席执行官贝索斯认为它们对行业具有真正的颠覆性（确切说是三件事）。

- **对客户的关注近乎痴迷**

   在美捷步，利润从来不被视为关键目标；但客户满意度是。有关美捷步客

---

① 中文版编注：2019 年 1 月，英特尔向德国反垄断办公室提交一份文件，要求批准其收购 HERE 的申请。
② 中文版编注：美捷步（Zappos）创立于 1999 年，以三双鞋的理念闻名，即客户下单买一双，会收到 3 双不同尺码的，可以留下合适的，退回两双不适合的。如果都不合适，则 90 天内不付款，365 天退货。

户服务承诺的故事比比皆是，但这个已成为传奇：客户服务代表与客户交谈超过 10 个小时，在一个一味只关注缩短客诉时间的行业，这一点非常不寻常！

- **独特而强大的文化**

  美捷步的核心价值观声明，包括创造"有趣且有点怪异的东西"，与亚马逊有很大不同，亚马逊以数据为主导而闻名，并且以积极进取而著称。然而，尽管存在差异，贝索斯认识到美捷步拥有强大的文化，这对鞋类的销售有颠覆性，是他想要的。在收购后向员工发布的视频声明中，贝索斯滔滔不绝地说："我见过很多公司，但从未见过企业文化像美捷步一样的。我认为这种独特的文化是非常重要的资产。"

- **一群独特的有激情的领导者**

  美捷步领导层因为有些古灵精怪而出名。例如，尽管首席执行官谢家华（Tony Hsieh）的个人财富超过 7 亿美元，但他平常却与几只羊驼生活在一辆 240 平方英尺的拖车里。亚马逊收购该公司时，同意保留领导层，并让公司自主运营，只需要某些关键财务目标满足即可。

虽然许多人怀疑交易达成后亚马逊是否真的会放手，但亚马逊确实保持了美捷步的独立性，并且领导层仍然可以自由管理。谢家华对合弄制这一组织架构模型（参见第 4 章）的实验和投入，也恰恰是亚马逊允许美捷步根据自己意愿继续经营的具体说明。

图 9.5 说明的是成熟公司接管潜在颠覆者的情况。通过采取不干涉的方式，成熟的公司可以有效地接受自身企业文化之外的创新。

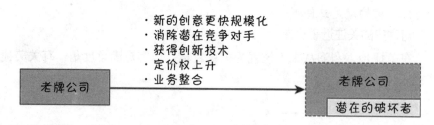

图 9.5　收购潜在的颠覆者可以成为在公司自身文化之外接受创新的有效途径

从表面上看，除了都痴迷于让客户满意之外，美捷步和亚马逊没有什么共同之处。

但是，通过收购一家支持非常不同的领导理念和略有古灵精怪创新文化的公司，贝索斯和亚马逊将成功业务的潜在威胁和颠覆者纳入其投资组合，不必转移亚马逊既有成功模式的注意力。

4. 创造一个颠覆性创新内部文化

本章前面诺基亚和英特尔的例子说明，建立一个真正创新、颠覆性的文化和在已经取得成功的大企业中推动变革，有很大的挑战。

关于拥抱创新，曾经帮助企业取得成功的业务在各个方面成为事实上的不利条件，主要原因如下：

- **与颠覆性企业进行竞争，可能会蚕食现有的、经过验证的商业模式**
  对于需要确保季度性稳步增长及保持股价的上市公司而言，尤其有挑战。因此，通过尝试未经验证的模型来牺牲稳定的收入来源通常不怎么吸引人。还记得英特尔让副总裁接受新业务太艰难就是因为他们不得不牺牲部分投资组合吗？

- **新进入者可能会使现有资产变得无用**
  现在的市场领导者会随着时间的推移建立重要资产，以维持其统治地位。当一个颠覆性的参与者出现时，他们的这些资产却可能变成负债。从政治的角度来说，忽略这些"沉没成本"并基本上让资产报废是不切实际的。例如，想象一下连锁酒店，他们注意到爱彼迎进入市场。大型酒店试图通过开发自己的类似产品来与爱彼迎竞争，基本上意味着忽略了帮助他们获得现有成功的房地产资产。这是不可想象的。对于爱彼迎来说，作为这个市场的新进入者，从来不也无需考虑这种利益权衡。

- **颠覆者挑战既定的市场定义**
  在谋略上更胜竞争对手一筹并在同一领域比其他任何对手更好地执行战略，市场领导者的位置会变得更加优越。然而，正如克里斯滕森（Christensen）指出的那样，新进入者往往来自传统的市场空间，最初可能根本不被视为竞争对手。例如，许多成熟的汽车制造商将特斯拉（Tesla）视为重要的竞争对手，但他们其实是在同一个市场空间竞争，尽管最初只是技术有差异。然而，优步却是一个市场颠覆者，因为"按需"运输服务概念正在改变整个运输业务。试想一下，宝马的口号"终极驾驶机器"

（The Ultimate Driving Machine）在年轻人避免买车而更喜欢按需运输的环境中会是什么样呢？

因此，创建这种在现有公司内拥抱变化的能力和文化极具挑战，但并非不可能。在诺基亚的例子中，我们看到了一些带来很大收益并令人鼓舞的例子。然而，渗透在整个组织中的文化又将变革拉了回来。高管人员需要有强烈的愿景和承诺，愿意颠覆自己，只有冒险改变现有的成功工作方式，才能拥抱新的商业模式。

例如，奈飞首席执行官哈斯廷斯（Reed Hastings）很早就认识到，未来不是 DVD 电影的快递服务，而是互联网上的流媒体电影。当然，在 2011 年，这样的远见是并不容易得到的。当时，奈飞正在为美国各地的用户提供 DVD，有不错的利润，并拥有 1400 万 DVD 用户。哈斯廷斯决定将公司分成两部分，一个 DVD 部门和一个流媒体部门。从本质上讲，两个部门之间相互竞争，而且哪个部门正在失败很明显。在 2015 年，DVD 用户数量已降至 500 万。但是，总冠军是奈飞：从 2011 年到 2015 年，年收入从 32 亿美元增加到 67 亿美元。

其实，我能想到的最好的例子是亚马逊，它不断地通过精心设计来颠覆自己。自成立以来，亚马逊一直在挑战自己，不断蚕食现有业务，并往往以牺牲短期利润为代价。

当用户想要出售手上的旧书（通常最初在亚马逊购买）时，易趣（eBay）是自然的选择。亚马逊认识到了这一点，并允许用户在亚马逊上出售二手书。起初，这可能看似在冒险，因为现在用过且更便宜的二手书将与亚马逊目录中的新书展开激烈的竞争。然而，只要客户能获得更好的体验并一直待在亚马逊的生态中，亚马逊就愿意减少现有业务的一部分。

正如第 7 章所述，从内部构建这种思维方式需要有上层领导的投入及一致的行为（表明这就是完成工作的方式）并且会随着时间的推移逐渐变化。探索需要来自顶层，奈飞的哈斯廷斯或亚马逊的贝索斯展示出他们真正的领导力。然而，只试图模仿这些公司是行不通的，因为这种转变必须真实代表（或来自）公司自己的文化。

本节讨论大型组织内部启动探索和颠覆文化的方法。现在让我们看看方程式的另一半：即使面对颠覆和变革，如何精准地继续执行验证过的价值创造。

9.3 创收：精准执行经过验证的战略方针

从本质上来讲，创新是不能事先计划的或根据条文来实施的。在大型企业中，识别、发现和促进产品和业务创新是一种尝试，只有通过我们前面讨论的战略创造一个机缘巧合的环境，才能鼓励这种尝试，而不是从行政级别自上而下地推动。因此，在这样的复杂环境中，设定最后期限、做出客户承诺以及传达外部市场预期，都是有害的。太多的未知数，太多的 VUCA 特性，基本无法提供预测性见解。谁都不能强迫创新发生。

尽管如此，大多数成功公司的净收入都来自于斯诺登繁杂领域的产品投资组合，在这个领域，客户是明确的，技术是完善、成熟的，产品市场契合度已经得到确认。客户需要知道进展，合作伙伴在理解产品路线方面需要有合理的利益，企业需要为外部市场提供有意义的指导。在这些环境中，我们应该能够提供答案。未知数水平足以让我们提供方向，定义销售策略等活动，开始外部合作伙伴对话及适当的市场指导。

这些期望是否意味着这个领域没有创新空间？绝对不是，但这些成熟的产品中 VUCA 和未知数的水平显然比能预料到的颠覆性尝试中的更为有限。因此，这种背景需要一套不同的工具和思维，不是我们在拥抱变化时所描述的。

业务敏捷需要两种运营模式（括变革和精准执行）在当今不断发展的环境中竞争。当公司能够不断创新并提出新颖的商业模式时，这是非常好的，但在创收位置上的领导力也需要有坚定的执行能力。大多数情况下，公司要么创新做得好，要么创收做得好，很少可以同时做到两者都好。然而，与创新不同的是，在很大程度上取决于创造一个能够激发偶然性和灵感的环境，创收可以通过渐进式细化和持续改进来减少不确定性，从而提高执行力。

在接下来的部分中，我将介绍我在大型组织中用于帮助执行的四个简单的研讨会，减少开始生产所需的时间，消除价值流中的障碍，并保持端到端战略与执行之间的一致性。通过这些轻量级活动，组织可以提高他们生产高质量软件产品的能力，同时确保在整个过程中拥有关键的反馈环。

但首先，让我们探讨为什么有的放矢地执行并不像听起来那么简单。

9.3.1 传达之迷失：产品战略从愿景转为幻想

在加入新雇主（名字继续不予透露）后，我很高兴公司首席执行官是一位出色的沟通者，他将当年的产品战略简洁概括为"四大赌注"。我喜欢"大赌注"这个叫法。它很容易记，我们很容易达成一致。但更重要的是，只有需要聚焦四个关键领域。四是一个可管理的数字。如果该组织的执行力足以将其工作重点放在这四个战略性的赌注上，而不是被不太重要的事情分散注意力，那么我们应该能看到速度、质量、交付能力和员工参与度的明显进步。正如我们在本书中所讨论的那样，限制正在进行的工作（WIP）本身就是一种出色的组织改进策略。

唉，可惜我的兴奋是短暂的。在宣布战略的全体大会几天后，我问我辅导的一些团队他们的工作与"四大赌注"有怎样的关联。答案一致且明确："完全没有。"我想也许这些赌注会在接下来的几个月中推出，所以我决定等几次迭代，然后再检查几个垂直业务的情况。不幸的是，几个迭代后还是没有变化。事实上，如果有的话，赌注已经或多或少已经被人遗忘了。当我问其中一位开发人员为什么我没有看到他们的待办列表中反映出任何与重大赌注的关联时，她的回答让我感到惊讶。"您之前听到的只是管理层用来谈论战略的事情。事实是，我们所做的工作与这些赌注几乎没有关系。一直这样，我并不认为会很快改变。"

事实证明，这个组织中发生的事情并不是独一无二的，而是当今许多大型组织的常见问题。理解"为什么"，即公司战略背后的目的，往往是缺失的。这种目的缺失会导致团队执行时的迷失，而不是去实现产品愿景。这一愿景对员工来说并不清楚，所以本质上毫无意义。事实上，根据研究人员卡普兰（Robert Kaplan）和诺顿（David Norton）发表在《哈佛商业评论》的一项研究，大约95%的员工并不了解公司的战略。根据普华永道两位负责人的研究，具有连续性战略的公司在五年内的盈利能力高于不这样做的公司。还有其他影响，当公司的产品战略不明确时，雇主会看到员工敬业度较低，不良流失程度较高，整体工作效率较低。[9, 10, 11]

可是，将公司的企业战略与工作团队实际日常工作联系起来为什么这么难呢？明明都知道将更大的产品战略提炼成有形工作有明显好处，但为什么这一步并没有发生？为什么这样的问题在大型组织中广泛存在？我认为，问题的根本原因在于信息处理方式。高大上的幻灯片、引人注目的标语和鼓舞人心的图片，很酷，但是无法以具体而有意义的方式与团队建立联系，因为策略是通过组织的各个层面提炼出来的。简单地说，战略在传递过程中丢失了，团队在开展工作的时候就失去了意义。这就是我之前提到的"幻象"。当公司的战略规划传递到生产一线时，它们已经从实际可执行的愿景转变为模糊的幻象。团队尽其所能来理解战略，但从来不敢确定自己正在做正确的事情。为了解决这个问题，组织需要更快的反馈环、更高的可见性和更好的通信工具，而且要从战略成形的那一刻开始。

下一节将介绍如何描述和执行战略，以便每个人都能对齐。我要介绍四个重要的工作坊，以帮助公司改进沟通、增加一致性并有意义地减少变化。这些活动的目标是使组织中每个人更好地了解公司战略并消除"幻象"：企业愿景的意义（Why）、内容（What）、方式（How）和时间（When）。

9.3.2 通过渐进细化，精准执行

我建议借助于四个简单的工作坊将战略与团队中的具体工作联系起来，使组织各个层面的利益相关者与共同的产品目标保持一致，并缩短从概念到变现的时间。

具体来说，这四个工作坊旨在推动以下事项。
- 从概念到变现，价值交付的端到端可见性。
- 从经济角度出发，我们需要进行权衡，做出取舍。
- 所有团队，包括销售、市场、运营、财务与支持的参与协作，以创造最终价值。
- 频繁的反馈环，从中发现检查和调整的机会。
- 交互和对话高于过度的流程定义。
- 速度：少花时间在非价值创造的活动上，花更多时间在产品的开发上。

这些工作坊通过将组织中关键岗位的代表定期召集起来做一些面对面的互动来实现这些目标。他们逐步通过频繁的反馈环，最终将战略意图转化为有明确定义的可交付成果。

简而言之，工作坊包括四个互动实践，通过四个不同的活动，战略与执行之间的联系变得具体且快速有效（图 9.6）。

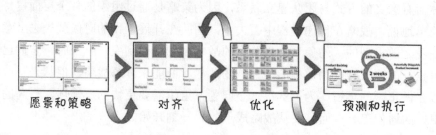

图 9.6　轻量级工作坊促进细化工作渐进发生

接下来，我将逐个详细介绍四个工作坊。我还要澄清每一个的目标参与者以及期望的结果。在本章的最后，您将了解如何在自己的组织中做渐进式细化。

首先，渐进式细化究竟是什么，它意味着什么？

渐进式细化的概念起源于早期的计算机图形学。当时缺乏处理能力、低带宽和计算机资源不足，程序员开始想办法在合理的时间内渲染图像。对于给定的技术限制，一次性渲染整个图像会花太长时间。于是，工程师通过这样的方式来解决问题，首先画出图像的轮廓结构，然后逐渐描绘其他细节。图 9.7 展示了具体的例子，表明通过多次迭代细化，图像从几乎无法辨识过渡到逐渐呈现出完美的清晰度。

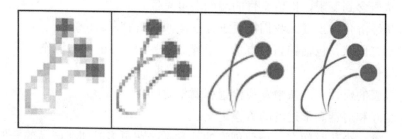

图 9.7　渐进式细化通过逐步提高保真度来显示清晰度，从粗粒度到更细粒度

通过逐渐显示图像，额外的保真度和细节随着时间的推移慢慢呈现，渲染也变得更快，错误也能更快检测出来，并且上下文也向有更少资源的观看者展现出来。渐进式细化有助于根据当前的限制对信息处理进行优化。

我要描述的四个工作坊通过简化复杂组织信息处理过程来将战略提炼为基础可操作的工作。通过四个互动活动来实现这一目标，这些活动针对不同的粒度级别和组织内的受众。将四个工作坊作为运营战略的一部分，在具有成熟商业模式（创收）的环境中，组织可以从根本上缩短上市时间、增加一致性并以更加自信的方式实现共同的目标。

让我们从"愿景和战略"开始详细描述四个工作坊。

工作坊#1：愿景与战略研讨会（"为什么"）

愿景与战略研讨会的目的是创建一个清晰的战略理念，理解用于指导我们做出决策的经济学框架。本工作坊的重点是清楚地理解"为什么"，以便在执行层的跨职能利益相关者在战略目标上保持一致。深入了解特定产品或服务的背景对于明确和定义组织优先级至关重要。AWG 的代表知道在本工作坊中有相关级别的执行层参与很重要，并在工作坊中做引导工作。

表 9.1 概述了愿景与战略工作坊的关键要素。请注意，本工作坊的受众是跨职能的，要包括高层领导的代表。面对面的互动不可少的。

表 9.1 愿景与战略工作坊的主要特征

输入	期望的路线图；初步财务预测；高层技术架构
受众	高级执行层人员；投资者和下一级别的代表
代表的职能	产品管理，工程，财务，销售，市场，支持，法务
时长与形式	两天；面对面
预期结果	商业模式的一致性；价值主张；客户细分；收入影响以及交付所需的成本；基础设施和资源 对结果优先级的定义 理解延期成本（CoD） 识别"对齐工作坊"的主要利益相关者
着眼点	战略和长期

为期两天的愿景与战略工作坊主要围绕两个关键活动展开：商业模式画布和延期成本（CoD）。

商业模式画布（第1天）

在第3章中，我们更详细地描述了商业模式画布（BMC）。尽管 BMC 可以用于多种用途，但本次工作坊使用的关键目标有两个：在执行层面上对商业模式的理解达成一致；对已有假设做压力测试。

产品管理人员在这个活动中通常发挥着关键的作用，但所有人很快会发现自己的角色也很重要。例如，技术架构对实现 BMC 画布中的价值部分占有突出的地位。法务、市场和销售部门的代表在从整个组织的大局出发进行讨论时，也很快意识到他们工作在其中有着不可或缺的影响。

在 AWG 的引导下，BMC 工作坊包含来自组织各个职能部门的代表，他们不断交互，逐一对特定产品或服务的商业模式中的 9 个模块进行讨论、设计和定义。从定义客户群并明确价值主张，到概述创建它们所需要的关键资源和活动，BMC 提供了可助于产品取得成功所需要的端到端的视角。

在第一项活动结束时，执行层的所有利益相关方将清楚地了解各自业务计划背后的"原因"，大致了解实现计划需要采取哪些行动。

延期成本（第2天）

我们在本书前面也介绍了延期成本（CoD）。此活动的目的是确保执行层作为一个群体，对业务计划的经济影响有共同的理解。这种理解使他们能够清楚地表达出没有落实某产品所造成的 CoD。

工作坊这一环节的目的是充分掌握时间对价值的影响。也就是说，每周或每月，我们公司的产品或服务如果不投入生产会涉及多少成本？我们的目标是一个准确而非精确的答案，即不提供此产品或服务的话，会有哪些经济影响？

正如产品管理人员在 BMC 工作坊中可能扮演更重要的角色一样，财务部门可能在工作坊本环节中占主导地位。正如其他利益相关者在技术影响、营销支出和竞争性市场变化等方面所做的那样，延期成本（CoD）的整体情况逐渐地在各个执行层面上浮现出来。在活动结束时，执行层的利益相关者能清楚地了解这项工作在更广泛的经济学框架背景下的作用。结果是他们能够从经济学的角度做出优先级决策，而不是靠直觉。

在两天工作坊结束时，参与者不仅可以更全面地了解产品背后的背景，跨职能的高管代表还能了解不及时提供产品会产生哪些经济影响。

工作坊成果

愿景与战略工作坊的着眼点相当长远，是9~12个月。我们展望即将发生的事情，并不对具体的可交付成果做过于详细的讨论和定义。最终，工作坊有以下两个主要目标。

- 执行层对"为什么"有明确的理解和共识。
- 从经济学角度来看待某项工作对公司的意义，帮助制定基于经济而不是直觉的产品投资组合的优先级。

工作坊#2：对齐工作坊（"做什么"）

现在，我们已经清楚了更大的愿景和优先级，该开始进行细化了。下一个活动"对齐"的目的是明确并了解短期和中期业务目标，短期目标细化到功能级别的粒度，并明白需要哪些团队来实现目标。

换句话说，这个工作坊比战略与愿景工作坊更深一层。它使我们能够更加具体地了解我们计划交付的东西，同时确定我们组织内的哪些团队将参与其中。本次工作坊的受众也不像以前的工作坊那样级别高。假设"领导"而不是"高管"是更接近具体行动的人，那么这个工作坊成为"为什么"和"如何做"之间的关键纽带，是要详细阐明"做什么"。

表9.2概述了这个工作坊的主要特点，我们现在将战略转化为更有形的业务成果。

对齐工作坊主要包括两个互动活动：了解JTBD（Jobs To Be Done，待办任务）和绘制价值流图。

表 9.2　对齐工作坊的主要特征

输入	了解商业模式、经济框架和关键利益相关者
受众	中层管理人员和下一级别的代表
代表的职能	产品开发、工程、财务、销售、市场和支持
时长与形式	2 天；面对面（第一次做 2 天，后面持续性的 1 天）
预期结果	评审商业模式画布所确定的关键成果；改进、创建并排序各个 Epic 确定要完成的工作；了解客户想要的收益和要减轻的痛苦 绘制价值流图；确定创造价值过程中所需的团队 在解决方案级别识别风险、问题和依赖关系；对经济差距提出相关建议
着眼点	战略和中期（基于季度的观点）

JTBD（第 1 天）

JTBD 是一个框架，用于深入了解激励客户的因素。它在识别创新机会时可以发挥作用。该框架是哈佛教授克里斯滕森（Clayton Christensen）发明的，也是他提出的颠覆性创新工作的一部分。简而言之，JTBD 提出了一个问题："客户使用我们的产品或服务来做什么工作？"克里斯滕森开始意识到理解这个问题比进行好几个星期的客户调研或运行算法分析等更有意义。通过了解客户"依托"我们的产品或服务来完成什么工作的深层含义，我们可以更轻松地为客户提供他们真正需要的东西，并开始识别创新机会。[12]

克里斯滕森用来解释这个概念的经典例子与奶昔销售相关。有一家大型快餐连锁店聘请克里斯滕森和他的一些同事寻找增长奶昔销售的办法。起初，他们试图了解人们喜欢的产品都有哪些属性。改变草莓的味道有帮助吗？或许减少卡路里？他们尝试了几乎一切办法：市场研究、客户访谈和个人资料分析等，但似乎都没有任何效果，销售结果没有变。然后，其中一位研究人员向一些每天早上通过免下车通道来买奶昔的人提出了一个有趣的问题："用这种奶昔为您做什么呀？"答案非常有洞察力并可以帮助研究人员深入了解客户每天早上或下午路过时买奶昔"解决"的是他们的什么问题。[13]

答案是"客户需要在上下班途中做什么！"大多数客户花在上下班途中的时间都是 20～30 分钟，期间很无聊，所以想一边开车一边做点什么。甜甜圈帮不上忙，因为它们不是很健康并且吃起来很麻烦。百吉饼在吃的时候会影响驾驶，而且士力架又吃得太快，途中还留下很多时间需要打发。

但奶昔是完美的：可以在早上买，然后在整个上班途中时不时咂嘬几口，一旦要开始工作了，它们也见底儿了。奶昔的意义在于吃起来不麻烦，虽然也不一定健康，但不至于让人产生内疚感，并创造了一种愉快的方式来帮助打发每天上下班途中的无聊时光。

克里斯滕森的 JTBD 框架提供了非常深刻的洞察力。通过了解客户"依托"产品或服务去完成的"工作"，公司可以提高洞察力，以不同寻常的角度去看待产品的用途及其竞争环境。例如，奶昔最激烈的竞争对手其实不是其他奶昔和不同的口味，甚至苏打水。竞争对手其实是甜甜圈和香蕉等类别。对这些类别的分析并不像用传统竞争分析的常规奶昔竞争那样直观。此外，如果了解奶昔所做的"工作"是辅助通勤过程更加愉快，那么也许使饮料更粘稠（需要吸更长时间）将是对产品进行优化的方法而不是添加什么异国风味或其他更传统的功能。（实际上，这正是快餐连锁店所做的。这一研究结果也对奶昔销售产生了积极的影响。）

了解 JTBD 是对齐工作坊的一个关键组成部分，因为它有助于通过深入讨论我们到底要为客户解决什么问题而使战略更具体。在活动中，参与者通过互动练习来确定客户"依托"产品或服务来做的"工作"。作为练习的一部分，收集的大量客户声明将被评审，来自工程、产品管理、销售、市场和其他领域的代表可以更深入地了解产品所提供的价值主张。具体而言，除了产品所做的"工作"之外，参与者还列举了产品所带来的收益以及能消除哪些痛苦。

在本环节工作坊结束时，公司内部跨职能的业务和技术领导已经就产品为客户创造的价值达成共识。

价值流图（VSM）（第 2 天）

在第 3 章中，详细介绍了价值流图（VSM）。现在，一组关键的跨职能利益相关者已经深刻理解了我们为客户构建的内容，下一步是要明确组织和团队需要参与哪些部分来实现这一价值。当参与者开始详细安排各个组织单元和团队如何为实现愿景做出贡献时，自然会获得在组织中创造价值的端到端视角。

几乎无一例外，这也是参与者了解组织当前方式没有以最优化方式创造价值的关键。通过练习，许多跨组织单元的依赖关系变得明显可见。

好消息是，团队有权采取行动。工作坊的参与者足够高层，对新发现的障碍可能做出临时的组织变化。执行层已经参与其中。毕竟，基于先前对产品 CoD 的估算，优先级在跨组织层面上已经对齐。为客户价值流动进行组织更改时，这些更改将在组织的必要级别得到支持。

例如，我的一个客户在进行 VSM 工作坊后发现，其中一个产品与许多其他产品共享的特定用户体验组（UX）有多个依赖关系。价值流显示，如果不消除这些依赖关系，我们可能会看到 4~6 周的等待时间，因为 UX 组正在忙于其他需要帮助的工作。这就是使用 CoD 至关重要的地方：我们可以展现出该产品的每周 CoD 是 50 万美元，由于这种组织依赖性，导致总延期高达 300 万美元（50 万×6 周）。在查看其他依赖项时，其他的 CoD 离接近相差得很远，大多数都在每周 10 万美元以下。基于这种分析，我们对优先级进行调整，先为较高的 CoD 提供资源，确保我们可以减少整个组织的 CoD。我们从整体上为最适合组织和客户而做优化，而不是为了某个单独的项目。

显而易见，对齐工作坊的着眼点远不如愿景与战略工作坊长远。这个着眼点是 6 到 9 个月，虽然我们也展望未来，但不会看得太远。我们现在正在创建一个清晰的组织共识，既包括我们为什么要工作在一个产品上，又包括了它能为我们的客户提供什么价值，以及组织哪些单元需要参与实现才是切合实际的。

工作坊成果

该工作坊有以下两个主要目标。

- 对产品/服务帮助我们为客户解决的问题创建明确的跨组织共识。
- 在组织的哪些单元需要参与交付产品方面创建明确的一致性，以便根据 CoD 优化价值流动进行必要的组织变革。

工作坊#3：梳理工作坊（"如何做"）

梳理工作坊的目的是确定一组高优先级的工作项（Epic），对它们进行梳理以便随时准备开始工作并确保与战略计划保持一致。到目前为止，我们尚未准备好动手；本次工作坊的主要目标是将前面工作坊中得到的价值主张转化为具体的工作单元，明确产品服务于哪些客户，并勾勒出对工作应该如何完成的粗略理解。

因此，这一环节是技术工作坊。虽然作为方程式一边的商业方面在前两个工作坊中占有更大的比重，但接下来的两个工作坊侧重于"如何做"和"何时做"。受众也更有针对性。为了端到端对齐，前面两个工作坊具有相当广泛的组织代表性，但下面介绍的两个工作坊在产品管理和工程方面有更多的代表性。相对应的时间范围也较短，虽然前一个工作坊考虑了 3~6 个月的时间段，但当前工作坊的关注不超过三个月。

表 9.3 概述了梳理工作坊的关键要素。请注意，这仍然是一个整体性的讨论，阐明我们为客户创造的价值，并弄清楚具体如何做。

表9.3 梳理工作坊的主要特征

输入	高级别的工作项、价值流图和缓解的风险/问题
受众	管理层和团队负责人
代表的职能	产品开发、工程、支持
时长与形式	两天；面对面（第一次做两天）
预期结果	使用故事地图技术梳理工作项；创建端到端的视角；功能的垂直切分 审查当前风险和依赖的缓解措施；识别其他风险和依赖关系 中等粒度的路线图；近期更高层次的路线图 架构与基础设施
着眼点	中短期

梳理工作坊主要包括两个互动练习：产品画布和故事地图。

产品画布（第1天）

由产品管理思想领袖皮希勒（Roman Pichler）创建的产品画布类似于商业模式画布，有了它，参与者可以通过低保真、接触式的工具进行交互和协作，以达成共识。但是，尽管 BMC 涵盖产品或服务背后的商业模式的高级视图，但产品画布明确聚焦于产品及其可直接交付成果的特定信息。

图 9.8[①]是一张产品画布。请注意，此画布中的粒度级别与战略与视觉工作坊中绘制的 BMC 相比，要低得多。

[①] 该画布根据 Creative Commons CC BY-SA 许可证授权。基于皮希勒（Roman Pichler）的产品画布：*www.romanpichler.com/blog/agile-product-innovation/the-product-canvas*

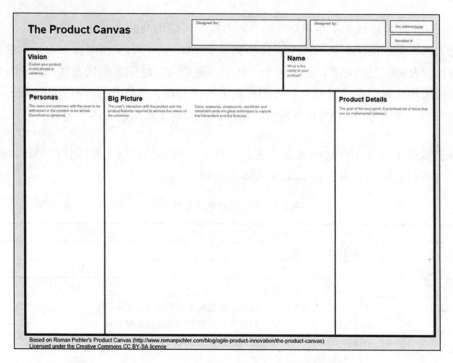

图 9.8　产品画布，通过与产品经理和工程人员代表的互动和协作，可以快速洞悉下一个迭代的产品工作

使用产品画布，前面的 JBTD 工作坊中明确阐述的价值主张现在与我们通过用户画像得到的用户代表的工作联系在一起。用户画像是一种市场细分技术，使用画像可以使客户更具体和个性化；相对于销售给某一个类别，比如"年龄在 24～34 岁，有大学学位的女人"这样一个类别，用户画像技术所对应的描述是"我们销售给 27 岁的萨拉，她毕业于密歇根州立大学"。通过使客户更真实并将她描述为一个真实的人（对一个用户做的画像），我们可以通过设身处地顶着"她的"帽子来更好地理解我们的产品如何帮助她创造价值。

随着对各种用户画像进行定义，我们会更加具体地了解如何开发产品或服务。例如：系统管理员莎拉的需求不同于首席信息官简的，尽管她们要完成的基本工作（无须担心安全漏洞）完全相同。

来自架构、开发和用户体验的代表概述了概要设计、基本工作流和原型，以便每个人都能全面了解解决方案是如何产生的。例如，应用程序架构师从技术角度概述她如何看待解决方案。UX 主管提供原型以及他眼中的端到端的用户交互。在此过程中，各个利益相关者相互挑战、寻求理解并最终在一组跨职能的代表之间达成一致。这种方法可以消除潜在的误解并避免产生错误的观念。

在产品画布练习结束时，利益相关者合作创建一些优先级的 Epic 或工作单元，描述我们将要创建什么、我们为谁创建以及它能为客户提供什么样的价值。

故事地图（第 2 天）

这项技术由畅销书《用户故事地图》作者及敏捷产品开发思想领袖帕顿（Jeff Patton）创建，它能有效地使利益相关者在端到端的交付中协作并对齐。使用产品画布的输出作为上下文，本环节练习中的利益相关者将工作项分解为三个部分：明确定义的目标；为实现目标需要开展的活动；这些活动制作的高层用户故事。

图 9.9 是一个电子邮件系统的用户故事地图示例，通过端到端价值的垂直切片来组织工作，客户可以更快地提供反馈，促进产生更多的团队学习并减少不确定性。请注意，横轴表示从用户角度出发的用户目标以及系统行为，依照自左向右的顺序。纵轴表示按优先级排序的价值的体现。

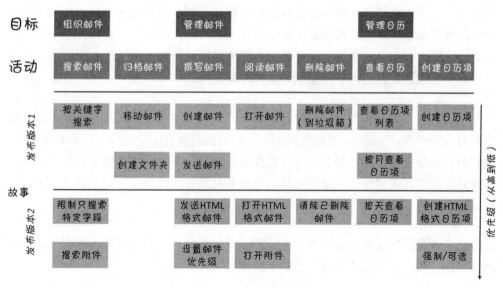

改编自史蒂夫·诺加斯基（Steve Rogalsky）的示例 [14]

图 9.9　故事地图示例

在图 9.9 描述的例子中，该团队正在从描述电子邮件客户端的产品画布中分解粗颗粒的工作项（Epic）。这个 Epic 的目标之一就是"组织电子邮件"。再往下看，会看到组织电子邮件其中所需的一项活动是"搜索电子邮件"。此时，利益相关者按优先顺序将"搜索电子邮件"的活动分成较小的切片。

在此示例中，"按关键字搜索"比"对某一个字段进行搜索"或"搜索附件"具有更高的优先级，因此"按关键字搜索"的发布版本暂定为早于其他用户故事的版本。然后，利益相关者以类似的方式拆分其他 Epic，直到对端到端价值交付有了更清楚的了解。

工作坊成果

在为期两天的梳理工作坊结束时，产品管理和工程组织对我们交付的内容、我们交付的原因以及大致的交付方式有了共同的理解。当然，进一步的细节还有待充实，更清楚地理解交付的时间，这些步骤将在第 4 个工作坊中完成。

工作坊 #4：预测与执行工作坊（"何时"）

在前三个工作坊完成后（确保愿景和战略被提炼成粗粒度的团队可以开始工作的待办项，明确最重要的客户基本需求及组织内工作的优先级），是时候拆分工作并针对交付物提供有意义的估算了。虽然这种粒度级别的计划工作可以在不同的节奏下进行，但目标是找到适用于当前上下文的时间范围。

我发现，2～3 个月是在对未来几个月提供有意义指导和有足够细节来进行务实估算之间的良好折衷，当然，您可能会发现一个更短的时间范围更适合自己的具体情况。我们的目标是提供足够的指导，以便协作者、客户和其他利益相关者拥有足够的信息来对齐计划，无需让团队承诺细化的日期和时间表。找到合适的平衡点，因为上下文很重要。

这些会议涉及的人主要是做工作的人，即团队。行政领导和管理层参与提供指导和回答问题，但承诺由负责实现价值的团队来做出。

表 9.4 概述了预测与执行工作坊的关键要素。

表 9.4　预测与执行工作坊的关键要素

输入	梳理过的 Epic，基于经济权衡和价值流图的自组织端到端团队
受众	团队领导和端到端团队的成员；投资者
代表的职能	产品开发，工程，支持
时长与形式	两天；面对面（第一次做两天）
预期结果	短期内的 Epic 和高层次的用户故事；长期视角下的更粗粒度的用户故事 Scrum 的前奏；团队准备开始执行；在面临权衡时，清楚地了解更高层次的目标以及价值和经济的选择 依赖性和风险得到缓解、沟通和接受
着眼点	中短期（涌现式计划）以及每日的视角

其中一个工作坊是关于涌现性计划的，它是在规模化敏捷框架（SAFe）中应用较广的递增 Sprint 计划（PI）的一种形式。[15]

涌现性计划（两天）

在这个工作坊中，团队成员将梳理过的 Epic 分解为用户故事，描述要完成的工作，并明确为什么要完成该项工作以及这项工作是为谁做的。团队一起讨论这些用户故事，以便对工作及其范围有共同的理解。他们还为这些工作提供大致的估算，以便他们可以在规定的时间范围内完成工作。

所有参与的团队在一个共享的空间中的同一时间内完成这项工作，因此很容易直观地了解其他团队正在做什么。在对齐工作坊上进行的价值流图绘制工作能确定本工作坊所涉及的团队，需要跨多个部门的场合很少见。然而，依赖性、风险和问题不可避免，因此，这次工作坊本身就是一个协作管理的绝佳机会，可以在早期就提出已识别的挑战并让利益相关方做出相应减轻或规避的决策。

例如，如果 A 团队工作的用户故事是 B 团队完成其工作的必要条件，那么两个团队需要协调工作以最大限度地减少 B 团队的延期。这种协作可以帮助团队规划他们的协作方式并确定用户故事的优先顺序，以便他们能够在 Sprint 中为它们找到合适的位置。

图 9.10 说明团队如何在涌现性计划中进一步细分梳理工作坊中所确定的工作项。

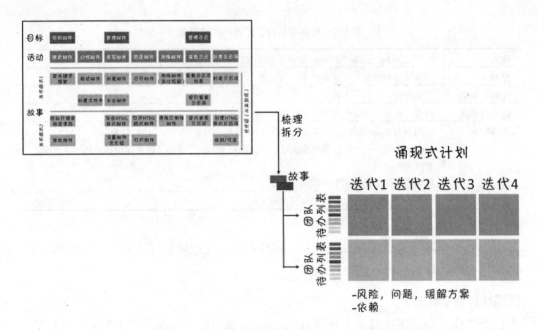

图 9.10 梳理工作坊中定义的工作项目是涌现性计划中团队活动的输入

团队可以选择他们想要的任何开发方法（例如 Scrum，Kanban 和 ScrumBan 等）；重要的是，他们能够有效地协调、沟通和协作。在图 9.10 的示例中，团队正在使用 Scrum（在前面的第 3 章描述过）。

另请注意，在图表中，我们能看到团队并没有在每个 Sprint 中为工作项使用相同级别的粒度，那样不太灵活。对前面几个 Sprint，他们提供了高保真描述，因为其中有更多确定性，但计划越靠后，不确定性越强，细节也越少。所以，这鼓励实施涌现式计划，提供刚好足够的细节以便为市场指南和合作伙伴沟通等提供恰如其分的指导。实现这种平衡是精准执行的关键性目标：提供足够的信息，以便利益相关者和外部合作者能够确定彼此的边界并协调他们的工作，使不同的团队能够一起交付与明确定义的战略保持一致价值。

工作坊成果

在渐进细化框架的工作坊结束时，我们实现了从战略到执行的明确联系，因为几乎所有组织部门，只要端到端交付涉及到的，都参与了逐步完善从战略到执行的策略。

9.3.3 通过快速闭环来精准执行

要在动态业务环境中创建战略与执行的一致性,需要有端到端的视角,需要有交付价值所需要的人员和资源。但是,精准执行还需要有经常性的调整机会。我们讨论过的四个轻量级工作坊通过频繁的检查和适应机会以及渐进式细化来引导得出这种理解。

图 9.11 展示了工作坊如何帮助逐步减少变化为产品粒度从愿景与战略活动时的相对粗大减少到承诺和执行时的相对细小。随着日益接近了具体的工作,交互频率也会随之而增加。

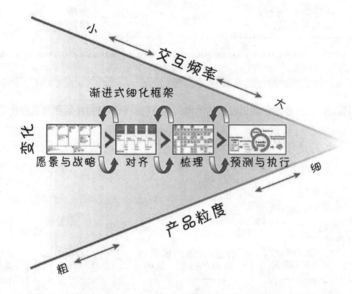

图 9.11 精准执行通过频繁的反馈环和学习机会逐步完善产品细节

通过这四个工作坊,组织创造了必要的透明度,从而可以制定经济上合理的商业决策,同时减少花费在非增值活动上的时间。同时,这也使团队能够开发出客户喜爱的优秀产品。这四个工作坊的核心是帮助我们做到以下几点。

- 减少组织 WIP　通过使用 CoD 及让管理层尽早参与,组织可以快速对工作的优先级进行排序并决定不做什么工作。
- 减少周期时间和交付周期　通过在工作坊上的跨职能间的交互,我们可以快速做出决策、减少交接延期并最终增加团队实际工作的时间比例。

- **减少不确定性**　记住，相应工作的产品-市场匹配是经过验证的；我们以此来将以协作、迭代的方式逐步完善产品细节，不确定性降低到合理的水平。
- **增加资源**　我们为组织这个整体创造最大价值提供氧气和资源，我们暂且搁置对整体角度来看没有足够价值的工作。

例如，在一家传统公司中，我引入这种方式后，我们对整体进行优化，消除了不必要的交接，并提高了流动效率，从而将计划到执行所花费的时间至少减少为原来的 1/4。

图 9.12 说明了我们对流动做优化之前的情况：频繁的交接、故障修复以及等待时间导致组织实际向客户发布任何内容之前的等待时间长达 40 周之久。

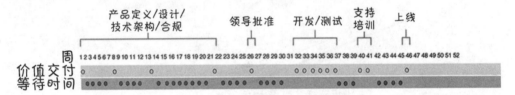

图 9.12　计划驱动，对资源进行优化过程的示例；等待时间倍增并最终延期与客户的第一次联系

与此形成鲜明对比的是图 9.13，说明的是我们利用渐进式细化并针对价值流动进行优化后的流程。可以看出，减少交接，管理 WIP，团队花更多时间处理重要的事项，而非并行处理许多事情

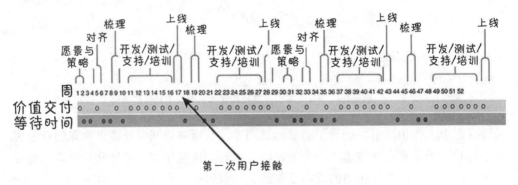

图 9.13　着眼于流动优化的流程图示

值得注意的是，这些工作坊中使用的具体工具并不重要；实现相同目标的其他工具

同样有用，例如影响地图和设计思维的构成元素。这些工作坊的真正关键在于它们可以在很短的时间内促进组织内适当级别的跨职能协调。《敏捷宣言》的第一个价值是"个体和互动优先于流程和工具"，这绝非空穴来风，是有原因的。[16]

9.4 适度平衡："拥抱变化"与"精准执行"

业务敏捷是指快速适应不断变化的市场条件并为客户提供价值。它也指提供激动人心的体验并向合作伙伴和客户履行承诺。我们需要能够根据具体环境中 VUCA 相对水平相应地调整灵活性，适合所有人的通用方案是没有的。

在 VUCA 水平较高的环境中，我们需要接受变化并鼓励快速失败。这样做可以让我们更快地学习，验证假设并尽快丢弃糟糕的想法。组织可以通过这样的方式来创造一个类似的环境：建立内部孵化单元、收购颠覆性竞争对手、与外部加速器合作以及获得潜在颠覆者的股权。

在具有经过验证的业务模型、经过验证的客户和已证明价值的环境中，上下文是不同的。需要通过减少不确定性、减少周期时间和减少 WIP 来尽可能在这种相对确定的环境中进行创收。如前所述，在具有较少 VUCA 的环境（如斯诺登的繁杂领域）中执行此策略的一种方法是采用渐进式细化。

总而言之，在已知领域中创收和在未知领域中探索，是从根本上解释业务敏捷。要想取得成功，需要用塔勒布的"杠杆"策略，该策略主张"一方面极端厌恶风险，另一方面极端冒险"。[17] 为什么我们不推荐"中庸"的风险管理方法？因为经验告诉我们，预测风险基本上是不可能的，我们根本不知道我们不知道什么。所以不要假装理解"中等"风险是什么并浪费时间去管理它，我们应该要么执行已知的产品和商业模式（已验证的低风险），要么探索高度投机的机会（高风险）。换句话说，为了面面俱到而稀释在经过验证的产品上执行的工作或者进行半心半意的"创新冲刺"是不会有成效的。相反，杠铃策略在风险范围的最极端使组织的投资组合多样化，以更好地为更高水平的 VUCA 环境做好准备。

合理平衡这些运营模式取决于您所在的行业。根据我的经验，80-20 分割可以将组织的创收与探索很好地结合起来：将 80%的资源投入到经过验证的商业模式中；分配 20%的资源给拥抱"不知道的未知",识别潜在的颠覆性产品、服务或商业模式。如此一来,处于繁杂域的公司可以在保护运行良好的业务的同时留出空间来探索前方。

9.5 关于规模化框架

随着敏捷越来越受欢迎,出现了许多专门针对大公司的规模化框架,指导这些大公司以更敏捷的方式工作。这些框架非常受欢迎,但也有争议。接下来,我将简要概述几个最流行的框架并突出描述在解锁敏捷过程中使用这些框架的一些优缺点。

9.5.1 规模化敏捷框架(SAFe)

由莱芬维尔(Dean Leffingwell)创建的 SAFe 是迄今为止最流行的敏捷框架。因其部分 DNA 植根于统一软件开发过程(Rational Unified Process,RUP),莱芬维尔是 RUP 的主要贡献者,故 SAFe 以其全面的文档、新的角色/职责和引人注目的"宏图"视觉效果脱颖而出。尽管有批评指出 SAFe 有些预定义过程的设计,但随着时间的推移,SAFe 也在不断发展并且可以根据各种组织的规模和背景进行定制。[18]

9.5.2 大规模 Scrum(LeSS)

由拉曼和沃德(Craig Larman 和 Bas Vodde)创建的 LeSS 专注于利用 Scrum(在第 3 章中描述)进行规模化。因此,熟悉这种流行框架的人无须考虑新的角色,但为了适应更大的规模,有一些额外的仪式添加到团队 Scrum 中。虽然 SAFe 不需要组织变革,但 LeSS 明确指出,如果不搭建基于特性的组织结构,组织永远无法敏捷。因此,LeSS 可能需要更激烈的组织变革,视组织的目标而定,这可能有吸引力,也可能相反。[19]

9.5.3 规范化敏捷框架

由安伯乐(Scott Ambler)和莱恩斯(Mark Lines)创建的规范化敏捷,源于安伯乐(Ambler)担任 IBM Rational 首席方法学家时的工作。规范化敏捷拥有非常多的文档,并自我标识为"混合式敏捷决策框架"。它包含三个主要阶段:开始阶段、构建阶段和过渡阶段,比 SAFe 和 LeSS 更加关注治理、架构和设计。规范化敏捷是针对具体情况的,旨在根据各自组织的独特情况量身定制。这种灵活性也是其主要的挑战,因为它在转型过程中需要教练具有丰富的经验和专业知识。[20]

9.5.4 使用规模化框架的好处

转变为以更灵活的方式展开工作,并非易事,特别是组织目前不处于传统的、计划驱动的流程时。根据我的经验,规模化框架可能是实施转型策略的一个有用部件,原因主要有两个。

- **它们可以加速转型** 规模化框架虽然不同,但都基于精益思想、敏捷及其衍生的基本原则。作为这些框架的一部分,它们积累了相当全面的资源、指导、文档和培训,可能有助于加速转型工作。至少,框架将补充并最有可能增强现有的资源。
- **它们可以帮助获得高管支持** 这并不是一件小事。正如下一章所示,高管的支持是解锁敏捷的关键成功因素。对试图理解《敏捷宣言》及其如何与更广泛的组织变革相关的高管来说,敏捷是非常陌生和愚蠢的,尽管如此,但规模化框架在很大程度上有助于将宣言的许多想法转化为高管可以理解的更多以业务为中心的语言。SAFe 在这方面值得特别认可:概述 SAFe 框架的"宏图"对许多满足于做传统规划的人来说,非常熟悉,显得并不太陌生和可怕。[21]

9.5.5 使用规模化框架的缺点

尽管规模化框架可能是转型策略的一个有用部件,但它们也存在一些潜在的缺点。和任何工具或方法一样,规模化框架也可能被滥用,这可能会产生负面影响。

- **规模化框架可能会防碍您变得更敏捷**
  规模化框架的重点不是先帮助组织变得更敏捷吗?是的,它们可以成为这一旅程中有用的部分,但由于它们在"如何做"和"实施计划"方面的指导,应用规模化框架实际上也是有风险的,即组织停留在基本的敏捷水平止步不前。当引入新的流程、结构、角色和职责时,最初这些可能有助于将思维发展到传统的计划驱动的流程之外，但它们也可能会阻碍初始阶段之外的想法。公平地说；规模化框架的作者已经明确指出框架不应有限制，而且鼓励随着时间的推移而不断发展，但是转型的目标有可能成为 SAFe 或者拥抱 LeSS，而不是持续改进从而更敏捷这样的思维方式。

- **规模化框架不包含颠覆性变化**
  我对敏捷组织最简短的描述是既拥抱变化又精准执行的企业。规模化框架专注于执行部分，但针对颠覆性和拥抱变化的策略，仍然有很多值得改进的地方。正如我们在本章中所讨论的，拥抱变化涉及到利用完全不同的组织结构和工作方式，也包括创新中心和外部合作伙伴关系。虽然已经讨论了一些精益创业和设计思维的语言，但根据我的经验，规模化框架在很大程度上是忽略敏捷这一关键组成部分的。

作为 SAFe 最初流行时的敏捷签名者，我并不认为规模化框架本质上是有害的。[22] 相反，我认为它们是有潜力的，是解锁敏捷的一部分。熟悉框架中包含的材料可以获得很多东西，LeSS 的特性团队注重聚焦，规范化敏捷框架强调涌现式架构设计，SAFe 的 PI 规划活动都是已知的实践，各有千秋，因此在敏捷社区中，它们都得到了进一步的推广。事实上，我亲自参与了最成功的 SAFe 参考客户之一（NAVTEQ / 诺基亚）的工作，并直接与莱芬维尔合作，因为他当时正在将"发布火车框架"正式化为 SAFe。莱芬维尔的努力是我们取得成功的一个主要原因，但这只是众多因素之一。在敏捷旅程中演进时，我们改了框架，使其更适合我们的环境，这正是敏捷的意义所在。

然而，当它们本身成为一种手段时，规模化框架就会成为问题。当组织努力成为"SAFe 组织"或"LeSS 企业"时，他们忽略了这一点。通过快速学习和不断适应不稳定的市场条件，解锁敏捷的目的是适应不确定性和拥抱变化。规模化框架可以成为刚开始持续改进时的有用工具，但它们本身并不是目标。当组织拥抱敏捷的思维模式之后，将超越框架并发展出适合自己的方式。正如我们将在最后一章中看到的那样，独特的演进方式才是解锁敏捷的本质。

小结

本章概述了一个高层次的运营模式,旨在"拥抱变化,精准执行"。我们解释了组织如何有意识地投资,用杠铃策略进行探索或创收工作。然后,我们仔细研究了大型组织通过收购潜在的颠覆者、获得股权、与外部孵化器合作或发展自己的内部创新中心来实现变革的各种方式。我们强调了后一种方法固有的挑战,即现有的企业文化通常不太有利于颠覆性工作。

我们仔细研究了四个轻量级工作坊,这些工作坊旨在推动不确定性较低环境中的频繁交互和反馈环。通过逐步完善,这些工作坊将不确定性降低到适合对合作伙伴和外部市场做出承诺的程度。通过使用 CoD 进行优先级排序,敏捷组织可以通过优化整个企业的流动效率来限制组织 WIP,缩短交付周期,减少可变性,在适当情况下增加资源。我们突出描述了一个实际例子,表明减少等待时间可以使速度提高四倍。

本章最后简要介绍最流行的规模化框架及其优缺点。我们的结论是,即使规模化框架可能有用,但它们还不够,因而自然也不是解锁敏捷的最终目标。下一章,也是本书的最后一章,将描述一个高层次的转型路线图以及在解锁企业敏捷时要规避的陷阱。

问答环节

1. 您在本章开篇时说:"许多组织可能敏捷了,但并没有解锁敏捷。"这是什么意思呢?如何知道我们公司也是这样?

   我的意思是,许多组织在没有"拥抱变化"的情况下能把"精准执行"做得很好。解锁敏捷意味着平衡两种运营模式。

   我的观点在很大程度上取决于我在诺基亚的经历。根据所有相关的财务和运营指标,诺基亚是在 21 世纪初第一个 10 年中后期才出现问题的。在 21 世纪初的前几年,我们的市场份额在增长,利润率保持稳健的步伐,客户满意度处于极高的水平,我们立于不败之地。而且,在经过验证的商业模式范围内做敏捷,我们是最好的，我们的工作方式受到全球公司的钦佩，我们的创新和交付能力是无与伦比的，我们的质量水平令人羡慕。诺基亚西门子当时的顾问巴斯·沃德（Bas Vodde）甚至设计了所谓的"诺基亚测试"，以确定您是否正在正确使用 Scrum。诺基亚在很多方面都是高绩效敏捷组织的代表。

然而，短短几年之后，诺基亚就失败了。怎么可能呢？虽然关于诺基亚失败的话题本身值得写成一本书，但其根本原因在于，尽管诺基亚在执行既定战略方面做得非常出色，但它并没有在其舒适的专业领域之外实现变革。当乔布斯于 2007 年推出 iPhone 时，诺基亚高管大多忽略了该设备或者因为手机功能不佳而取笑它。因为从电话质量和接收的角度来看，iPhone 的第一次迭代远远低于诺基亚。诺基亚没有意识到整个手机行业即将被打乱，人们不再需要将手机作为通话设备，电话突然被当作小型电脑来使用。

当诺基亚试图做出响应时，最初超越了自己现有的策略，制造更好的手机，有更好的电池续航时间和更好的相机。然而，问题在于人们不再只是需要手机，他们还需要迷你电脑。除了苹果的 iOS，Android 出现时，塞班（Symbian，当时诺基亚的手机操作系统）是三者中明显的输家。

历史上命运如斯的公司比比皆是。柯达和百视达是我们在本书中使用的几个例子。虽然这些公司有能力与各自的颠覆者竞争，但他们根本做不到，因为他们固守着现有的战略、商业模式和运营方式。通过确保探索是公司战略的关键组成部分（失败是可以接受的，接触新思维是常见的）成熟老牌的公司可以对颠覆采取防范措施。

这是否可以保证不被颠覆？当然不是，但它会增加公司成为颠覆者的机会，而不是"被颠覆者"。亚马逊著名的鼓励对其现有业务的"蚕食"正是出于这个原因。正如英特尔的格鲁夫（Andy Grove）在他的同名书中所说的那样："只有偏执狂，才能生存。"

2. 关于探索，您谈到诺基亚和英特尔如何让他们的孵化组织蓬勃发展。如果他们都做不到在内部促进颠覆性创新，凭什么您会相信其他组织可能取得成功？

在内部推动颠覆性创新是非常具有挑战性的，我在本章中列出了一些原因。也许最重要的是，"母舰"的流行文化使得拥抱（按照定义）破坏现有工作方式的行动变得异常困难。当然，有些公司做得很好，奈飞、亚马逊和其他一些公司，但更多时候，我看到的情况是内部创新工作充其量只是影响到创新。

因此，我建议敏捷组织的"探索"战略要部分"向外"获得更有破坏性的专业知识和冲动。我列举了几种方法，与外部创新中心合作以及拥有现有公司的股权是我的最爱。

3. **如果我不是高管，怎样才能让这些原则和流程影响到组织中能够启动变革的人员？**

我建议从本章前面讨论的内容中吸取一些教训。专注于高层的"待办任务"可以非常有效。领导层雇用我们做什么"工作"？是什么让他们夜不能寐？他们试图解决什么问题？

换句话说，推广我们在本书中讨论的思维模式、原则和流程并不一定是个好主意。相反，专注于解决领导层试图解决的问题。例如，我在 NAVTEQ 领导敏捷转型时，目标从来都不是"变得敏捷"，而是关于"加快上市速度"。恰好以灵活的方式工作支持这一目标，但这本身并不是目标。

同样，我愿意打赌，高管其实并不会阅读我这本书，因为他们想要了解更多金曼公式相关的内容或如何减少组织 WIP。相反，他们希望更多了解什么类型的策略和方法有助于组织更灵活、更强大、更容易受到破坏。事实上，解锁敏捷将有助于实现这一目标，这是必要的手段。

更多资源

我建议进一步探索以下资源，更深入地了解本章中讨论的主题。

- 《哈佛商业评论》IdeaCast："Jobs To Be Done Theory of Innovation"，网址是 *https://hbr.org/ideacast/2016/12/the-jobs-to-be-done-theory-of-innovation* 克里斯滕森（Clayton Christensen）被誉为颠覆性创新理论之父，他是引领我们思考当今如何做新产品开发的重要人物。在这个播客中，他解释了他如何得出 JTBD（jobs to Be Done）的概念以及了解我们的产品和服务为客户做什么"工作"为何如此重要。听起来很奇怪？听听这个播客吧，保证您再也不会像以前那样看待奶昔了！

- 皮希勒（Roman Pichler）的产品开发博客，网址为 *https://www.romanpichler.com/blog/* 皮希勒多年来一直是产品管理领域的思想领袖。他的《Scrum 敏捷产品管理：打造用户喜爱的产品》是一本现代经典，有中文版。推荐阅读。除了购买这本书，还请查看他的博客，有许多实用和富有洞察力的作品、免费资源和有用的视觉指南。不要错过！
- 规模化敏捷，网址为 *http://www.agilescaling.org/ask-matrix.html* 这是一个很好的资源，包含我在本章中简要介绍的各种规模化框架的更多信息。由一群敏捷教练所写，即所谓的"ASK 矩阵"（敏捷规模化知识矩阵）。它包含对最流行的敏捷规模化框架进行的全面、直接的比较（比较项包括培训资源、灵活程度、关键风险和顾虑等）。该网站针对各个框架提供了一个中立的视角，值得一看。
- 三种最流行的扩展框架：
    - SAFe（*http://www.scaledagileframework.com/*）
    - LeSS（*https://less.works/*）
    - 规范化敏捷交付（*http://www.disciplinedagiledelivery.com/*）

最受欢迎的扩展框架官网也值得花时间。它们都包含各自框架的大量信息，并有相关的视觉辅助、指南和其他免费资源。

注释

[1] Christensen, Clayton. *The Innovator's Dilemma: The Revolutionary Book That Will Change the Way You Do Business*. Collins Business Essentials. 2003. 中文版《创新者的窘境》

[2] Christensen, Clayton, Raynor, Michael, and McDonald, Rory. "What Is Disruptive Innovation?" *Harvard Business Review*. December 2015. https://hbr.org/2015/12/what-is-disruptive-innovation

[3] Satell, Greg. "A Look Back at Why Blockbuster Really Failed and Why It Didn't Have To." Forbes. September 2014. https://www.forbes.com/sites/gregsatell/2014/09/05/a-look-back-at-why-blockbuster-really-failed-and-why-it- didnt-have-to/#71d48bac1d64

[4] Shih, Willy and Thurston, Thomas. "Intel NBI: Intel Corporation's New Business Initiatives." Harvard Business School. December 2010.

[5] Blank, Steve. "Intel Disrupted: Why Large Companies Find It Difficult to Innovate and What They Can Do About It." June 2016. https://steveblank.com/2016/06/23/intel-disrupted-why-large-companies-find-it-difficult-to-innovate-and-what-they-can-do-about-it/

[6] https://apiumhub.com/tech-blog-barcelona/open-innovation-benefits/
[7] https://newsroom.intel.com/news-releases/intel-acquire-15-percent-ownership-of-here/
[8] Video of Bezos explaining why Amazon took over Zipp10: https://www.youtube.com/watch?v=-hxX_Q5CnaA
[9] Kaplan, Robert S., and Norton, David P. "The Office of Strategy Management." Harvard Business Review. https://hbr.org/2005/10/the-office-of-strategy-management
[10] https://www.towerswatson.com/en-BE/Insights/IC-Types/Ad-hoc-Point-of-View/2016/05/Employee-surveys-views-and-insights (employee engagement benefits)
[11] Leinwald, Paul, and Mainardi, Cesare. "The Coherence Premium." *Harvard Business Review*. https://hbr.org/2010/06/the-coherence-premium
[12] https://www.christenseninstitute.org/jobs-to-be-done/
[13] Nobel, Carmen, Harvard Business School Working Knowledge. https://hbswk.hbs.edu/item/clay-christensens-milkshake-marketing
[14] http://winnipegagilist.blogspot.com/2012/03/how-to-create-user-story-map.html
[15] http://www.scaledagileframework.com/pi-planning/
[16] www.agilemanifesto.org
[17] Taleb, Nassim. *The Black Swan: The Impact of Highly Improbable*. Random House. 2007. 中文版《黑天鹅：如何影响不可预知的未来》
[18] https://techbeacon.com/large-scale-agile-frameworks-compared-safe-vs-dad
[19] https://less.works/
[20] http://www.disciplinedagiledelivery.com/
[21] https://www.scaledagileframework.com/
[22] https://kenschwaber.wordpress.com/2013/08/06/unsafe-at-any-speed/

第 10 章

解锁敏捷：战略路线图

本书的最后，我们简要回顾一下前面所涵盖的内容。在第 1 章和第 2 章中，我们定义了业务敏捷，认识了它在当下变化莫测商业环境中如此重要的原因，并探索了它的理论和实践起源。它发端于软件行业的运动，为什么到现在发展成为一种本质上不同于传统的工作方式，包括拥抱不确定性、学习型组织和客户价值优化。

接下来，我们仔细研究敏捷的五个维度，这些维度极大地影响着解锁敏捷能在组织中做到何种程度。

第 3 章概述了一些常用的工具、技术和方法及其之所以适用于相应场景的原因。

第 4 章回顾一些常见的组织设计，并解释了为什么它们不一定最适合当下的挑战。此外还探索了针对工作空间进行协作优化的一些新设计并考虑了相关的权衡因素。

第 5 章仔细研究数字化组织所需要的技能、知识和能力，并给出例子来说明组织如何更好地支持、发展和帮助员工成长。我们还讨论了这种新的工作方式对 HR 的影响以及如何才能成为敏捷的"助产士"。这是 VUCA 世界中现代 HR 的关键转变。

第 6 章强调转型过程中具备强大执行承诺的重要性以及如何赋能员工（通过展现信任和允许失败来进行组织化学习），这对解锁敏捷至关重要。我们强调指出，超越预算（Beyond Budgeting）是支持敏捷领导力价值观和原则的有用模型。它对组织规范和政策的制定也有影响。

第 7 章阐述组织文化（尽管不容易控制和指导）如何对公司的适应能力和变革成功产生巨大的影响。我们探索了企业文化领域中一些领先的思想，并介绍了一些成熟的策略，可以通过有意识的行为和行动来实现文化转变。

有了这样的背景知识，本书最后一部分旨在提供可以助力实现这一目标所的一切。第 8 章详细说明专职内部（和一些外部）变革推动者如何成为转型的引擎。执行层面提供坚定支持和团队创造价值而需要做的实际工作，两者之间的关系可以通过 AWG 充分体现。

第 9 章提供了一个具体的组织运营模式，做到"拥抱变化，精准执行"。标语看起来可能很酷，但其内涵深刻：在企业解锁敏捷时需要能够探索商业机会，发明新技术，快速发现潜在的颠覆者，还需要能够充满信心地执行经过验证的商业模式，因为我们知道合作伙伴和客户相信我们有能力兑现我们的承诺。本章将通过锁定这一目标的一些挑战、成功的例子和轶事来解释组织具体如何做。

眼前的第 10 章将展现如何把所有这些合成一个连贯的战略。我们将仔细讲解一个用于解锁企业敏捷的高层次战略路线图，并描述与五个敏捷维度相对应的每个维度的一些特征。然后，我们将介绍一种简单的组织持续改进方法，该方法构成了我们影响组织各个层面进行变革的基础。我们将研究 AWG 在路线图上的执行方式，并提供我做过的一些组织改进待办列表的具体示例。在本章中，我还要针对如何提高成功变革机会以及如何保持动力给出一些启发。在本章的最后，您将准备好开始启动自己的组织转型之旅。

10.1 解锁企业敏捷：一个高层次的战略路线图

组织转为更敏捷的工作方式并不是线性的，并不是一个简单完成某项任务并满足特定期望结果的问题。正如我们所解释的，组织本身如何在具有典型 VUCA 特性（高易变性、不确定性、复杂性和模糊性）的环境中允许通过失败来进行实验和学习，组织变革工作本身也处于斯诺登所创造的 Cynefin（库尼芬）框架下的复杂领域。这意味着我们纵然有战略路线图和明确的方向，但在整个转型过程中仍然需要不断验证假设，并确保通过学习过程所获得的认知对我们的战略提供持续的支撑。如图 10.1 所示，根据我的经验，根据组织的方式，组织变革包含三个紧密连接的"波浪"，相邻两个"波浪"之间没有明确的开始时间或结束时间。

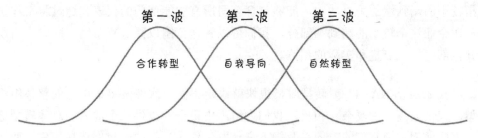

图 10.1 组织结构是如何影响组织变革的

之所以称为"波浪"，是因为与具有明确开始阶段和结束阶段相比，各个波浪之间有大部分重叠。根据我的经验，在考虑转型路线图时，各个阶段之间并没有一个整齐划一的起止点。因此，随着转型的持续进展，尽管某个波浪的某些元素可能更加明显，但仍然可能有前一个波浪的元素。让我们仔细研究三个波浪，以便了解每个波浪的关键目标以及它们对创建一个能够持续自我改进的敏捷组织的重要性。

10.1.1 合作转型（第一波）

转型第一波，即"合作转型"，是指在打下基础并深思熟虑之后迈向更敏捷的工作方式的第一步。组织的转变不是一蹴而就的，根据公司的现状及其最终目标，需要移除很多可能影响敏捷转型的组织障碍。因此，第一波是确保夯实基础，以便组织能够快速发展，变得更加敏捷，更具有适应性。

之所以称为"合作转型",是因为在转型的第一阶段,组织并不熟悉这种思维方式,并且可能对"解锁组织敏捷"的真正含义有着不同的认识。虽然在这一波转型中开展的具体工作取决于组织的独特背景,但工作的性质通常涉及在组织层面达成对工作内容的共同理解。目标聚焦于几个方面:创造共同语言;确保每个人都能获得适当的培训、辅导和指导;开始研究现有的组织度量,以确保从更全面、端到端的视角创造价值。

对 AWG 和教练而言,第一波转型通常更多涉及动手支持,并且通常需要外部人员施以援手并及时提供足够的资源。这一阶段还要界定转型工作的范围:我们是从改变整个组织开始,还是从小规模开始再随着时间的推移而扩大?尽管一次性着眼于整个组织改变可能更吸引人,但通常成本过高且风险很大,具体取决于组织的规模。我通常建议采用较小的组织切片来启动转型。请注意,我说的是"较小的组织切片",是指较小的端到端的垂直切片,能够包含公司所有职能部门的代表。通过将工作重点放在企业这个较小的端到端部分,我们可以管理范围以降低复杂性,同时为组织的其他部门提供能量和实际的预览。

例如,我在领导 NAVTEQ[①]转型时,很快就决定不能一次性做 8 000 人的整体组织转型,代价太高,太复杂。相反,我们为组织中每个人提供一个清晰的总体转型愿景(因此他们知道我们的方向以及接下来会发生什么),同时我们选择聚焦于两条垂直的业务线。这使得我们能够在团队熟悉新的工作方式过程中提供适当的覆盖范围和支持,并提高组织学习速率,因为我们可以在与小范围的人群合作时更快地共享信息。

第一次"合作转型"包括下面这些焦点领域。
- 在整个组织中创建共同语言,在控制与协作之间取得平衡。
- 在所有级别提供有针对性的培训、辅导和指导。
- 提高团队之间和价值流之间的连贯性。

---

① 中文版编注:成立于 1985 年,总部位于芝加哥。2008 年被诺基亚斥资 81 亿美元收购并更名为 Ovi 地图,全球有史以来第一款免费的地图应用。2012 年更名为 Here 地图,并与亚马逊合伙,以替代谷歌地图。2015 年,以 25 亿欧元出售给德国三大汽车厂商组建的财团。2017 年,宣布停止接受腾讯控股等 3 家企业的出资。

- 建立强有力的工程实践，认真对待技术债务，增加团队交付的信心。
- 建立高绩效团队并帮助成长。

10.1.2 自我导向（第二波）

路线图中的第二波"自我导向"，侧重于更敏捷的企业所带来的性能提升。顾名思义，在作为组织的每个垂直切片与总体战略对齐并移除各自的障碍之后，AWG 和相关教练将后退一步。团队和支持部门经过培训，能够更好地理解变得更敏捷的意义，并且能够调整工具、技术和方法以适应其独特的环境。

例如，我在 HERE 做辅导时，其中一个垂直业务线在 2010 年采用了一些先进的工程实践（现在称为 DevOps）。虽然这些实践令人印象深刻而且超前，但在当时并不适合其他垂直业务线，因为还需要先解决团队合作和计划的其他挑战。因此，并不是每个人都要遵循一条既定的敏捷之路，而是要与一个总体战略路线保持一致，然后在各自的场景中有差异化实现。也就是说，在组织层面使用相同的语言，但与此同时，在群体中允许有不同的"口音"（或"方言"），因为场景很重要。

您会注意到，这一波转型中工作的性质（与前一波相比）更侧重于组织层面。在"自我导向"这一波中，AWG 和教练的工作开始扩展到团队之外，并花更多的时间来减轻跨组织的挑战，例如次优化的组织度量项。还可以帮助成长和支持更适合敏捷环境的组织角色，与财务部门合作调整预算流程，并在整个组织层面帮助减少对失败的恐惧。因此，团队已经做到了自我表现良好，但现在开始面临解锁敏捷所需要的更大的企业级的挑战。这些挑战需要一个超越于团队的系统整体视图，处于组织层面，在这一波转型工作中，AWG 将把大部分时间花在这里。

"自我导向"这一波包括下面这些领域。
- 建立更有意义的组织绩效度量。
- 提供指导和执行层面的辅导；强调成长思维，帮助内部能力的成长。
- 减少对失败的恐惧，专注于培养通过频繁实验来加强学习的意识。
- 多个团队在价值流中协作实现价值交付，流动效率成为战略优势。
- 拥抱超越预算领导力的价值观和原则，使用延期成本（CoD）作为核心的优先级策略。

10.1.3 根深蒂固（第三波）

三个波浪中的最后一个是"根深蒂固"（自然转型），恰如其名，因为在这个阶段，组织已经是一个高绩效的敏捷组织，能够不断调整和改进工作方式。从某种意义上说，这一阶段是一个渴望达到的目标。这时，组织不只是"变得敏捷"，而且不再专注于改善其运营方式。相反，为了解锁敏捷，组织需要继续有意识地采取一些步骤，使之变得比以前更敏捷，继续学习、适应并努力比以往做得更好。

在这个阶段，很少见到 AWG 和组织级教练，因为他们已深入到组织的各个层面。从某种意义上，可以说整个组织就是一个大的 AWG，总是希望消除障碍以创造价值和改善运营方式。处于这一波的组织通常并不明确宣称自己是"敏捷"的，因为敏捷思维已经完全融入组织，业务敏捷已经变得像呼吸的空气一样自然。组织倾向于将影响力扩展到公司以外，成为有影响力的行业领导者。他们表现出明确的目标感，具有长远的眼光，并且不畏惧在此过程中挑战原有的假设。

"根深蒂固"这一波包括下面这些焦点领域。

- "精准执行并拥抱变化"自然而然地出现，敏捷"不打烊"。
- 灌输反脆弱的思维，组织的探索和执行得到很好的平衡。
- 在组织外展现思想领导力，引领运营创新，超越组织的各种约束。
- 创造更多流动的组织结构，价值优化作为关键指导原则。
- 商业模式、产品创新和比竞争对手更强的学习能力，这是三大核心竞争力。

举个例子，让我们来看看亚马逊。我在整本书中都在提亚马逊，提到数字化企业，不能不提贝索斯几乎针对地球上所有产品的颠覆性零售。虽然该公司多年来一直因为工作要求很高而上头条，却有亚马逊员工在为公司辩护，并从细节上刻画了一个极度专注于为客户创造价值的精英领导阶层。亚马逊处于"根深蒂固"这一波，能够不断调整和改进以实现这一目标。[1]

成为敏捷组织不是终点，这是对持续改进的承诺。持续改进的核心是通过快速反馈来进行学习的能力。在 2012 年一个题为"炉边聊天"的访谈中，贝索斯透露过他总是在思考的一个问题："你如何组织你的系统、你的员工、你自己的日常生活以及如何支配时间？你又如何组织这些事情来提高实验产出？"[2]

通过解锁高效的方法来更快地学习和提高内部转速，组织可以随着时间的推移不断适应和进化。亚马逊通过挑战常规的经营方式来颠覆别人，并且也不怕打乱自己的运营计划。在成为全球最大的网上零售商之后，亚马逊已经表现出颠覆实体店体验的意愿。对它而言，2017 年对全食（Whole Foods）的收购不会是最后一次，如果不出意外的话。持续改进、颠覆及创新已经是其 DNA 的一部分。[3, 4]

从战略角度来看，让组织意识到从计划驱动型发展到学习型（持续改进和调整其工作方式是其 DNA 的一部分）所经历的旅程是有帮助的。以我的经验，解锁敏捷的大多数大型组织都会以某种形式经历这些波浪，但具体的旅程会因每个组织的场景不同而不同。这不足为奇。因为敏捷并不是一个过程，提供简单的操作手册不合理。

但为了使旅程更具体，提供例子供参考是有用的。这并不意味着旅程需要相同，然而，相关的启发方法和主题可能是适用的，可以指导大家走出自己特有的旅程。

10.2　您的行动有多敏捷？组织敏捷五个维度的应用

前面的路线图提供了一个高层次的指南，让 AWG 和教练知道如何帮助企业变得更敏捷。当组织转变为更敏捷的工作方式之后，障碍待办列表上究竟会出现什么呢？

当然，提供一张适用于所有公司和行业的障碍待办列表并不可能。每个组织都是独一无二的，背后的业务目标、技术挑战和文化需要逐个分析。

话虽如此，下面还是有必要简要介绍一下我在组织转型中观察到的五个敏捷性维度所对应的一些特征：

- 技术
- 组织设计
- 人员
- 领导力
- 文化

以下概述可以作为一份指南，帮助了解组织环境中不同层次上的敏捷"外观"。它应该可以帮助识别准备转型策略时会遇到的常见挑战。

10.2.1 技术

您应该还记得，在第 3 章中，我们将技术视为实现敏捷性的推动者和工具，而不是目标。因此，实施 Scrum（一种流行的敏捷工作框架）并不一定会使您在不考虑其他敏捷维度时更加敏捷。然而，随着 Scrum 不断提高（相比传统方法）学习速度，当前的组织级障碍会显得更突出。

图 10.2 提供了工具、方法和技术对组织创造价值的影响程度。

	不太敏捷 ←			→ 更敏捷
特征	各自为阵的系统，反馈循环慢，交流不同步	工具重于人，信息分享低效	提供了目标对齐的方法，加速了反馈循环	技术助力学习；流动优化
说明	组织各部门之间缺乏可观性，存在太多不一致的地方	更多一致性，但合作程度很低	已建立好适应性方法和工具，可帮助改进协作	组织定义方法和工具（独立于其上下文），一直在演化

图 10.2　工具、方法和技术影响着整个组织的敏捷程度

在 NAVTEQ 开始敏捷转型时，我们在 N-Gates 的瀑布流程中实施了 Scrum。该流程定义了至少 8 个连续的"关卡"，这些"关卡"定义了特定的出口条件，在通过"关卡"之前必须满足对应的出口条件。我们知道这种方法并不理想，但鉴于 NAVTEQ 已经全面建立流程，我们需要采用更灵活的工作方式，而不是冒险一次性破坏所有运作方式。

Scrum 帮助我们变得更加敏捷，因为过多的文档需求被更多的交互沟通和产品待办列表所取代。但是，信息仍然无法有效流动，骨子里仍然保留着一种自上而下的方式——"按我说的做"。在制定敏捷转型路线时，这些障碍成为我们首先要解决的问题。最终，我们扔掉了正式的 PRD（产品需求文档），让客户更直接地参与定义我们的产品。有一些团队（Scrum 在几年后变得过于死板）结合 Scrum、Kanban 和精益创业开始尝试打造自己的流程。这种类型的演变正是解锁敏捷的意义，不断地学习经验并改进团队的工作方式。

10.2.2 组织设计

组织设计，这个维度旨在确保组织的结构和团队的工作空间针对客户价值流而进行优化。我们在第 4 章描述了一些变化方法，图 10.3 列出了刚开始转型时涌现出来的一些常见特征。

	不太敏捷 ←			→ 更敏捷
特征	由上而下，层次体系结构；部门按职能来划分	矩阵式结构，按空间来优化	产品型组织开放的工作空间，共有工位	价值流型，组织灵活、敏捷的工作空间，使员工更能适应工作场所和团队需求
说明	资源优化，团队和部门之间有大量的依赖关系	团队跨组织，分配到好多个项目中，要和不同客户斗争	跨职能团队，专注于价值流，客户需求的可见性更高	与客户之间的距离缩短了（持续中），共有工位与虚拟安排相结合

图 10.3 人员组织的方式影响着企业适应不断变化的客户需求的能力

根据我的经验，要采用更敏捷的工作方式，最有效的方法之一是确保团队专注于高优先级的价值流。这意味着团队可以更快地做出反应并适应业务环境的变化。它还迫使组织在确定优先级时做出明确的选择。将团队分配到 15 个并发的项目中很容易，从本质上来说这就是对所有项目都说"是"。能够对不那么重要的工作说"不"，将员工的时间和组织的资源投入到最重要的事情，这要困难得多，但也更有效。

在 McAfee，我们在检查整个产品投资组合的绩效时，所做的一件事是将产品组合从 15 个并发项目减少到 8 个。这种聚焦的结果有助于我们更好地组织团队，减少组织间的依赖关系，并最终提高交付速度。

10.2.3 人员

第 5 章介绍了就职于敏捷公司的人需要具备的一些技能、知识和能力以及组织可以帮助员工成长、发展和支持的方式。随着工作本身在转型，组织内部的工作人员也如此。相比在狭窄学科领域能够做得非常好的个人，组织越来越需要能够跨越不同的知识学科、能与他人有效协作并积极了解组织如何更好为客户服务的人。

图 10.4 展示了组织围绕奖励系统、职责定义以及对失败的恐惧创建的环境如何影响组织敏捷。

	不太敏捷		更敏捷	
特征	遵循既定计划和过程会得到嘉奖；不符合规范是不可以的	职业发展主要基于给定领域的专业技能深度，强制排名	被期望具备领域专长，并可以进行有效地协作与沟通	整个组织拥有心理安全的环境，实践出真知
描述	想尽办法避免错误；不要越界	更偏向专才而非通才，不强调"软技能"	在团队和组织里有效协作；鼓励成为T型人才	频繁地进行"安全失败"的实验；具有成长型思维并持续学习

图 10.4 奖励制度、工作职责和"失败免责"如何影响组织敏捷

对员工的期望，在转型前面差异非常明显，几年前我在 McAfee 转型过程中辅导一个项目时就有体会。当时，有一位首席架构师的人设是"一个非常有见地、知识渊博的技术领导者"，但同时他也以不与他人分享个人见解知识而闻名。成为"知识之塔"在他的职业生涯中起到了很大的帮助，他是少数几个知道某个关键技术领域的人，因此他可以确信自己的服务是必不可少的并且加薪有望，也因为害怕他走人而有保证。

但是，将所有这些知识集中在一个人身上会产生组织成本，一旦他忙碌或者不在，其他工作经常就会被推迟，因为任何与其精通组件相关的内容都需要他介入。在已安排的计划会议期间变得更明显，足足三个小时，20 多名工程师无法对下一步工作做出任何有意义的计划产出，仅仅是因为指导他们工作的首席架构师当时正在看牙医。当首席架构师回来后，看到所有这些人都在等他介入后才能继续工作，他意识到了需要做出哪些改变。

经过一些帮助后，他开始积极地与更多初级工程师结对，并发现自己其实更喜欢扮演技术教练这样的角色，而不是一名纯粹的架构师。McAfee 受益匪浅，这个高级别的瓶颈几个月后开始逐渐消失，人们能够在没有多少依赖项的情况下更快地完成工作。初级工程师喜欢向经验丰富的同事学习，而这位架构师则发展成为一个非常有影响力的技术领导者。他的职业生涯也没有受到影响，他继续在组织中茁壮成长，后来被亚马逊挖去，一直在那里担任执行层的技术主管。

10.2.4 领导力

第 6 章针对解锁敏捷所需要的领导行为及特征提供了见解。能够表达清晰的愿景，但又足够虚怀若谷，认识到自己并非万能，这样的领导可以非常有效地与员工一起建立协作环境并树立共有责任感。

图 10.5 提供的示例表达了领导力维度中某些特征及其对敏捷的影响。

	不太敏捷		更敏捷	
特征：	影响力主要来源于组织中的职位高低	决策通常不透明；由上至下传递	关键决策是透明且开放的；组织的各个层级都能看到具备领导力的角色	清晰地沟通目标；懂得适时示弱和示强
描述：	缺乏对组织战略的理解；没有对齐	决策基于权限，并遵循事先被明确定义的过程	战略与执行之间的链接明确；决策快速	对组织有高度认同感；工作本身让员工感到自豪

图 10.5　通过透明度和沟通来体现组织信任，提高敏捷能力

敏捷组织的领导力是指能清楚地沟通目标并创造一个可以让员工蓬勃发展的环境，而不是对员工进行命令和控制的能力。领导者对语言的使用非常重要。我能想到的最好的例子来自我曾经帮助转型的一个组织。这位领导是该组织一个主要产品线的负责人，他也因要求苛刻并在与员工的沟通中言语刻薄而臭名昭著。在每季度举行的全员会议上，他经常会说这样的话："我希望我们能满足最后期限。""满足并超越客户对我们的期望。"在经过几个月的培训并经历个人转型后，变化非常显著。在另一场季度全员大会上，他传递了一个非常不同的信息。他像以前一样为客户制定路线图并做出一个粗略的承诺，但这次没有要求员工"加倍努力"，他的话术改为"我该如何帮助？"和"我该怎么做才能移除挡在前面的阻碍？"这是一个非常不同的信号。员工们也都注意到了。

我们在第 6 章的讨论中发现，超越预算是一个有用的领导力模型和指南。在 VUCA 水平较低的环境中，领导可能更喜欢自上而下的管理、规则和流程所带来的一致性、标准化和掌控感。然而，超越预算模型认为，赋能员工并信任他们在有意义的界限内做出正确的决策，将有助于改善业务成果并提高组织敏捷。如果领导不了解

如何建立信任,不鼓励更多透明度并减少对失败的恐惧,那么组织敏捷将一直是个挑战。

10.2.5 文化

如我们在第 7 章所述,公司的运营方式(企业文化)基于可观察到的行为和长期以来面临挑战时所采取的行动。当客户发现缺陷后,公司如何处理?团队是否会评审他们的需求并发现"缺陷"其实是一个完全按照预期工作的"功能"?或者他们是否找到了解决客户问题的方法并花时间探讨问题出现的根因?组织对这种日常状况的响应方式逐渐形成企业文化,并且,它比领导层传达的命令更加强大。

图 10.6 展示了与敏捷性文化维度相关的一些特征。

	不太敏捷			更敏捷
特征	质疑领导意味着被炒鱿鱼;坚守定义的角色职责	不能容忍失败;通过开发详尽的文档降低风险	挑战领导是被认可的;经验主义和数据助你赢得辩论	持续改进深入公司文化的DNA;学习型组织
描述	对不明确的容忍度低,渴望结构和过程	保守并且厌恶风险;过程指导行为	对不明确的容忍度高,频繁的试验以及团队间的协作	展翅不懈地关注客户;持续寻找新方法来改善组织创造价值的方式

图 10.6 培养持续改进的文化是解锁企业敏捷的必要条件

文化是由公司应对日常挑战的日常情节逐渐形成的。零售商店诺德斯特龙(Nordstrom)①以创造卓越的客户满意度文化而闻名。有个案例讲的是 20 世纪 70 年代中期,一个老矿工将两个已磨损的轮胎退给费尔班克斯市的诺德斯特龙员工那里,声称他对轮胎不满意并希望能退货退款。要知道,诺德斯特龙从来没卖过轮胎,但这位老矿工却感到很困惑。因为这两个轮胎就是几年前在这个地点买的,当时这

---

① 中文版编注:起步于西雅图的一家鞋店,现已发展成为一家高档连锁百货店。在 2018 财年,结合线下实体店和电子商务为顾客带来差异化体验,线上销售额占比 30%。该公司有一份员工手册,其中只有一条规则:"在任何时候,都请做出最明智的判断。"前面有一个最重要的前提"我们绝对相信你有能力并有能力主动以高标准设定并有能力实现自己的个人和职业目标。"

里是 Northern Commercial 轮胎零售商。后来该公司被诺德斯特龙收购，并不再开展业务。但这名老矿工认为诺德斯特龙应该尊重他的要求。负责接待的人当时只有 16 岁，这名诺德斯特龙员工觉得不让老矿工失望非常重要，于是自作主张，从抽屉里拿出 25 美元（相当于当时市场上两个轮胎的公平价格）给老矿工。这则轶事在诺德斯特龙的文化中一直是"头条"，为客户需求至高无上的价值观吹着号角。它经常被视为一个古老的故事，也许是杜撰的，但它仍然代表着公司的价值观。其实，这个故事是真的。当时 16 岁的员工克雷格·特朗斯（Craig Trounce）现在是阿拉斯加航空公司[①]的客户服务经理。这家公司以对客户的不懈关注而闻名。[5]

通过敏捷性的五个维度来理解如何以更敏捷的方式工作，可以全面了解如何改变组织。现在，让我们看看组织如何通过传达明确的工作目标，确定阻碍敏捷的关键障碍，定义组织改进待办列表以及在转型中保持解锁敏捷的势头。

10.3 通过组织级改进待办列表来识别和驱动变革

前面描述的不同维度的特征可以让您在制定解锁敏捷策略时了解前进的方向。以下要提供一些洞察，帮助您了解如何通过 AWG 推动变革、如何验证整个过程中的进展以及如何将持续改进作为组织运营中的组成部分。

10.3.1 用敏捷的方式解锁敏捷

听说过"吃自家做的狗粮"吗？话糙理不糙，如果提出一个解决方案或推荐某种方法，最好自己先尝试一下。（顺便说一句，我更喜欢"喝自家酿的香槟"这个说法，同样的观点，但听起来更让人愉快。）

AWG，致力于领导转型工作的跨职能变革推动者团队，也以敏捷的方式运作。在 NAVTEQ、McAfee 和英特尔，我们选择 Scrum 作为变革工作方法。看板也可以，

[①] 中文版编注：总部设在西雅图，成立于 1932 年，2002 年濒临破产，准时离港率极低。自从比尔·艾尔（Bill Ayer）接任 CEO 后，走出了困境，运力大增，到 2016 年，员工人数达到 11.8 万人。

但对我们来说，有时间盒的迭代能帮助我们确定大方向是正确的并容易将工作与更广的战略目标结合在一起。

下面概述我在几个组织中成功推动企业级的大规模持久性变革时所使用的步骤。

步骤 1：清晰定义并沟通企业转型的意义。

步骤 2：识别阻碍我们达成目标的主要障碍。

步骤 3：建立企业转型待办列表并落实具体工作。

步骤 4：保持前进的势头，持续监控进度，沟通结果，寻求反馈，庆祝失败。

10.3.2　步骤 1：清晰定义并沟通企业转型的意义

贯穿整本书，我们讨论了将组织工作方式转变为更敏捷方式的深远影响。我们做的工作将会随之而变。我们的工作方式会改变。做工作的人心态可能会受到影响。因此，这不能是一个轻率的决定。组织需要明确说明为什么以更敏捷的方式工作能够应对特殊的紧急情形。

我们需要真诚，要做到明确沟通。只是简单地说"敏捷好，一切都好就是敏捷"是没有用的。事实上，正如我们在本书前面指出的那样，有时敏捷并不一定是创造价值的最好方式。鉴于组织变革所涉及的巨大成本和风险，需要有充分的理由让这些投入适合于具体的上下文。

例如，在 NAVTEQ，企业转型工作的目标是解决这个具体而紧迫的业务目标"加速进入市场"。在 2008 年，该公司观察到竞争对手纷纷涌入并在颠覆现有的商业模式，这要求 NAVTEQ 需要进行组织转型，以便能够比以往学得更快并更快地创造客户价值。

当然，您可以说敏捷远远不只是速度，还有适应能力、客户同理心、员工敬业度和质量改进等，这些都是以更敏捷的方式工作之后所带来的额外成果，但并不是 NAVTEQ 最大的痛点。MAVTEQ 的产品深受客户的喜爱，员工非常乐意在这里工作，质量几乎达到了行业的最高标准。将转型工作与一个令人信服的、紧迫的目标"进入市场的速度"联系起来，每个人都可以就此达成共识，这有助于创造一种共同的目标感。NAVTEQ 所传递的观点，也是开始任何转型努力之前需要释放的一个明确信号："我们拥抱敏捷并不是因为它很酷或其他人正在这样做；我们正在改变我们的组织，因为这样做可以帮助我们应对核心业务的重大威胁，并可以帮助我们更快地创造客户价值。"

10.3.3 步骤2：识别阻碍我们达成目标的主要障碍

有了明确的目标，AWG 的首要任务之一便是识别敏捷的主要障碍，并形成组织级障碍待办列表。这与我们前面关于渐进式细化工作坊的描述的没有根本不同，除了 AWG 的"产品"被定义为一次成功的转型之外。像商业模式画布，克里斯滕森（Christensen）的 JTBD 和产品画布等工具可以有效识别阻碍团队以更敏捷的方式进行工作的主要障碍。关键是我们需要对客户（或组织中的人）有同理心并了解他们的需求，而不是简单地假设某个工具或方法就是正确的解决方案。

正如本书所述，了解工作的上下文将有助于选择合适的工具、思想和方法。考虑到组织更像城市而不是机器，它比繁杂更复杂，所以我们采取"探索，感知，响应"的方式来组织变革。也就是说，虽然有一个总体战略和假设，但我们也需要谦虚地认识到这样一个事实："如果不首先验证假设，就不知道某个特定行动是否会产生期待的结果事实。"[7]

为了更好地了解组织面临的挑战，我通常会通过以下四个活动中收集一系列主观反馈和客观观察并将它们结合起来。

- **改版的开放空间会议**

  简而言之，欧文（Harrison Owen）在 20 世纪 80 年代初引入了开放空间技术（OST），作为快速扩展和组织互动会议的一种方式。传统上，开放空间会议没有具体议程，但可能有一个主题。然而，结果是事先无法知道的，这种形式鼓励参会者涌现出更多想法。

  我修改了开放空间的形式，以便更有针对性地识别创造客户价值的障碍以及如何解决它们。我通常会安排一个由三个主要部分组成的会议："什么" "会怎样？"和"现在做什么？"第一部分的目的是识别团队当前所面临的具体问题。第二部分阐明这些问题对创造价值的影响。第三部分着眼于寻找解决这些问题的方法。（可以查看配套网站，www.unlockingagility.com，进一步了解如何引导修改后的开放空间会议。）

  这个会议需要 3~6 个小时，可以支持 80~100 人参与。会议的最后，我们能清楚地了解阻碍创造价值的主要障碍以及解决这些障碍的一些想法。因此，会议不只是促进对组织障碍的共同理解，还有助于识别解决方案的实施候选人。毕竟，帮助识别出问题并提出了几种解决方法的人，很有可能支持这些工作。[6]

- **个人访谈**

  有了开放空间会议所得到的印象和洞察，AWG 对组织中不同角色的不同人群进行 30～45 分钟的简短访谈。关键目标是对组织中真实发生的事情进行诚实、无戒备心的观察并更好地理解以往活动中可能不太明显的动态。

  我们提出的一些问题既有非常具体的，也有比较概括的。例如，"如果您是这个组织的 CEO，那么您会立即着手改变的一两件事情是什么？"或"尽管我们的目标是尝试减少构建服务器的失败时间，但构建服务器仍然长时间保持失败状态，请问您怎么看？"

  访谈总是保密的，这是能让人们吐露真实感受的安全空间。（当然，有些时候这些访谈对于访谈者来说可能只是发泄的机会，但这也可能是健康的。）然而，更多的时候，通过访谈，可以收获在公开会议中无法发现的宝贵想法和洞察。（更多关于访谈问题的例子，请参见本书配套网站。）

  例如，一些访谈显示，其中一位技术架构师因为他合群的个性、良好的技术技能和在组织内的人际关系对年轻工程师有巨大的影响。但因为他会贬低他认为"愚蠢"的想法而让不太熟练的工程师受到打击，以至于许多工程师表示，得知这位技术架构师将要评审他们的代码时会害怕尝试新的方法。事实证明，技术架构师的行为并非出于恶意，他只是没有意识到自己的评论会使经验不足的工程师因为害怕被英雄喊出来点评而避免尝新。

  技术架构师意识到这种情况后，感到非常震惊和难过，但他随即开始改变话术。其实，工程师会提出一些让他感到害怕的新想法，因为他并不熟悉所有最新的框架和语言发展动态，认为这些想法"愚蠢"是他出于本能的防御。当他意识到这实际上损及公司接受新想法的能力，并知道我们重视他作为年轻工程师的导师和技术教练的贡献之后，他改变了自己的方式并变得更乐于提供支持。如今，他供职于太平洋西北地区①的几个大型公司之

---

① 译注：太平洋西北地区（Pacific Northwest）是指美国西北部地区和加拿大的西南部地区，主要包括阿拉斯加州东南部、不列颠哥伦比亚省、华盛顿州、俄勒冈州、爱达荷州、蒙大拿州西部、加利福尼亚州北部和内华达州北部。

一，担任高级架构师。

- **观察工作场所**

  开放空间和个人访谈可以帮助挖掘组织面临的许多挑战之根本原因，但很少有比在团队工作时观察和学习更有用的技术。在精益中，日语术语"Gemba"的汉字是"现场"，意译的话就是"工作完成的地方"。它的一些好处包括能够对团队日常工作中所遇到的障碍获得更深刻的理解，即获得同理心。[8]

  观察团队正在做的工作可能令人难以置信。我在 HERE 辅导过的一个团队表示，他们在透明度和公开沟通方面存在问题，但个人访谈和开放空间会议并没有给我很多具体的提示。然而，在花了整个迭代观察团队的工作之后，某些模式变得清晰起来：当职能经理进入会议室后，沟通就变得顾左右而言它，而且对挑战的描述也是轻描淡写。在看到这种模式在迭代中重复几天之后，我知道经理本人显然并不知道自己在公司的声誉其实已经创造了一个令团队感到害怕的环境。团队成员无法在单独的访谈和工作坊中真正指出这一点，但在对比会议中观察到的行为与在工作现场观察到她与团队的互动时，行为差异是相当明显的。这位经理了解到了这种情况之后，在一次团队会议上提出这个话题并坦率地承认，在她的职业生涯早期，她的领导方式有时是强势的。她解释说她现在已经不是有些人记忆中的几年前的她，并要求团队花些时间评估一下现在的她。渐渐地，基于她的言行，团队开始信任她，而不是她在组织中多年积累下来的声誉（也许这是不公平的）。她的团队逐渐发展成为一个敬业、高绩效的团队，同时也为她建立了一个截然不同的组织声誉。

- **客观度量**

  我们已经从开放空间会议、个人访谈和观察中获得了洞察，现在该收集一些客观的度量数据，进一步了解当前的问题并在实施过程中衡量改进。我在本书前面讨论过度量项（参见第 7 章）。很难选出这样的指标，既不会被人钻空子又能帮助驱动目标实现的。因此，我想选一些指标来更完整地描述组织现状。

  例如，我喜欢看跟价值交付相关的交付周期趋势。这是一项端到端的度量，易于衡量，但难以被操纵。改进它的唯一方法是确保价值流的所有必要部分都已经对齐，使工作能够更快完成。但就其本身而言，这个指标并不完整。如果以牺牲质量为代价换来的加速会怎么样？或者因为没有对设计给予足够的重视而弱化了用户体验呢？因此，收集一套平衡的客观指标，特别关注指标的趋势，这是帮助确定组织当前主要障碍的重要部分。

在开放空间会议、访谈以及在组织的适当级别收集一些数据之后，可以开始识别并描述组织级障碍待办列表的第一个待办项。很重要的一点，是要考虑到组织在团队层面所面临的挑战与计划层面的挑战可能有很大的不同。因此，这一发现过程需要针对每个级别开展，以便形成全面而有凝聚力的组织转型策略。

例如，您可能会发现，在最高层，战略不明确的关键障碍可能与没有通过连贯且一致方式来对产品投资组合进行优先级排序有关。在计划层面，这可能表现为过多的WIP，因为项目经理正在疯狂地尝试同时做多个项目（优先级不明确）。此外，在团队层面，障碍看起来则像是延期和质量问题，因为团队成员在不同的场景中来回切换任务，协调与其他团队的依赖关系，加班赶工。

转型待办列表必须考虑到组织的所有相关级别，创建一个企业敏捷的端到端视图。我将在本章后面提供具体的示例。

10.3.4　步骤 3：建立企业转型待办列表并落实具体工作

前面的活动是转型待办列表的绝佳来源，在收集数据、进行交互式沟通并与组织的典型代表进行有意义的 1 对 1 访谈之后，AWG 了解到了主要问题都出自哪里。但是，这又如何转化为可以工作的待办事项则让我们看到真正的变化呢？

尝试从敏捷五个维度来看待问题。通过这样做，我们能够从多个角度看待特定的问题，从而全方位应对挑战。我知道到这可能有空谈理论的嫌疑，所以我准备通过一个例子来具体化这个过程。

在我辅导的一个公司，我们确定以"提高质量"作为整个组织的关键目标。可以有多种方式实现这一目标，但在开放空间会议、个体访谈及收集趋势数据后，我们决定引入结对编程来帮助缓解这个问题。

我们在前面描述过结对编程。这是一种在极限编程（XP）中普遍应用的技术，两个程序员用同一个键盘写代码。虽然有证据表明可以有效减少缺陷和提高代码质量，但结对编程并非没有争议。程序员经常喜欢一个人专注于自己的问题，但结对编程引入一个工作伙伴，从根本上改变了这种工作方式。如何实现这样的改变和验证它是否有效并坚持下去？我们是这样做的。

首先，我们研究引入结对编程在敏捷五个维度上的含义，如表 10.1 所示。

表 10.1　结对编程在敏捷五个维度上的含义

	技术	组织设计	人员	领导力	文化
激活因素	提供培训：介绍有效结对	确保团队成员的位置在一起	提供有关沟通方式（内向/外向性格）的培训；提供指导，帮助轻松过渡到新的工作方式	表达对尝试新事物的支持；理解相应的学习曲线	鼓励团队成员在整个组织分享试点经验。对挑战要实事求是，不要给它穿上"糖衣"
举措（实验）	实验：与几个团队一起进行为期 3 个月的实验；衡量其影响	扩展桌面大小，监视器和工作空间，为少数团队的有效结对创造条件；收集反馈	确保指标做了相应调整，以免成员因如此一起工作而受到惩罚	以身作则，尝试管理者之间的结对活动；表明支持	表明可以使用新的并不确定效果的工作方式。可以"安全"回退到从前

我们很快发现，组织有很大一部分人受到这种变化的影响，并不像下个命令"结对编程"然后就去做那么简单。

从技术角度来看，我们意识到我们需要提供有关如何结对的培训。已经有"规则"指导如何最有效地做结对，团队需要了解。我们还决定在两三个月内与几个团队一起开展试点，以便收集反馈，了解哪些方法有效，哪些方法无效，并在我们扩展到整个组织时加以改进。

在考虑组织设计时，我们需要立即进行一些更改。首先，许多团队成员虽然都在邻近区域，但彼此的座位并不是非常近。因此，我们需要确保团队成员彼此坐得更近一些。最终，就变成了我们之前讨论的"敏捷仓"，但这些工作起初都不用太精确，因为刚开始人们需要更接近的时候只是通过四处走动。我们还发现，当前桌面空间太小而无法进行有效结对。显示器也必须更大，能让两个人对着同一个屏幕工作。

从人的角度来看，我们意识到我们希望更加关注有效的沟通技巧，并能够识别不同人格类型如何有效沟通。单独工作时，这可能没有那么紧急，但如果一天中大部分时间都是在跟别人肩并肩地工作，对沟通方式的认知就变得格外重要，因此我们提供相应的培训和资源来帮助解决这个问题。也许更重要的是，我们与 HR 和人事主管合作，确保我们现有的绩效指标都不会在无意中惩罚人们的共同合作行为。结对在刚开始时可能会延长开发时间，因此管理层要理解生产力在开始时可能会受到影响，并坚定地予以支持。对于有时需要在家工作的人，我们安排了远程结对会议，这也很有效。

领导力在这一变革工作中发挥着重要的作用。他们不仅提供财务方面的支持（培训、显示器和物理空间的变化等，这些都不是免费的），他们还通过实际行动来提供宝贵的支持。有次全员季度大会提到了这次结对编程的试点，一些管理人员甚至决定要结对做预算。让他们的支持可见，让他们改变他们自身行为的意愿可见，这些都是变革工作的关键。

最后，文化影响着我们最早建立待办列表的方式。我们知道该组织此前已经在内部建立起争当"摇滚明星"的心态，绩效卓越的个人将获得奖励及特别的认可。我们也知道这家公司对失败的恐惧是非常真实的，领导失败项目的人在职业发展上通常会受挫。我们通过让领导的支持可见来解决这个问题，也确保这被视为"安全失败"的实验。我们为开发人员的利益提出了一项承诺：如果在实验结束时，我们没有看到质量差异并且个人不想继续结对，就不会有任何影响。最终，我们确实看到了质量上的差异（实际上，根据对生产环境中逃逸缺陷的数量统计，质量提高超出了 30%），并且大多数人都喜欢结对。一些人决定要进一步定期结对。

在实施这一变化时，AWG 的待办列表看上去如何呢？图 10.7 展示了在 6 个 Sprint 的过程中这项工作在 AWG 待办列表中的分布。

图 10.7 列出的故事卡说明了正在进行的工作，没有用传统的用户故事格式。此外，有很多方法可以鼓励组织中的结对，这只是我们前几个 Sprint 的例子。随着我们了解的信息更多，待办列表也在不断地更新。

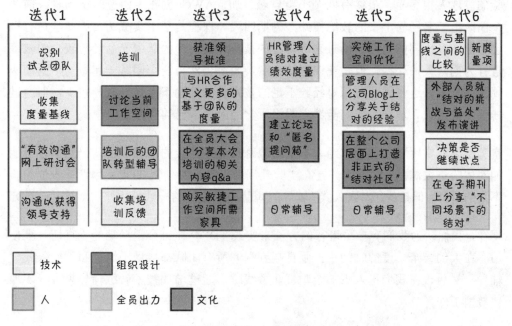

图 10.7 一个 AWG 待办列表的样本，通过尝试结对编程来解决质量问题

结对编程是一项技术实践，证明可以提高代码质量和促进跨团队学习，进而影响到敏捷性的五个维度。就像这个例子一样，我的经验是围绕工作创造必要的组织支持，并刻意关注各个维度。每个维度的变化程度取决于变革本身的背景和组织的状态。

转型路线图

现在，让我们通过转型路线图的棱镜来观察另一个例子的类似变革工作。我们早期在诺基亚发现的影响敏捷的一个障碍是缺乏自动化及慎重的代码设计策略。通过前期的实验，我们发现测试驱动开发（TDD）有助于应对这一挑战。但我们（AWG）如何在整个公司中推广呢？

让我们通过本章前面介绍的波浪路线图来跟踪这项变革。

合作转型

为了帮助找到入门方法，我们决定进行一项实验，观察我们如何最有效地帮助团队采用 TDD。幸运的是，许多团队已经表示有兴趣进一步了解 TDD，因此，找到实验的候选人很容易。最终有四个小组自愿参加，AWG 创建了两个基本场景。前两个团队由一名经验丰富的教练授课，为期四天。课程是基于实战的，因此学员有机会通过许多不同的问题和场景来练习各种技巧。后两个团队由一名经验较少的教练进行为期两天的课程，但是在课程结束后，教练仍然与两个团队一起做一个为期两周的 Sprint。这些团队在相对经验不足的技术教练帮助下接受的教导较少，但通过一些"嵌入式"辅导，他们能够立即将所学的应用于己的实际工作中。

实验结果非常明显。尽管有经验丰富的教练及为期四天的培训，团队仍然报告说他们对体验不太满意，最重要的是在实验几周后没有持续使用 TDD。尽管有一位经验不足的讲师，但接受了"嵌入式"辅导的团队却以更高的一致性水平开始实施 TDD。

现在，我们认为我们有一个可行的方法来实践 TDD，在每个端到端的垂直切片上使用。在大约一个季度的时间里，垂直端到端的所有团队都接受了培训和"嵌入式"辅导。然后，在我们进入下一个垂直业务线时，通过增加技术教练辅导来进一步加快转型工作。

自我导向

在第一次学习 TDD 之后的 6～9 个月，我们在团队中发现一些有趣的行为。内部开始涌现"冠军选手"，TDD 为团队创造的好处让他们感到兴奋。AWG 帮助识别每条垂直线上的"冠军选手"，并获得资金让这些先锋能够获得额外的外部培训。总而言之，大约有十几个"TDD 冠军选手"出现了，他们迅速地自我组织，在不同垂直线上创建实践社区，并开始在周四的午餐时间聚在一起。AWG 在这项工作中虽然并不会亲力亲为，但会为午餐和偶尔的下班后聚会提供组织支持和资金，让"冠军"可以继续进行聚会并吸引公司内外的其他人参与。

有趣的现象是，通过"冠军选手"安排的兴趣小组和外部活动，新的工具、技术和开发被自然而然地引入了。这些活动已经有了自己的生命，正在推动整个组织学习 TDD，除了偶尔的组织支持（以及购买食品的少量资金）之外，并没有正式的变革管理参与。他们需要什么类型的组织支持？在某些情况下，管理人员无论出于何种原因都会反对这种技术。一开始，担心失去开发速度是最大的顾虑。开发人员有时会请 AWG 向管理人员委婉地提出这一点，但这很少会成为问题，因为这项工作已经获得了高管人员的支持。一旦管理人员确信尝试新事物并不会损害自己的奖金考核，通常就不会是个根本问题。

根深蒂固

在推出 TDD 之后的 12~18 个月,我们注意到团队不再谈论 TDD 了。聚会和实践社区的定期会面仍然有,但 TDD 通常不是主题。为什么?事实证明,TDD 在团队如何开展工作方面是如此根深蒂固,以至于现在已成为团队 DNA 的一部分。冠军选手之间讨论的主题已演变成其他,比如哪些语言对错误处理更有效?哪些端到端的技术栈能最好地支持紧急工作模式?等等。事实上,TDD 的唯一出场时间是人们想要讨论哪些场合不适合使用。我们发现有时候情况确实如此,大多数时候 TDD 很有用,但在某些情况下其他技术已经足够出色。(例如,GUI 开发的 TDD 被发现更具有挑战性。)

此时的 AWG 在这方面并没有去积极推动。实际上,其中一位 TDD 冠军选手最终加入 AWG,帮助推动组织中的其他类型的包括技术和非技术的变革。正如最初的目标,AWG 现在只是该组织的一个单元,TDD 已经根深蒂固。

这个例子诠释了通过企业级改进待办列表执行的具体变更工作如何影响敏捷的五个维度并完成战略转型的路线图。在这种情况下,这项工作花了不到 18 个月的时间才成为该组织运作的固有部分;时间的长短根据工作量、变更类型和组织的当前状态而有所不同。

10.3.5 步骤 4:保持前进的势头,持续监控进度,沟通结果,寻求反馈,庆祝失败

在识别阻碍组织敏捷的障碍、定义动态且不断演变的组织级待办列表以移除障碍并通过频繁的实验和反馈完成待办列表之后,下一步是保持动力。变革工作在一开始还是新鲜事物时通常会获得很多能量和聚焦,一旦新奇感褪去,不要让踩在油门踏板上的脚松开,才至关重要。事实上,正如我们在本书中一直指出的那样,解锁敏捷是一种生活方式,而不是偶尔一次心血来潮的节食行为。它庆祝和鼓励对现有流程的挑战及对新的工作方式的尝试,不断改进运营方式,使敏捷成为组织的基本属性。

从变革管理的角度来看,我发现将转型视为政治运动会有所帮助。当然,我们不需要经常与政治运动所关联的暗箭、谎言和居心叵测。一场精心策划的政治运动所需

要的关键要素同样适用于持续转型工作。

- **沟通，明确传递首要信息"转型为什么重要"**

    我一直认为，沟通是我所参与的敏捷转型工作中最关键的一方面。是的，需要来自执行层的支持，需要一个可靠的 AWG 来帮助推动变革，需要一个开放的组织文化来获得成功的机会。但如果没有有效的沟通策略来落实工作并建立持续的组织级支持，那么在敏捷根深蒂固之前，一旦有另一项企业级计划启动，敏捷转型工作就可能失去关注。我们在本章前面讨论过的工作（理解转型工作背后的"原因"）是保持动力且同时也是沟通策略的基本组成部分。

    在 HERE，我们有意采取的一项行动是始终将我们的工作与沟通中的动机"为什么"对齐。例如，我们每周都有新闻简报，目标是提供一些快速而且易于阅读的 AWG 工作概述。我们努力将工作关联到企业的"加速进入市场"计划，也是我们敏捷转型工作的主要目标。"HR 改变招聘做法，让更多团队成员参与筛选过程，借此，雇佣成功的时间减少了近两个月！"

- **获取认可及缔结同盟**

    随着转型工作不断获得动力，组织的某些单元可能认为他们会有更大的损失，而不是从更敏捷的工作方式中获益。我一直觉得，尽早主动向这些群体伸出援助之手，找出合适的方式让他们可以从中受益并在转型中发挥重要作用，非常有帮助。当然，他们的角色可能与以前不同，但通过早期建立联盟，可以最大限度地降低在组织中树敌的潜在风险。

    在我辅导过的一家公司，质量部门传统上是该组织中非常有影响力的部门。遗憾的是，质量被视为一项独立的活动，一个需要在开发周期结束时完成的过程，包括精心设计的测试计划、专业的"测试工程师"以及数月的努力。

    正如我们在本书前面概述的那样，转向更敏捷的工作方式会将这些功能集成到开发团队中并在开发周期内更快地完成测试工作。很明显，质量部门可以非常顺理成章地将敏捷的工作方式视为对其现状的威胁。

    为了降低组织风险并发展盟友（而非诋毁者），AWG 识别出了质量部门的人员可以发挥关键作用的方式。事实上，该部门的大多数人都有很深的精益六西格玛背景。大多数六西格玛材料对我们的软件工作来说是多余的，但他们可以担任敏捷教练这样的新角色,在运行 Kaizen(改善)活动和 A3 问题解决①会议时,他们具备的精益基础知识就非常有价值。

- **基层组织**

  在实施企业转型时,获得高管支持绝对至关重要,但如果不涉及基层,组织的变革永远不会发生。自上而下的推进很少成功,它们通常被视为"脱节",因为它们与团队日常需要面对的问题没有任何关系。这是 AWG 在变革工作中发挥如此重要作用的原因之一。其成员有高管的支持,但他们代表基层,而且是在整个组织其他组织单元中已经证明自己能力的团队成员。

  持续倾听团队的顾虑并了解变革如何影响他们的工作和生活,这一点至关重要。定期提供信息给团队是不够的,也许更重要的是从团队那里获得洞察。在 HERE,我们定期安排"倾听会议"邀请员工和教练参与。期间,教练会倾听员工的意见。不给任何建议,也不进行任何指导,只是倾听。有些时候,这样的会议并不会产生具体什么结果,没问题。只是人们在转型过程中努力表达自己的经历,本身就有价值。其他时候,该团队获得了独特的洞察。有一位工程师表达了一个顾虑,认为 Sprint 有时会变得压力太大,而且根本没有时间减压。听到其他人也有类似问题后,AWG 申请一笔资金为所有团队购买了 Xbox。然后,团队自行组织每月游戏锦标赛,时间也是定在 Sprint 结束时。为什么选择打游戏呢?"除了踢僵尸屁股之外,没有更好的减压方法了。"其中一位工程师说。

- **正在进行的活动**

  我发现,要想创建透明度、促进组织参与并保持能量水平,安排分享敏捷转型过程中正在进行的一些活动非常有用。活动可以是每个季度的正式活动,也可以是偶然的自发性活动。这些活动的共同点是,寻求组织反馈、展现目标的真正进展、庆祝前进路上的失败(并使其可见)并向我们的客户(组织)学习如何变得更好。以下是一些效果不错的活动。

  ○ **全员季度大会** 这些都是相对较大的全方位会议,高管人员以及参与

---

① 译注:A3 问题解决法是丰田公司创造的一套标准的有效解决问题和提升自我改善能力的有效工具,它依据 PDCA 的思维方式,用一张 A3 纸清楚地展现解决问题的整个过程。

- 转型工作的主要参与者可以诚实地提供信息，阐明我们的目标、我们现在在哪儿以及目前的障碍信息。全员季度大会是定期评估转型及组织进化的机会。
  - **定期简报** 虽然"简报"可能听起来有些奇怪，但对当前活动做定期更新非常有帮助。简报还可以包括活动日历和即将到来的机会，并可以突出显示整个组织的成功案例和挑战。电子邮件的形式在这种场景下很有效，在企业博客上做更好。
  - **建立大部屋** 大部屋（Obeya Room，有时也称为"大会议室"）是个专门的协作空间，可确保人们即时可见相关信息，他们可以讨论关键问题，还可以解决跨领域的组织级问题。虽然空间本身稳定不变，但随着转型工作的发展，房间里的内容会随着时间而变化。拥有一个大会议室，可以分享有关转型工作的信息、挑战和最新状态，这是保持势头的有效方式。在 Equinor，他们还打破了传统的"作战室"的命名模式，将其中一些房间命名为"啤酒屋"。
  - **邀请外部讲师** 投资外部讲师（受尊敬的顾问或有类似转型经历的其他公司代表）非常重要。我们可以从其他有类似经历的人那里学到很多东西，从同行那里学习可以获得有用信息并激发灵感。去其他公司做演讲也有助于建立一个社区，并将公司的影响力扩展到公司之外。
  - **组织黑客马拉松** 黑客马拉松在产品管理环境中已经很成熟。开发人员聚集在一起，以自组织、涌现的方式来解决技术问题。这同样适用于消除组织级障碍。面对敏捷组织挑战时，集思广益并邀请人们共同解决这个问题，会有巨大的收获。

还有其他许多方式可以帮助整个组织的信息共享。有关如何组织的更多想法和提示，请访问本书配套网站。

这些活动的主要目标是让整个公司都参与进来，从组织中收集有意义的反馈，并提供清晰的视角，看清公司在解锁敏捷的过程中处于什么位置。沿着转型路线前行，一路学习和适应，组织正在努力解锁敏捷。

向失败学习，是以敏捷方式开展工作的关键。在这方面，了解我所经历过的包括没有成功的转型工作经验可能有所帮助，以确保不犯同样的错误。[9, 10, 11]

10.3.6 企业转型失败的十大原因

我们已经定义了战略路线,正在根据敏捷的障碍来确定组织变更的待办列表,正在不断调整方法,还有哪些可能的问题呢?事实证明,问题很多。事实上,根据麦肯锡的研究,大约 70%的转型工作并不能达到预期目标。[12] 以下是我观察到的导致转型失败的十大因素,这些因素本身并没有先后次序之分。

1. **缺乏执行层的支持**。根据我的经验,这是企业敏捷转型失败的首要原因。读完本书后可以明显得出一个结论,解锁敏捷不是关于"实现某个流程"或"引入某个框架",而是从本质上改变组织的运作方式,使其可以拥抱变化并执行。这需要在组织的所有级别发生改变,这种变化需要执行层的支持、预算授权并在组织内拥有权威性。因此,如果没有最高级别的高管支持,大多数组织都无法真正解锁敏捷。

2. **认为我们已经"达成目标"**。我们讨论过解锁敏捷着眼于如何做到今天比昨天更敏捷;它还关于挑战现状和培养促进持续改进的成长型思维。我看到很多组织在敏捷转型工作中取得显著的成果后就止步不前,因为他们认为已经"达成目标"了。

   几年前,我受邀在硅谷一家公司发表演讲,以庆祝其作为一个敏捷组织所取得的成就。庆祝会上有许多笑脸和欢乐的情绪,大有"达成目标"的感觉。我记得我在演讲中强调说明虽然已经发生很多好事情,但这只是旅程的开始。我感到高管们并没有听到这一点。他们希望像结束一个里程碑那样在"敏捷转型完成"的检查框里打上勾。不到 18 个月后,我被邀请回来,但不是作为演讲者,而是作为潜在的顾问。他们希望我帮助他们"重新启动"转型工作,因为他们又回到了更瀑布的工作方式。不过,我礼貌地拒绝了。

3. **未能经常衡量目标的进展**。许多公司没有明确说明为什么要迈向更敏捷的工作方式。我们试图解决什么问题?我们希望实现什么收益以及我们想要减轻哪些痛苦?让这个目标拥有高度可见性,正如我们在本章前面所解释的那样,至关重要的。这样一来,人们就能理解转型背后的业务逻辑和目的。衡量实现这一目标的进展情况并使其保持高度透明同样重要。转型工作的首要目标是加快产品上市时间吗？好的。让我们展现一下我们正在如何实现这一目标。让我们展现我们这个过程中所取得的成果、失败和学习。当组织未能将转型工作关联到明确的业务目标时，工作很快就会失去动力，并最终像其他许多变革管理一样以失败告终。

4. **忽视文化的重要性**。我们已经确定文化是转变为更敏捷组织时要考虑的五个维度之一，第 7 章和第 8 章详细介绍了这个重要的主题。忽视文化对转型成功的影响，是有害的，会以不可预见的方式影响到工作。如果企业文化有避免风险和严格控制员工的特点，那么，相比与敏捷核心要素有相同点的文化，改变文化中的一些理念可能会花更多时间，也许更具有挑战性。

    这并不意味着传统公司无法以更敏捷的方式工作，这意味着在传统保险型公司进行敏捷转型的方式可能不同于在云产品软件公司所做的。场景很重要。

5. **低估变革的阻力**。人类天生抗拒变化。我们有能力在所处的环境中找到一种平衡感，以此来降低风险，增加对资源的控制，最终提高生存机会。具有讽刺意味的是，大自然是一个复杂的系统，虽然尽在掌控的幻觉可能会让我们感觉更好，但当变化不可避免地发生时，它也会使我们更加脆弱。作为变革的领导者，我们的目标是让组织更快地学习，快速地失败，不断改进业务模式、运营和绩效。这对人类来说是痛苦的，无论是公开还是隐藏，改变必然会遇到强大的阻力。认识到改变会很痛苦，而且需要时间。从长远来看，低估这种阻力的组织不太可能获得成功。

6. **将转型工作外包**。正如本书前面所讲那样，解锁敏捷是一项非常重要的工作，组织的几乎所有方面都需要改。了解组织文化以及定义工作方式的深层潜在特征（沙因称之为组织最"基本的假设"）至关重要。我意识到，这样的变革工作让人望而生畏，以至于很容易让人倾向于简单地从五大咨询公司中选一家声誉好的并让他们来主导变革。但根据我的经验，这是错误的。无论如何，利用外部的专业知识，一定要让可信的咨询组织参与进来弥补内部力量的空白，但不要简单地将整个工作外包。组织需要领导这一变革并全力以赴，外部人员可以参与，但转型不是他们的份内之事。

7. **未能解决内部政治斗争**。没有哪个组织没有某种程度的办公室政治，公司内部少不了地位和权力之争。解锁敏捷很可能不受一些有权势的内部人员待见。在中层管理中往往很明显（当然也存在于组织的其他层面），有些人虽然公开支持变革，但一旦觉得可能殃及自己在公司中的地位，就会暗地里试图阻挠变革。

虽然没有灵丹妙药，但处理这个问题的一种方法是认识到问题的存在，确保每个人都有机会表达他们对变革的恐惧以及他们可能受到的影响，并以诚实开放的态度设法解决问题。通常，我的经验是，担心在变革中失去组织影响力的管理人员可能暂时会有损失，但在他以前不熟悉的组织中其他领域将获得更大的影响力。有些时候，也会有人决定离开组织，因为这些变化太影响他们的舒适度了。那也没关系。

8. **未能改变现有的绩效和奖励计划**。如果想要实施变革，我们还需要改变现有的组织结构，以加强当前的工作方式。奖励、奖金和绩效管理体系在影响行为方面非常有效，我们需要使其与变革保持一致。如果不这样做，可能会使人发现可能处于一种不利的境况：自己试图优化以求工作更敏捷却因此而受到惩罚。

在我帮助做敏捷转型的有家公司，我遇到一位对自己处境深感沮丧的业务线领导。"我理解你告诉我的关于流动优化的内容，"他说，"我能看到其他一些业务领域的领导从我的帮助中受益。我知道，如果我暂停自己产品组合中的一些工作并帮助他们，客观上对公司来说是最好的，因为他们的工作现在有更高的优先级。但如果我这样做，就会达不到我的绩效目标，而且还会失去一笔可能超过我工资 25% 的奖金。很抱歉，我确实想做正确的事情，但如果把整个公司放在首位，我要付出很高的代价。"

转型工作的一部分不只是添加新工具并引入新的工作方式。它还包括调整现有制约着敏捷能力的结构。间接引导人们针对错误事物进行优化的绩效管理体系，是需要改变的首要因素。如果不这样，极有可能对变革产生不利的影响。

9. **对人投资不足**。解锁敏捷需要整个组织发生重大的变化，这些变化需要组织内部人员适应新角色，拥有新技能和新知识。转型失败的一个主要原因是领导层经常斥巨资于工具升级、基础设施改进和咨询资源，却不为人们提供适当的投资。在本书的前面，我们讨论了 AWG 这帮致力于消除企业敏捷障碍的人。这是全职职位，需要投资才能取得成功，让他们兼职不太可能取得成功。来自组织其他部门的兼职 AWG 成员作为该小组的补充是可以的，但核心小组必须完全全职。

还需要其他哪些投资呢？支持 ScrumMaster 和敏捷教练等敏捷相关角色至关重要。如果在公司中没有合理职位所带来的组织权威性，敏捷教练在企业 HR 系统中的正式头衔仍然是"QA 经理"时，人们可能会怀疑公司的承诺。

投资于适当的教育、培训和辅导支持是成功转型的其他关键因素。人们学习的速度和方式不尽相同。有些人可能更喜欢看书和其他资源，自学。其他人可能需要更多动手和一对一的辅导。给予支持，帮助他们取得成功。敏捷是一项团队运动。

10. **将敏捷视为工具或流程，而非思维模式。** 传统上，计划驱动的流程相对容易适应。项目管理协会（PMI）这样的项目管理机构可以提供"手册"和最佳实践。了解流程并遵循既定指南，就能够根据方法来组织工作。我看到许多组织常犯的错误是用类似的方式对待敏捷：读书、确定框架并通过遵循已定义的流程来"实现"敏捷。

解锁敏捷不是关注一个特定的过程，也不是一步一步遵循操作指南。是的，您现在正在读的书可以帮助您创建高级路线图，确定要考虑的关键维度，了解需要集中精力做的工作，但敏捷的旅程对每个组织都是独一无二的。解锁敏捷并不是为了达到一个目的或满足一个给定的标准，它是要建立一种文化，一种倡导学习、持续改进和将不确定性视为机会而非避免的文化。

很多时候，我听说一些组织已经实施了一个给定的框架或采用了一种方法，自认为他们现在可以在检查框里打勾并宣称自己已经实现了敏捷。这是错误的。是的，实现敏捷需要对不同的工具和流程进行投资，但它们只是帮助我们变得更加敏捷而为我们服务的手段。

解锁敏捷需要改变我们的工具集，我们组织工作的方式，协作，确定工作的优先级，建立我们的文化。但最重要的是，通过改变我们对创造价值的思维方式来实现敏捷，是一种思维模式。这意味着我们的旅程永无止境，我们不断发现改善工作方式的新方法。敏捷就是我们今天比昨天更好。

根据我作为 AWG 成员和顾问的经验，组织转型时要注意以上十大典型事项。如果开始看到组织有恢复其旧有工作方式的迹象，请务必找到相应的标志并使其在组织内部可见。这也是在组织层面频繁提供参与机会非常重要的原因之一：对挑战保持透明和公开，让每个人都可以助力组织重新走上敏捷之路。

还可以寻找一些积极的标志来标识前方的路是正确的。虽然这不是一个清单，但如果在组织中看到以下相关的标志，就可以保持乐观，表明组织正走在正确的道路上。

10.3.7　走上敏捷正途的七个标志

随着组织转型的开展，非常可能遇到阻碍人们前行的挫折。一旦遭遇市场临时不稳定，组织聚焦可能会减弱，一些关键人物可能会在激烈的人才争夺中离开组织，竞争对手可能会引入颠覆性产品，而这些产品会让人质疑眼前的产品路线。这是正常的，也是旅程的一部分，转型不是一个平稳的旅程。只要基本部分已经到位，只要有执行层的支持，组织就会沿着不断演变的路线持续前行，有七个迹象可以表明大方向是正确的。需要一些耐心和毅力，最终定会到达。用罗斯福总统的话来说："值得拥有的东西没有一样是容易得到的。"以下七个迹象表明您正走在解锁敏捷的正确道路上。[13]

1. **问问自己，愿意选择正确还是成功？** 当我与希望改变组织以便能更敏捷工作的领导者会面时，我总是问他们这个问题："愿意选择正确还是成功？"如果他们比较诚实并且告诉我他们希望致力于成功而不是一定正确，就表明这是一个好兆头。解锁敏捷不是一条平坦的通途，要证明初步假设是错误的，要边走边学。关键是"强观点，弱坚持"；对组织的发展方向有一个清晰的愿景，但一旦有证据表明错了，就要勇于承认并相应地调整。或许更重要的是，允许组织所有员工都能这样做。

2. **"利益共享，风险共担"。** 转型工作是否会成功？一项有效"测试"是识别组织中哪些人会分享成功。如果看到高管而且经理和团队成员都会分享转型带来的成果，就会对组织成功报以乐观的态度。相反，往往是一纸死刑判决书：高管宣称"我们正在变得敏捷"，但他们的工作方式并没有明显的变化，并且所有风险都集中在团队成员的身上，这表明肯定有问题。共同的责任及一定程度上的荣辱与共，能确保每个人都受益于转型工作。

3. **瞄准"足够好"的确定性。** 我们生活在 VUCA 世界，复杂和混乱是商业环境的自然组成。坚持这一点并理解对任何事情都做不到 100%确定，高管和组织只有这样，才能做到很好地解锁敏捷。贝索斯有一个经验法则，他在决定任何事情之前大约都有 70%的确定性。换句话说，一些初步的分析和准备工作已经做好，但目前还不完整。拥有超过 2/3 的基础信息是他瞄准的最佳点。为什么不是 80%或 90%？因为通过提前做出决定所节省的时间远远超过了为了获得这些额外确定性所需要的成本。速度对学习型组织很重要。

4. **学会放权**。成功的领导者倾向于将自己的财富归功于人才、激励和智力等因素。这些可能很重要，但最近的研究表明，时机、机会和运气是决定成功的重要因素。领导者越早意识到他们的工作成果大部分取决于他们无法控制的随机因素，成功解锁业务敏捷的可能性就越大。如果大部分成功是无法预先确定或控制的，如何才能提高机会？有研究表明，通过增加"偶然性密度"可以增加一些运气，通过频繁的实验及提高机会在整个公司的分布广度，更有可能获得更多机会。[14] 这类似于我们在第 9 章中描述的运营模型"拥抱变化，精准执行。"

5. **认识到减少每批工作的重要性**。在本书的开头，我们讨论了优化客户价值流动的概念。认识到流动优化优先于资源优化的组织，可以很好地解锁企业敏捷。这种理解的含义是，"忙碌"将不被视为茁壮成长型组织的积极属性；相反，在一天中保持松弛是可取的，表明这是一个健康的、动态的、为敏捷做了优化的环境。将组织的在制品（WIP）数量减少到能够持续提供价值并且持续管理瓶颈和监控流动效率，这是组织成功实现敏捷的关键属性。有没有一个神奇数字可以代表最佳 WIP 数量？这显然取决于组织独特的背景，但我愿意赌它一定低于组织目前正在进行的工作数量。刚开始调整的时候，请稍微调低 WIP 限制，量化更多流量对速度和适应性的影响，并在此基础上加以改进。

6. **理解决策的经济学意义，延期成本**。组织需要做出的最有挑战的决定中，不只是确定他们需要做什么，还有（也许更重要）还不需要做什么。能够根据对组织的经济影响来限制组织 WIP 的数量并确定工作的优先级，这是解锁敏捷的成功关键。第 3 章详细介绍了 CoD。请注意，重要的不是这些数字的精确度。关键在于它能够帮助我们理解工作的价值和紧迫性，从而帮助组织做出更好的经济决策。这是敏捷的重要标志。

7. **认识到系统绩效是系统的各个部分进行交互的产物**。著名的系统思考学者罗素·阿科夫（Russel Ackoff）表示："系统不是其各个部分独立行为的总和，而是它们相互作用的产物。"我们认识到，公司是一个复杂的自适应系统，而公司的表现就是其各个部分相互作用的产物。换句话说，通过关注组织各个部分之间的接口，而不只是单个部分本身的性能，变革领导者将有机会改善整个系统的性能，这也表明组织正走在正确解锁敏捷的道路上。特别提示，看到流动效率等指标用于衡量价值流的绩效时，就是好的征兆。

10.4 路就在前方，你准备好了吗？

在本书中，我们概述了敏捷思维的根源以及各种企业（不只是科技公司）可能希望在当今世界变得更加敏捷的原因。我们讨论了所有领域的公司都需要更快地适应商业世界，要在竞争中保持领先、满足消费者的需求并拥抱 VUCA 世界。我们详细研究了敏捷的五个维度，从内部沟通到人力资源，用不同的方式衡量我们的成功并相应地奖励工作良好的。我们还深入研究了敏捷转型的原因和方法，让人们参与到建立一个能够有意义并持久促进文化变革的敏捷工作组。

那么现在该做什么？您是否已准备好解锁企业敏捷？您可能会对将要发生的变化幅度和前方的道路感到不知所措和恐惧。在开始之前，可能认为自己并不知道需要知道的一切。

但不要就此止步不前，没有人是百事通。本书绘制了一张解锁敏捷的蓝图，但它无法告诉您每一步具体做什么。您会沿途发现和学习，这是变革领导者要经历的，也是个人成长的一部分。目标是足够好的确定性而不是完美，并且相信您已经知道了开始之前需要知道的一切。

让组织变得更敏捷是对未来的承诺。身处变化不断加剧和不确定性不断增强的世界，继续瞄准优化使其能在更稳定环境中运营，并不是一种可行的策略。敏捷组织更容易取得成功，绩效更好。麦肯锡最近的一项研究发现，81%的受访者表示敏捷组织的表现与其他组织相比有中等或显著的增长；在财务指标方面，它们的表现也比其他高出 1.5 倍，在非财务指标方面表现高于同行 1.7 倍。[15]

帮助组织在当今世界中茁壮成长并提高其财务表现，是解锁敏捷的充分理由，但这些并不是最重要的。以敏捷的方式工作更加人性化。它是一个心理安全的、适合个人成长的、推崇"个体与互动"的合作场所。就个人而言，敏捷变革的好处是毫无疑问的，它对我合作过的人产生了积极的影响。

这就是应该现在就开始的原因。这是一项重要的工作，可能会显著改变您和同事的生活。我不能保证您一定会成功，但是您手上捧着的这本书将更有机会帮助您建立一个适合自己的策略。我无法告诉您您将获得 10 倍的生产力提升或实现零缺陷，但如果努力倾听、学习和调整，我相信您会做得很好。

自从 2009 年以来，我参加了许多敏捷转型，从大型的 10 万人以上的组织到只有几百人的小型私人组织，不一而举。我可以诚实地说，虽然我并没有每个案例都取得出色的成绩，但这些组织都不想回到转型之前的状态。毫无例外，他们的表现都比以前更好。客户获得了更多价值。人们也更喜欢自己的工作。

有了我们这本书中涵盖的内容，您已准备好开始旅程。让人们体验不同的敏捷能力是我最大的乐趣之一。这也是我的工作价值。现在看你们的了。开始吧！

小结

本章将我们学到的所有内容放入一个连贯的策略中。我们是从一个粗略的解锁企业敏捷路线图开始的。我们回顾了敏捷转型不是线性的事实，如果变革在重叠的波浪中进行，会最有效，因为这可以让我们验证假设，听取团队的反馈并在此过程中不断学习。我将这些波浪分别称为"合作转型""自我导向"和"根深蒂固"。

接下来，我们讨论如何消除敏捷转型的障碍。敏捷工作组（AWG）需要开发一个组织级的待办列表，但具体工作事项要根据公司的需求和背景而不同。在创建待办列表之前，需要明确组织在敏捷五个维度的表现。我们重访这五个维度（技术、组织设计、人员、领导力和文化）并探讨了它们的具体表现。

然后，我们研究 AWG 执行战略路线的具体方式。我提供了我所参与的组织改进待办列表的案例，加入了我与 NAVTEQ 和诺基亚合作时的例子。我还说明了我在几个组织中成功使用的以推动企业级大规模持久变革的四个步骤。我们详细研究了这四个步骤：清晰地定义并沟通企业转型的意义；识别阻碍我们达成目标的主要障碍；

建立并执行企业转型待办列表；随着变革的进展保持前进的势头。

最后，我们在本章中总结了变革领导者应该记住的两个清单。第一个是我观察到的企业转型失败的十大原因。这份清单列出了阻碍有效和有意义的变革工作的一些常见隐患。此后，我从反面给出敏捷转型正确道路的七个标志。其中一些微妙且容易忽视。记住这两份清单将帮助您辨别前方的路是否正确。

 问答环节

1. **敏捷转型平均需要多长时间才能走完三波？**

    从某种意义上说，这是一个不容易回答的问题，因为解锁企业敏捷并不是一项可以"完成"的工作。尽管如此，了解组织转型可能需要经历多长时间是有帮助的。

    当然，许多因素都会影响转型需要的时间，但考虑到转型失败的原因以及帮助取得成功的要素，我的经验是，在中型企业中，有执行层支持的变革工作需要24~72个月。

    "合作转型"这一波通常需要6~24个月，具体取决于组织的规模和复杂程度。"自我导向"这一波可能需要更长时间，主要基于公司现有的文化。这一波持续24~36个月也并不罕见，因为如果没有合适的专注和支持，一些公司就无法超越这一波，这是组织思维模式真正发生变化的地方。一旦我们进入"根深蒂固"这一波，这不是"完成"的问题，敏捷已经是一种自然的工作方式渗透于日常业务中。我们挑战自我，我们改进，我们创新，我们创造。每一天都如此。

2. **我们的公司文化抵制变革。为什么还要惹麻烦去尝试新东西？**

    正如我们在本书前面所述，几乎所有行业的变化都在加速，而易变性、不确定性、复杂性和模糊性（VUCA）是世界各地几乎所有商业环境的特征。换句话说，如果组织想要继续发展壮大，就必须更加敏捷和快速适应，与组织是否"抵制变革"没有太大关系。无论是日益加剧的全球化竞争，还是无处不在的连接技术，进入的障碍实在太大了；如果公司没有进化并改善运作方式，很有可能被一个采用了这种方式的公司所颠覆。

因此，解锁敏捷不是因为您想要赶上某种商业趋势或者追随流行，如果企业想要在当今的经济世界中存活与发展，就只能如此。

3. 传统公司习惯于遵守规则并"按图索骥"，是否有希望通过学习而变得更敏捷？

不要被 Spotify，Salesforce 和亚马逊等巨头吓倒。只要学习不停，任何组织都可以变得更加敏捷。我们在本书中强调了场景的重要性，这一点值得再三强调：没有一种特定的方式可以让您变得敏捷，敏捷也不是可以变得成的。相反，它是让你可以变得"更多"。因此，敏捷组织可能看起来并不相同，具体取决于行业、文化和业务环境。然而，他们将有一些共同点：不断学习，根据学习情况调整工作方式，他们知道前面没有终点。这对每个组织的具体意义也很不同。搜索和广告巨头谷歌以及番茄酱厂商晨星公司都是敏捷组织，但它们的运作方式却截然不同。本来就该如此，对吧！

更多资源

我建议进一步探索以下资源，更深入地了解本章中讨论的主题。

- 雷普莉（Ryan Ripley）"敏捷人类"播客系列（https://ryanripley.com/agile-for-humans/）
  与敏捷相关的播客有好几个，但雷普莉（Ryan Ripley）的"敏捷人类"播客系列是我的首选。我说不清楚原因。也许是因为瑞恩轻松的举止和舒缓的声音，也许是因为他邀请来的一流嘉宾，也许是因为他所涵盖的各种主题。或许都有。但如果正在找一个高质量、易消化的敏捷营养源，这个播客不会让您失望。
  "敏捷人类"播客开始于 2015 年，自那以后一直稳定于每两周左右发布一集。剧集完全免费，虽然有一些赞助相关的内容和有针对性的建议，但它本身的魅力不减。这是您不想错过的资源。
- 敏捷流畅度模型（http://www.agilefluency.org/）
  思想领袖拉森（Diana Larsen）和肖恩（James Shore）创建的这个敏捷流畅度模型能够帮助团队了解他们所处的位置并提供制定路线图所需的洞察。拉森将流畅度定义为不假思索自动地做，我们的想法是，正如可以不同流利程度讲不同的语言一样，不同级别的团队流畅度对组织的独特背景也可能是适合的。敏捷流畅度模型（敏捷流畅度项目的一个子集）有互动游戏、工作坊和大量文章。将其纳为转型工作，绝对值得考虑！

- Comparative Agility，网址为 www.comparativeagility.com
  一个帮助组织做持续改进的平台，能够让组织衡量他们与其他公司、组织或各个时间点上工作方式的对比。作为对更大转型工作的补充，该平台可以成为一种有用的工具，用数据为制定战略和方向提供帮助。

  虽然将某个公司与其他公司进行基准比较可能很有趣并能提供不同寻常的洞察，但该工具最大的价值在于它能让团队快速得到他们对以往工作方式的看法。当您与数百个团队一起进行大规模转型时，拥有这类信息是非常宝贵的。我在诺基亚、McAfee 和英特尔领导转型工作时用过这个工具，而且我发现它能带来极强的洞察，实际上正因为此，在几年后我也成为了该公司的合伙人。换句话说，这个特别的建议并非完全没有偏见。

注释

[1] Stone, Madeline and D'Onfro, Jillian. *Business Insider*. http://www.businessinsider.com/the-worst-parts-about-working-at-amazon-according-to-employees-2015-8

[2] Ciubotarius, Nick. *LinkedIn*. https://www.linkedin.com/pulse/amazonians-response-inside-amazon-wrestling-big-ideas-nick-ciubotariu/

[3] Pearce, Rohan. *CIO*. https://www.cio.com.au/article/443379/amazon_ceo_jeff_Bezos_innovation_entrepreneurship/

[4] Turner, N., Wang, S., and Soper, S. *Bloomberg*. https://www.bloomberg.com/news/articles/2017-06-16/amazon-to-acquire-whole-foods-in-13-7-billion-bet-on-groceries

[5] Frichtl, Paul. *Alaska Airlines Magazine*. https://blog.alaskaair.com/alaska-airlines/people/Nordstrom-tire-story/

[6] Owen, Harrison. *Open Space Technology: A User's Guide*(3rd ed). Berrett-Koehler. 2008.

[7] https://hbr.org/2007/11/a-leaders-framework-for-decision-making

[8] Imai, Masaaki. *Gemba Kaizen: A Commonsense Low-Cost Approach to Management*. McGraw-Hill Professional. 1997.

[9] Ewenstein, B., Smith, W., and Sologar, A. McKinsey & Company. https://www.mckinsey.com/global-themes/ leadership/changing-change-management

[10] Koffman, Scott Barry. *Scientific American*. https://blogs.scientificamerican.com/beautiful-minds/the-role-of-luck-in-life-success-is-far-greater-than-we-realized/

[11] *How to Create an Agile Organization. McKinsey & Company* survey. https://www.mckinsey.com/business-functions/organization/our-insights/how-to-create-an-agile-organization

[12] https://www.mckinsey.com/featured-insights/leadership/changing-change-management

[13] Quote from goodreads.com: https://www.goodreads.com/quotes/312751-nothing-in-the-world-is-worth-having-or-worth-doin

[14] https://www.theatlantic.com/magazine/archive/2016/05/why-luck-matters-more-than-you-might-think/476394/

[15] How to Create an Agile Organization. McKinsey & Company survey. https://www.mckinsey.com/business-functions/organization/our-insights/how-tocreate-an-agile-organization